古典文獻研究輯刊

三八編

潘美月・杜潔祥 主編

第 21 冊

《有泰駐藏日記》校理（上）

王雙梅 著

國家圖書館出版品預行編目資料

《有泰駐藏日記》校理（上）／王雙梅 著 -- 初版 -- 新北市：
花木蘭文化事業有限公司，2024〔民113〕
目 2+226 面；19×26 公分
（古典文獻研究輯刊 三八編；第21冊）
ISBN 978-626-344-724-0（精裝）
1.CST：（清）有泰 2.CST：歷史 3.CST：史料
4.CST：西藏自治區
011.08   112022591

ISBN-978-626-344-724-0

9 786263 447240

古典文獻研究輯刊
三八編　第二一冊　　　　　　　ISBN：978-626-344-724-0

《有泰駐藏日記》校理（上）

作　　者　王雙梅
主　　編　潘美月、杜潔祥
總 編 輯　杜潔祥
副總編輯　楊嘉樂
編輯主任　許郁翎
編　　輯　潘玟靜、蔡正宣　美術編輯　陳逸婷
出　　版　花木蘭文化事業有限公司
發 行 人　高小娟
聯絡地址　235 新北市中和區中安街七二號十三樓
　　　　　電話：02-2923-1455 ／傳真：02-2923-1452
網　　址　http://www.huamulan.tw 信箱 service@huamulans.com
印　　刷　普羅文化出版廣告事業
初　　版　2024 年 3 月
定　　價　三八編 60 冊（精裝）新台幣 156,000 元　　版權所有 · 請勿翻印

《有泰駐藏日記》校理（上）

王雙梅 著

作者簡介

王雙梅（1978 年 12 月～），內蒙古民族大學文學與新聞傳播學院教授，文學博士。研究方向是中國古代文學、民族文學。主持國家社科項目「元兩都文學活動研究」、國家「十四五」重點圖書出版規劃項目「《有泰駐藏日記》校理」。發表《草原文化對元代詩學的影響》等論文二十餘篇，出版專著《元代上都文化與文學研究》《元代上都文學文獻題注》等。

提　　要

　　《有泰駐藏日記》是清末蒙八旗有泰任職駐藏大臣期間的日常所記，所涉往返京藏沿途和藏地社會文化面廣，於清末內政外交、歷史古蹟、自然地理、生產生活、天氣物候、宗教祭祀、往來官吏等多有記述，內容宏富、生動詳實，總三十餘萬字，是現今所知駐藏大臣唯一完整的日記。對研究清末西藏治理、藏地文化、社會狀況等極具史料價值、文化價值和社會價值。本次校理以現存國家圖書館藁本《有泰文集》（第 13 ～ 29 冊）為底本，參校吳豐培《有泰駐藏日記》抄本。吳豐培的注以校勘記方式標注。

課題基金：國家社科項目「清代蒙古族邊疆大臣的漢文創作及民族文化交流活動研究」（項目號 10BZW114）

「十三五」國家重點圖書出版規劃項目「《有泰駐藏日記》校理」（2018 年度「古籍出版規劃」類）

書　影

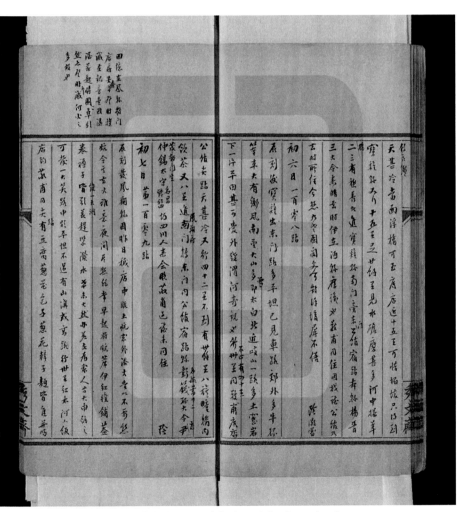

國圖藏有泰稿本《有泰文集》書影（一）

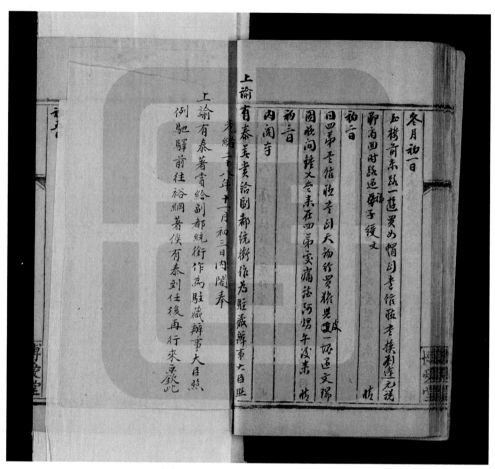

國圖藏有泰稿本《有泰文集》書影（二）

劉吳委員由曲水回、曾見韋領事謝老夫子均講情理之話、攜

回照會、洋官兵擬於二十二日進藏、如講禮、自不動干戈、如講

戰、則有兵在、不懼也。晚飯後過鶴孫處談、劉巡捕又會噶布倫

等、談到洋人必入藏、彼亦無如之何、俟大衆酌酌明日回話、

二十日、劉巡捕會同噶布倫等赴前路迎接洋官兵、大約至扎黨

為止、明日諒可回頭、午刻鄭金瀾由計泉夫婦送來東院、未刻

余鶴孫尊寵徐韻秋來、酉刻李振勳了頭劉蓮芳來、不意藏中

正在軍書旁午之時、作此閒情逸致之事、未免貽笑大方、惠臣

湘梅子範少嵩如君名葡英均來閒喜、不敢當其賀也。晚飯後院

中閒踏送吾鶴孫不令其閒談、各歸洞府可也。未免可笑、前惠

二一一

國圖藏吳豐培抄本書影（一）

縱緣帽黑緞
館棉花四不露
羊窗馬褂

光緒三十一年歲次乙巳四月初一日

辰刻恭誦大椒 壽歲脬前竹禮回長家席神住

荷竹禮化臣海山來在工房到多吉扎於土圖來見前年

十九歲晚興嗜勒丹沁巳巳說一日嗜勒丹沁巳巳許正經典

有宿根人亦沈靜孔常謂吊邦到此保護花如帳居

諷經以祝福壽益面通 如來古佛一子丸為鐵秘花

吳芳物孜游咋日昤備襟物給之海山後來代誦三句

鐘茂玉後院一看連情孫先看罪作工唱粥後玉柳傳

下坐誌緣今日訪門不能停工特給犛牛肉粥一部瓦

九九

國圖藏吳豐培抄本書影（二）

目

次

下　冊

凡　例

　　《有泰駐藏日記》校理，以現存國家圖書館稿本《有泰文集》（第13～29冊）為底本，參校吳豐培《有泰駐藏日記》抄本，具體做以下說明：

　　1. 有關人名、地名等底本標示有誤，出校。由於文字異同或純粹屬於事實出入，如人物、官銜、籍貫、地名、時間、名物等，在正文中直接改正，出校加以說明，指出所據出處。

　　2. 凡底本不誤，抄本異，不出校。

　　3. 稿本上可以確定的訛（錯字）、脫（缺字）、衍（多字）、倒（顛倒）等，直接在正文中改正，出校，說明校改的依據及理由。校改原因顯而易見的，不舉理由。正文字跡模糊無法辨識，或其他無法解決者，參校抄本，出校；抄本字跡亦不清或有疑問的，出校說明。

　　4.《有泰駐藏日記》中，有數量不少的有關人名、地名、事物、事件等自注，大多用小字隨文夾註，今將作者夾註依原樣保留於正文相關文字的對應位置，用楷體小字標示。在一段自注中，有泰也偶有對自注內容所涉人名、地名的注，用〔〕括起。如，「又十五里至王卡塘公館宿站，東南有白蠻房一處，即前駐藏大臣文仲瀛〔海〕病故於彼，彼時無公館。」

　　5. 吳豐培抄本有對人名字號、地名所屬、官銜品階、背景事件等作注，簡稱「吳注」，又偶有「豐培按語」，為便於讀者閱讀，又能保留底稿原貌，在正文中區別有泰自注，凡「吳注」「按語」均保留，出校，校勘記中標明。

　　6. 稿本中異體字、俗體字等，除個別需保留者外，一律改規範繁體字，不出校。一般虛字有出入，不出校。

7. 因作者筆誤致少字、多字、錯字致用文字錯誤或語句不通者，或用字習慣而致影響今人閱讀者，改，出校。如，「沉重」寫作「陳重」「下沉」寫作「下陳」「沉下」寫作「陳下」等，改，出校。

8. 校勘記的位置和寫法，為讀者方便，置於《日記》每月所記之後，按正文校勘所標序號，舉出原文的依據或有關詞語，加以說明。校碼，加在正文相關出校文字後。校記不舉出原文，只說明校改之處。

9. 避清朝名諱及家諱者，改，出校說明。

前　言

　　雍正五年（1727），清朝設駐藏大臣，而駐藏大臣的政治地位、主要職權，也隨著清朝的治藏政策，有一個歷史的演變過程，大體經歷了駐藏大臣監督藏政、與達賴剌麻共理藏政、主持藏政三個發展時期，駐藏大臣的政治地位和職權不斷得到提高和加強。〔註 1〕關於駐藏大臣的行政職權，乾隆五十八年（1793）頒布了《欽定西藏章程》，即《二十九條章程》，以法律形式規定了駐藏大臣「總攬事權，主持藏政」。《章程》規定：「駐藏大臣督辦藏內事務，應與達賴剌麻、班禪額爾德尼平等。自噶布倫以下番目及管事剌麻，分係屬員，事無大小，均應察明駐藏大臣辦理。至札什倫布諸務，亦俱一體察知駐藏大臣辦理。仍於巡邊之便，就近稽查約束。」（《衛藏通志》卷十二）具體而言，駐藏大臣的職權包括西藏僧俗官吏的任免權、「金瓶掣簽」的主導權、統帥軍隊權、處理邊防和涉外事務權、主掌西藏財政經濟權、重大案件司法終審權等，涵蓋了治理西藏的政治、經濟、軍事、外交、司法等主要方面。總之，駐藏大臣既是欽差，又是西藏地方最高行政長官，其法定地位和職權範圍是以欽差大臣的身份，主持西藏一切要政。這是對西藏行使主權和加強行政管理的重要措施，在強化中央政權、鞏固和加強多民族國家統一、維護邊疆和國門的安寧等方面，曾起到過十分重要的作用，產生過深遠的影響。

　　最初派遣駐藏官員，朝廷十分重視，選職位較高兼有幹練之材者，如瑪拉、僧格、傅清、拉布敦，至乾隆時期的松筠、和寧等，打開了良好的駐藏局面，

〔註 1〕張羽新《駐藏大臣政治地位和職權的歷史考察》，《中國藏學》，1998 年第 2 期，
　　　　第 47～67 頁。

加強了中央管轄西藏權力，穩固了西北安寧。但由於藏地遙遠，路途艱辛，使藏之員不願往之，所派駐藏大臣多淪為中材者，「前派往駐藏辦事，多係中材，該大臣不過遷延歲月，冀圖班滿回京。」（《廓爾喀紀略》）。此後各朝所派駐藏大臣多不懂治理藏地和處理外交事務，既沒有吏才，也沒有外交才幹，以致治藏毫無作為，吏治腐敗嚴重，駐藏官員樹立了不良的清政府邊疆官吏形象，加大了與西藏人民的矛盾，也使清廷中央對西藏的治理權利不斷縮小，增強了英印等外強侵略之信心。光緒二十八年（1902）十一月，正值英第二次侵藏、駐藏大臣裕綱因無法主持藏政請辭之時，朝廷賞有泰副都統銜授駐藏大臣，前赴西藏處理藏地邊務和處理外交事宜，這成為有泰一生中最為重要的政治事件。

一、有泰的家世生平及其駐藏的政治失敗

　　有泰（1844～1910），卓特氏，字夢琴，蒙古正黃旗人。同治四年（1865）三月，考取額外蒙古協修官。五年八月，挈簽戶部，修《文宗實錄》，升戶部額外主事，後歷工部員外郎、戶部員外郎。光緒九年（1883）七月，隨武英殿大學士額勒和布赴陝西查辦事件充隨員。後歷仕兵部武庫司員外郎、江蘇常州知府、虎神營右軍統領、鴻臚寺少卿。二十八年（1902）十一月，賞副都統銜出任駐藏大臣，於次年十二月抵達拉薩。三十二年（1906），查辦大臣張蔭棠劾其貪婪昏聵、貽誤事機被革職，發往張家口軍臺效力。宣統二年（1910）七月病卒於戍所，年六十六。《清史稿》無傳。

　　有泰一生仕途通達，職務涉隸六部，可謂官運亨通，這與他出身顯宦的世家有密切關係。祖父富俊為翻譯進士，嘉慶、道光間曾任科布多參贊大臣、吉林將軍、盛京將軍、黑龍江將軍、烏魯木齊都統、喀什噶爾參贊大臣、葉爾羌辦事大臣、烏里雅蘇臺參贊大臣、工部尚書等，所屬部門多在兵部、理藩院，治理東北、西北邊務政績突出。兄升泰，先後任浙江按察使、雲南布政使、伊犁參贊大臣、烏魯木齊都統、駐藏大臣等職，著有《藏印邊務錄》。妻阿魯特氏，蒙古正藍旗，大學生賽尚阿之女，賽尚阿歷乾隆至同治五朝，官至戶部尚書、文華殿大學士、軍機大臣，編《蒙文匯書》《蒙文晰義》，參編《欽定理藩院則例》。妻弟崇綺是清朝唯一一個蒙古族狀元，崇綺女兒為同治帝皇后。父兄及妻族多在兵部任高官，邊務治理業績突出，這是有泰得以出任駐藏大臣的重要因素。另外，可能也與其兄升泰於光緒十八年（1892）卒於西藏仁進岡有關。

　　有泰從光緒二十八年（1902）十一月初三接到旨意，二十九年（1903）二月初六日由京城出發，十二月二十四日（1903）抵達拉薩，三十二年四月（1907）遭彈劾被革職，在藏時間三年零四個月，加上往返行程，近五年時間。有泰作為駐藏大臣是不合格的，對治理西藏毫無建樹。三十二年（1906）冬查辦大臣張蔭棠劾其貪婪昏聵、貽誤時機、招妓納妾、報銷鉅款、媚敵辱國等種種罪責，「坐視藏僧與擁軍在布達拉山議約十條，無一語匡救。藏印軍務倥傯之際，警報屢至，催赴敵前開議，有泰置若罔聞。」乃至「藏中吏治之污，弊孔百出，無怪為藏眾輕視，而敵國生心。」（《張蔭棠奏牘》）藏史家吳豐培認為這些彈劾基本屬實，且認為「有泰駐藏三年多，於藏政毫無建樹。」（吳豐培《有泰駐藏日記》序）。

二、《有泰駐藏日記》的史料價值

　　在政治上，有泰昏聵無能，不能擔當駐藏大臣的職責，給藏地人民塑造了不良的清廷形象。有泰有記錄日記的習慣，且很有恒心，從考取額外蒙古協修官起，至宣統二年七月病歿戍所前數日止，歷四十六年，堅持不懈記述自己的日常生活點滴，形成了卷帙浩繁的日記手稿，現藏於國家圖書館。《日記》內容我們可將其分為前後兩個時期：一是同治四年三月二十五日至光緒二十一年五月初一日簡放江蘇常州府知府，均用蠅頭小楷記於曆書夾縫之中，文字簡略，每日僅記行止，歷時三十年。二是自任常州知府至宣統二年七月病逝前數日止，改用紅格稿本，記述較詳，很少遺漏，歷時十六年。《有泰駐藏日記》即從光緒二十八年（1902）十一月初三日有泰被授駐藏大臣始，至宣統二年（1910）三月因革職發張家口軍臺止。字數近四十萬，約佔有泰全部日記四分之三強，是現今所知駐藏大臣唯一完整的日記，內容豐富，包羅萬象，涉及清末西藏內政外交、歷史古蹟、輿地自然、生產生活民俗、物價經濟、古物收藏、天氣物候、宗教祭祀、傳說故事、曲藝諺語，以及往來官吏情況等一切社會文化景觀，是我們瞭解清末西藏政治、經濟、軍事、文化、社會生活等的重要文獻。

　　1.《駐藏日記》是我們瞭解西藏第二次抗英情況、具體戰事細節的重要文獻。

　　有泰作為駐藏大臣，以決策者、知情人、見證人的身份參與西藏的重大政務活動。如英國第二次侵藏戰爭，有泰從西藏抗英的戰前準備、正面戰場、戰

後失敗、簽訂《拉薩條約》等具體細節，為我們提供了瞭解戰事的整體發展狀況、具體戰事、簽約細節等。如《駐藏日記》對抗戰情況的記述：四月二十五日，「午前，並到洋務局唔湘梅商公事，聞番兵又走若干，在江孜番兵到萬，洋人不過六百，番子竟逃走傷亡已去三千人矣，真正劫數，奈何？」五月初九日，「接馬全驥來稟，洋番彼此劫營，各有勝負，洋欲斷後藏路，番已打敗。」光緒三十年簽訂《拉薩條約》，《駐藏日記》對這次簽訂之事前後的具體細節、簽約事宜等均有記述。七月初十，有泰主持西藏高層會議商討條約，「下午兩點鐘，傳噶勒丹池巴（名羅布藏堅參）、羅藏娃（名羅桑甲錯，姓安。）達賴兄八分公爵，（名頓柱奪吉，行三。）並李福林在內賞矮座開導。七條內賠款設碼頭等項，不可固執私見，有妨大局。詢問達賴剌麻，據云先在哈拉烏蘇，現在又往前行，不知實在去向，或聞意欲去北京等語。」七月十九日，番官找到有泰，又一次非正式會議對條約內容的商討，「午後，噶勒丹池巴來、羅布藏堅參、偉公頓柱奪吉、洛藏娃羅桑甲錯均來謁見，所說不過為賠款一節，嘵嘵置辯，難知其所以然。」顯然，這次商討也沒有任何進展。直到七月二十八日與英帝簽約，幾乎沒有改動英方所定條款，可以看出有泰胡塗又媚英的對外態度，這是他不加應變貫徹清廷主張的必然結果，也是他沒有國家主權意識和外交能力的反應，使得喪權辱國的《拉薩條約》最終得以簽訂。之後，《駐藏日記》對簽訂細節有具體的敘述：「下午三句鐘赴布達拉山，先恭謁聖容，遂至達賴剌麻正殿，有穆宗御賜振錫綏疆匾。聚集洋番官並竹巴娃噶必丹等畫押。惟英番其印以榮大臣英字，噶勒丹池巴番字前後用之。噶勒丹池巴用達賴剌麻之印畫訖。榮大臣告番官一片言語，不過和好之意。榮大臣帶有二千洋兵以示威武而已。番邊蓋印前，先將番文朗誦一通，其人為惠大臣。悶喜（如字識之流）乃哲孟雄人，其裝束與漢人無異，緞袷襖、緞坎肩、靴子、小帽，不過滿留頭，有耳環，聞哲孟雄自歸洋人保護，皆改此裝束，亦奇已哉。余告以現已電奏，侯奉有旨意，再行補畫，洋官允之，回署已掌燈矣。」

簽約前，《日記》還提到七月初八日藏人因為憤懣不滿，阻止英人進布達拉山，向英人身上撒石塊，甚至進行刺殺的抗擊行為。「聞劉巡捕面回，聞洋營有洋人二名被一剌麻用刀砍傷，當派員前往詢。旋准洋官來信，韋領事過署有話面告。據云此剌麻忽於褊衫內撒刀，將一洋官頭上砍傷，復將一洋兵手腕砍傷。此人傷不甚重，先砍之人，醫云須看兩日，究竟是否有礙再說。洋人會將此剌麻扎得三刀，並未深入，蓋衣內穿鐵鎖甲，其為有意害人無疑。外人謂

其為瘋魔，恐非是。」讓我們更直觀感受到，因為英國的侵略，藏人對英帝無比仇恨的情緒。

2.《駐藏日記》是我們瞭解清末西藏宗教文化的重要文獻。

宗教在西藏的政治經濟、社會生活的影響極為深遠，幾乎無處不在，是西藏文化的重要組成部分。有泰作為駐藏大臣，藏中許多重要的節慶祭祀、政教儀式均受邀參加，或於閑暇之餘耳聞目睹宗教性質或目的的民俗生活現象，或於沿途參觀各類寺廟、參加宗教活動，《日記》多加以記述，為我們展現了西藏豐富多彩的宗教文化。

光緒二十九年（1903），有泰由川入藏後，沿途記述和拜謁的寺廟就有安居供巴、郭將軍廟、關帝廟、山神廟、里寺、城隍廟等，居住拉薩的三年多時間，有泰也經常前往磨盤山關帝廟、扎什城關帝廟、觀音閣、財神廟、龍王廟、呂祖廟、瓦合神、丹達廟、風雲雷雨神廟、城隍廟、文昌廟、武侯廟、龍神祠、龍神廟、東宗寺、永安寺、布達拉寺、大招寺、小招寺、甘丹寺、別蚌寺、色拉寺、馬神廟、里寺、薩迦寺、畢蚌寺、穆隆寺等，這些或是藏民宗教祭祀、節日慶典，或是日常宗教活動的主要場所。對這些寺廟或詳或略的記述，不僅為我們提供了藏地宗教寺廟的保存狀況、供奉香火盛衰，還為我們描繪一座座建築規模不等、供奉神祇佛像有別、鮮活的寺廟生活場景。如闡宗寺，有泰不僅對闡宗寺正殿、西殿的外觀，如寺廟結構、御筆題字、殿門懸蛇做了整體勾勒，還對正殿、西殿所供之像的擺放位置、具體形象、通身佩戴、供奉聖像前因後果等，有泰做了詳細體察和六百餘字的記述。

> （光緒三十二年九月二十五日）午後，同余鶴孫步踏至闡宗寺，（乾隆御筆四體字。）即第穆胡圖克圖廟。正殿牛首金剛，樓上中為客座，在彼吃煙、喝茶，左為降護法處，有一像係肉身所成，手腳具全，左手按劍，右手持一椀，哈達甚多，右為噶倫、（即噶布倫，官名。）隆拔（係生前藏名。）此噶倫係在乾隆年間朱而末特時力勸其不可背叛，因疑其袒護漢人，將其全家皆斬，其頭及皮並手腳俱面東懸於梁間，像並不惡，現為糧臺所供，紅菩薩即此位，蓋漢番皆以死的屈枉，歿後以佛事之。北梁乃其妻，頭散發，（亦有哈達。）像亦不惡，並其二子頭，（已枯。）及一薛大嫚頭，亦散髮，像模糊，彼夫婦眼珠、牙齒具在。噶倫屍身掛哈達甚多，其受職噶倫，冒死諫朱而末特，以致全家非名，為本朝忠義之臣，可不愧傳、

拉二公，番官中偉人也。此殿門上懸一大蛇，有大盌公公粗，已乾，
其鱗有半酒杯大，係前廿年在藏河邊所得。一小狗死去，亦懸之，
似前第穆所拳，已有道行，所謂狗子亦有佛性。下樓後，正殿西為
一殿，供塔三座，前第穆乃銀塔，聞山上不准造，然民不能忘也。
同鶴孫步出廟後門，踏至署東南郭拉路旁新修小廟，名曰松貢布。
惟一間，中供牛首金剛像，甚惡，作陰陽形，兩旁八尊藥王，左右
榀一萬尊泥印牛首金剛，再下左右二尊文殊菩薩，為大皇帝化身；
二尊四手觀音，為達賴剌麻化身；二尊卡奪（惡像在下一層。）為
班禪額爾德尼化身，（文殊像，夷呼降巴白羊，四手觀音，夷呼皆熱
四，「熱」字平聲。卡奪佛無漢名，三尊同供，呼曰松貢布。）此廟
乃唐古忒新修，為與洋人打仗陣亡諸人功德。

有泰有時也把藏地寺廟與內地略作對比，或感到新奇，或發表己見。如，
里寺供奉吳三桂，城隍廟裏供奉雞抓鬼，磨盤山下的永安寺觀音佛裝束也使他
驚歎，「觀音佛果係女身，胸前帶告亦用松石所鉗，與藏丫頭無異，座上佛冠
佛座皆係珠寶鉗之，然座下鉗鼻壺三個，不可解。其餘諸佛有千百尊，多係珠
寶鉗成，甚覺富麗。」

《駐藏日記》大量記述了西藏宗教活動及儀式，並寫明具體宗教場所、活
動目的、活動規模及宗教程序、具體活動細節、活動場面等，如，彌勒佛出駕、
城隍神出巡、色拉寺驗降魔杵、打小招、送鬼、送祟、降神、晾寶、放妖、打
鬼、剌麻出巡等，幾乎囊括了西藏所有的宗教活動。有的活動《日記》提到的
不下十幾次，如「晾寶」，有泰描述大型的就有達賴「晾寶」、大昭寺「晾寶」、
布達拉山「晾寶」等。如布達拉山「晾寶」，有泰對釋迦佛像、剌麻捧寶者、
跳鉞斧演繹的精彩故事、使用的古樂器、扮作獸像向山跳舞、護法的出場、所
有人等的裝飾扮相等均做描繪，時時還穿插自己後來獲得的解釋。

（光緒三十年二月卅日）布達拉山晾寶。辰正餘，山上來請，
俟看完，已子初余矣。到時，糧務備賑房，路南面山，山上剌麻多
多，亦別開生面。先懸釋迦佛大象，一金色，一銀色，係用綾堆，
法身極大，到山上不過半身，山下所遇寶物，皆有不知名者，多傘
幢，亦各色具備。剌麻捧寶者或本色或戴鬼臉，亦難備述，且先後
難記次序，有跳鐵斧，小孩如元旦狀，賞之。忽來花臉套頭如山精
狀，謂之放牛者，又來一綠臉似蛤蟆精，據云先來者為男，後來者

為女。後有黃帽子拉一乳牛到面前，摘牛乳一盤來敬，不過指彈而已，不能飲也，賞之。男女皆為剌麻所扮，呈來珍珠褊衫一看，其中大者如龍眼核，不過一粒，如黃豆大，不如黃豆大者甚多，然圓者少，係紅緞地，復有古樂器，如瑟絃管笛均有，並有剌麻背大鼓，自擊自跳，甚費氣力，或天魔舞耶？又有扮天王像、骷髏像、眾禽獸像，大頭和尚隨小孩六，或即佛經六賊耶？亦逐隊舞之，手持銅鈴，或銅鈴加一小波浪鼓，然每隊向山舞時，其如山精者，謂之放牛的加於內，作種種可笑狀，如戲中之丑，眾人皆樂之。又有護法兩撥，剌麻各四人，黃偏衫朝山行禮，其緩非常，殊為可笑。後隨護法到時，眾番官皆遞哈達，受江卡後隨真象一隻，朝山三鳴，又有假象二隻，人在內，朝山用海螺三鳴，末則八大金剛，皆有兩人高，蓋剌麻在內，用杆挑之，一切扮種種執事，多半彩衣，此舉比黃寺打鬼熱鬧多多矣。

對認定藏傳佛教最高等的大活佛轉世靈童的「金瓶掣籤」政治宗教活動的描寫，也具體明朗，如下：

（光緒三十一年九月十五日）辰刻，恭赴磨盤山關帝廟行香，路間討口子者甚多，雪裏前有擺佛者，蓋今日亦番家十五也。午初二刻，由署至大招，先入座，在東，噶爾丹池巴在西。（金經謂之今日掌教來去，皆來招呼。）俱高座。委員東，番官西，皆矮座，兩旁剌麻念經者甚多，詢之，所念係消災經。俟筆政（先書清番字，名字用墨筆。）將象牙籤用黃紙封固，大臣在外用朱筆寫滿洲封字，供於金瓶前。（滿語愛新奔巴，即「金瓶」二字，今均呼為「奔巴金瓶」或呼為「金奔巴瓶」。）大臣行一跪三叩禮，派委員（恩禧，本應幫辦之事。）將籤入於瓶內，又念經，時不久，即請大臣行一跪三叩禮，站起復跪，掣一籤，為呼畢勒罕，（共二隻。）余籤應宣之，以示大眾，明其非私也。本當在佛前，因地狹在萬歲牌前，仍按佛前行禮，掣出穆隆寺德住胡圖克圖呼畢勒罕，（凡掣瓶未及歲者，為呼畢勒罕，俟及歲坐床，方謂之胡圖克圖，坐床在十一、二上下，以後經到何地位小戒，再經全則受大戒。）名吐布丹堅參，（又加名青饒稱勒朗結，即住布達山北。）年八歲，聞家計甚寒，伊母曾當人家薛大嫂，未掣出者，家內頗富云。掣籤宣示後，番眾擊掌，似

歌非歌，齊喊之，以為慶賀之意，觀其大眾皆面有喜色。（本擬不掣，經理藩院駁之，此次仍係其人。掣出之子，原文仲瀛奏明勿掣，經理藩院奏駁，此次仍是此子，惟原文有卜卦及所敘有父無一定，母名策忍拉莫，父無一定四字，真堪絕倒！）穆隆寺札薩克送觀音佛一尊，哈達、酥茶、甜飯、果筵、鐠鏴照舊，乃大典也。不候經完，皆散，回署，午正十分，來去不足三刻耳。

光緒二十九日二月初二日，有泰親見的一次甲木參土司兄弟安排的安居供巴降神活動，對降神場面、降神剌麻的著裝、降神儀式、所降結果及其他相關事宜做了較為詳細的描述，鮮活的降神畫面躍然眼前。

（光緒二十九年十月初二日）甲氏兄弟來約，先至其書房略坐，因安居供巴有降神之說，可問休咎，屆時與諸位委員同往。在其佛樓，有一廿餘歲剌麻，正坐，身穿彩衣，腳皮靴，帶弓箭，其降神時，頭頂一神帽甚重，有孔雀等毛及綾飄帶、旗播等物，手按一刀，眾剌麻奏樂念咒，則神陽附身大吹氣，似義和拳景象。遂下坐，持茶一銅盂，先飲之，將盂遞余飲之，（據云非欽差達賴才遞，餘人不能也。）又以紅綾結江卡兒送余，（外哈達一方，余以哈達還之。）並有青稞一把。旋入座，甲敬亭代問「藏事如何」，答以番語，大概一路平安到藏，亦無難了之事，惟以賞善罰惡，遵大皇帝諭旨，且令到藏念《觀音經》《陀羅經》，自能辦理妥當。諸委員問後，便往後仰，乃神去矣，又似師巫之意。稍歇，復又降神如前，其手持鐵刀一把，刃甚厚，在脅下一別，則灣轉而過。又以哈達、江卡兒（哈達圍之。）送余，因送其銀錢五圓作香資。復看其剌麻所問各事訖，其神去亦如前，因已午後，遂回。聞有一神尚未降，蓋每月一次，均初二日，亦神道設教一端也。

3.《駐藏日記》是我們瞭解清末西藏豐富而生動民俗文化活動的重要文獻。

《駐藏日記》所記節慶民俗、生產生活民俗、宗教祭祀民俗等豐富生動，為我們描繪了清末獨特的西藏民俗社會風情。如節慶民俗，有泰從藏曆的正月初一直到藏曆二月新年結束，記錄了燈節、清明節、春祀、夏祀、秋祀、冬祀，夏至、冬至，端午節、中秋節等，幾乎涵蓋了西藏所有節日，有泰整整記錄了十多頁，並且還照錄了所呈報上來的節日活動日程，既有各種民俗表演，如鉞

斧、飛繩、跳弦子、彌勒佛出駕，也有民間曲藝表演，讓人目不暇接，如「彌勒佛出駕」就寫得生動詳細，讀起來如在目前：

> （光緒三十二年正月廿六日）卯正（今日、明日均乘轎，便衣、靴帽前往。）由署至大招，進旁角門，登三層樓，臨窗設座，先有剌麻吹號往東迎佛，執事甚多。噶勒丹池巴步行擎黃傘罩之，前有仲郭爾用藏香導引，至講經臺前坐馬紮上念經，旁有降神護法，假象、真象俱出，少時，稱勒佛駕到，用輦載之，係有佛冠站像，前後在輦上剌麻五人，拉輦剌麻數十人，沿途掛哈達者甚多。俟駕過，池巴佛亦步行隨後而去，在座前樓下先設白氈一塊，黑石頭子一個，重二百斤上下，隨人抱起，繞氈三匝，為上等。其次或抱起或抱不起，為下等。上等以大哈達，下等以小哈達賞之。然抱之實不易，並無摳手，且極滑，殊可笑。隨時聽琉璃橋炮響，跑人跑馬者來矣，馬均有鞍無鐙。（大半有鐙是仲郭爾。）有騎人者，或穿豹皮、鹿皮大褂，甚可笑。不騎人者在內大跑，兩旁剌麻以披草亂嚇之，竟至撞人以為樂，人則赤身赤足，（頭上各色花帽，似餓鬼。）肩上有各色披肩，腰下圍一布，前後飛跑，人馬須到工部堂，大半人均爬而不起，路有數十里也。白氈前俟抱石後，二赤身人僅有半截褲子貫跤，乃達木八旗人，其協領等官均坐於旁，一對一對貫畢，勝者賞之，尚有蒙古風俗。後有本處番子，赤身滿抹酥油，賊亮非常，太可笑，用一布前、後襠遮蓋而已，亦貫跤，多有不分勝負，因滑極，彼此抓不住也。今日為彌勒佛出駕，跑人跑馬，立刻散招。

對藏人服飾、飲食、居住習俗文化的描寫無處不在，這從有泰入藏至拉薩沿途就是如此。藏民多住碉房，「碉房係三層，下養牲畜，中住人，上堆什物，頂堆糧草，皆以碎片石砌之，沿路房間均如此。其梁木甚堅固。」里塘土司派人來接迎有泰時的著裝，也引起他的興趣，「帽有花無纓，蟒袍而無褂耳，戴銀墜，大珊瑚環」，而此地婦女的裝束則是「頭頂三道青寬條，尚綴銀飾四五，亦有昨日所看三塊者，後面作桃形，身背後帶若許琉璃五色珠，以線穿之，甚長，拖於後，且掛小鈴作響，以為美觀。」巴塘男子與江達男子裝束又不盡相同，諸如此類記述足有十多處。《駐藏日記》飲食民俗隨處可見，如光緒三十年正月初二在布達拉山觀看跳鉞斧，「說一陣，跳一陣，三次而後罷。其中，進茶進飯係白米、白糖所拌，進粥似有肉丁在內，隨擺宴，達賴前甚多，其次

大臣，並送錯鑪等如來佛一尊，餘人皆各有贈，不過錯鑪、吃食等件。達賴前宴桌油炸餑餑擺極高，且有假象龍、整牛羊，似果子、糖等，或其自留，或送大臣。」婚喪生育、祝壽祈福民俗也多有記錄，如藏地嫁女送黑氆、計泉娶妾的藏地婚俗、生兒洗三禮、祝壽禮、超度念經等生老病死、婚喪嫁娶風俗，都具有藏地宗教色彩和民族風情。《日記》中還記述了大量為祛除身體疾病、生活困惑以及人生預測、破解不詳、詛咒自然災害、驅鬼降魔而進行的民俗活動。如，為驅除不祥而進行的求觀音讖、剌麻降神、送鬼、放妖、送祟、打鬼、燒草堆等，還有止小兒啼哭之法、揭小人惡語之法、治腿病和蓋房屋之請神拜神，以及祭河神、因下雹而進行的咒雹活動，乃至出現因傳聞白馬棍出有蓮花世界，藏民崇信的行為等，都是《駐藏日記》描寫的內容。

《駐藏日記》除上述政治軍事、風土民俗、宗教文化的記述外，還有大量記錄了京藏沿線、西藏輿地歷史文化、文人詩詞歌賦活動、民間醫藥文化、經濟物價、四時氣候，乃至地方口傳故事、文人間閒談掌故、古玩對象、民族語言、商貿活動、官吏往來等等，林林總總，無所不記，幾乎凡是有泰所至之處、所見之人、所經之事都或詳或略加以記述。同時，有泰出身蒙八旗，有極其深厚的漢文化底蘊和較為包容開放的文化態度，對京藏沿途輿地文化、西藏民族文化都有濃厚的興趣，且每到一處都極為誠摯恭謹，猶如社會文化田野調查，參訪探源，雖偶有文化隔閡帶來的不解，亦不存隨意誇張記述、鄙棄心態，所錄內容更為具體客觀，清晰詳實，語言自然生動，從這一角度說，有泰《駐藏日記》是清末京藏沿途及西藏文化的百科全書，是清末西藏社會生活文化的活化石，這對《清史稿》《西藏志》《衛藏通志》等記錄西藏文化史料文獻是重要補充。可以說，雖然有泰作為駐藏大臣在政治業績上是失敗的，甚至某些行徑是可恥的，但其《駐藏日記》是他西藏生活期間的真實生活記錄，是他實際體驗藏地生活的和觀察藏地文化的結晶，具有很重要的史料價值，客觀上為我國清末藏族文化的傳播和漢、藏、滿、蒙多民族文化交流做出了重要貢獻。

三、《有泰駐藏日記》版本

《有泰駐藏日記》有稿本、抄本。

稿本《有泰文集》藏於國家圖書館，總三十二冊，《駐藏日記》存於《有泰文集》第十三冊至二十九冊，多用紅格紙墨筆書寫，也偶用白紙書寫。通篇採用行楷，雋秀整潔，少有勾畫、塗抹、刪改。正文多有對人名、地名、事件

等的解釋文字，置於頁眉處，或騎紅線用極小的字體雙行夾註，字數較多時，還用線條牽引指明正文所自注或增補部分的對應內容。稿本《有泰文集》於2005 年由全國圖書館文獻縮微複製中心影印，硬精裝，16 開，共十冊，收錄《川藏奏稿》《有泰信稿》《有泰日記》，第七冊第 269 頁至第十冊末為《駐藏日記》。

　　抄本為 20 世紀三十年代史學家吳豐培先生手抄，所抄內容自光緒二十八年（1902）十一月至三十四年（1908）三月二十九日，以時間為軸重新分卷立目，總十六卷，題為《有泰駐藏日記》，簡稱「吳抄本」，存於國家圖書館。吳抄本在內容上的特點有三：一是抄本並非完本。抄本各卷均有不同程度的遺漏，漏抄文字都與藏事無關，這是吳豐培先生的有意為之，旨在突出駐藏諸事，「今加整理，輯其使藏四、五年之事成編，其無關藏政者，則不贅錄。」（序）但無關藏事者並非都有漏抄。二是將有泰遭彈劾而四處發函之求情信件，輯入《駐藏日記》正文相關位置，小字抄錄。三是對《日記》所涉人名、地名、官銜品階、歷史事蹟等內容多有注，「其往來官員，僅書官稱，或記別號，事隔百年，便難悉其人，今就所知，加注原名，以便閱讀。抄錄格式，悉仿葉昌熾《緣督廬日記抄》以清眉目。」（序）具有十分重要的參考價值。吳抄本用黑色線條格本，蠅頭小楷，豎版繁體，整潔清晰。抄本共有三種影印本，一是 1988 年收錄於《西藏學漢文文獻匯刻》第一輯，由吳先生作序中國藏學出版社出版，16 開線裝，印 50 冊；一是 1992 年全國圖書館文獻縮微複製中心影印的四種合刊本，（其餘三部為《松溎桂豐奏稿》《籌瞻奏稿》《清代剌麻教碑文》；一是 2006 年收錄於李德龍、俞冰主編的《歷代日記叢抄》，共兩冊，《駐藏日記》為第 150、151 冊，由學苑出版社出版。2018 年康欣平點校《有泰日記》，由鳳凰出版社出版，為《中國近現代稀見史料叢刊》第五輯。這兩次整理均未參校吳抄本。

　　本次校理，以稿本《有泰文集》2005 年影印本為底本，參校吳豐培抄本。為便於讀者閱讀，保留有泰自注，放在所注內容的相應位置；收錄吳豐培的注、按語等，置於校勘記中。正文前收錄吳豐培《〈有泰駐藏日記〉序》《有泰小傳》，附稿本、抄本書影。

吳豐培《有泰駐藏日記》序

　　一九三五年，我在北平研究院史學研究會工作，擔任整理西藏史料，首先收集有關資料，曾編有《清代西藏史料第一集》及《清季籌藏奏牘》兩書，均由商務印書館出版，《史料》中有《藏印往來照會》一種，即有泰駐藏時，命他的隨員江潮所編。對於清季西藏外交，係屬要件，而有泰章奏函牘，也均編入《清季籌藏奏牘》中。其《駐藏日記》，余抄錄於五十多年前，久未成書，今蒙西藏社會科學院藏學文獻編輯室據抄本縮印編入《西藏漢文文獻匯刻》，供研究藏事者使用，也足以了我宿願。

　　有泰於光緒二十八年（1902）十一月受命為駐藏大臣，二十九年（1903）歲末才到達拉薩。三十二（1906）年被參革職，三十三年（1907）三月自拉薩起行，駐藏共三年四個月。回京後便被發往張家口軍臺效力，宣統二年（1910）七月病歿於戍所，時年六十六歲。

　　有泰駐藏三年多，於藏政毫無建樹。對外正當英帝國主義瘋狂侵略藏境，要挾藏地派員談判，而有泰卻人前畏縮，竟不敢離開拉薩，前往交涉和阻止敵軍。英印軍隊長驅直入，強逼西藏地方政府訂立城下之盟，而有泰當此危急之際，一籌莫展，任敵軍到處橫行槍殺平民，竟以牛羊犒勞敵軍，且妄稱無法指揮藏兵。英人則據此而稱我不能對藏行使主權，強迫訂立喪權條約，有泰竟將簽署，經清廷阻止，始未參與。然以後所訂《中英藏印條約》，仍以此為基調，是有泰喪權辱國之罪，難卸其責。同時，在敵軍壓境之時，他還與屬員在柳林招妓侑酒、納寵狂歡，並乘敵軍入侵之機，巧列名目，報銷鉅款，他所用人員受賄納姬，纍纍累累者，比比皆是。查辦大臣張蔭棠參劾各款，均證據確鑿，而當時清政府腐敗昏庸，內外官吏互相勾結和包庇，僅將有泰發往張家口軍臺

効力了事。這樣充軍，不過是易地而居耳。

　　有泰為人，實不足道，但他多年的日記，尚有多方面的價值。一、他有恒心。北京圖書館藏有他的全部日記，自同治四年三月二十五日考取額外蒙古協修官起，至光緒二十一年五月初一日簡放江蘇常州府知府止，三十年的生活瑣事，均用蠅頭小楷記於曆書夾縫之中，文字簡略，每日僅記行止。自出任常州知府後改用紅格稿本，記述較詳，以迄宣統二年七月病歿戍所前數日止，歷年十六，很少遺漏，分訂四十餘冊，可稱大觀。今輯其自初受藏臣始，達抵張家口戍所止，約占全部日記四分之三強，分為十六卷，是現今所知大臣駐藏唯一完整的日記，這幾年的記述，是關係有泰極為重要的一斷。二、他自京城西南行，經過省分很多，按站行走，備述沿途風物以及古蹟，往返均是如此，其他記行之作，無此詳備。三、藏中許多節慶祭祀及宗教儀式，均邀請他參與，有較詳記載，比諸周藹聯的《西藏遊記》所載更為真切。例如，光緒三十年九月初一日記述布達拉宮佛像，極為詳備，故又可作西藏風俗讀。四、私人生活和親友函札，均有摘要，其中包括他本人和隨員納妾之事，種種荒淫無度，上行下效，確是一部自供狀。五、他好買小古玩藥品，其隨員等常以玩物兜售，也記價錢，如記購買碧璽帽花一塊，價為二百五十藏元，為研究當時藏地經濟提供物價資料。六、他被張蔭棠參劾，因與後任駐藏大臣聯豫較為友好，同屬外務部大臣那桐的親戚，（聯豫是那桐表舅。）故從容離藏，沿途供應，仍同駐藏大臣規格，按站緩行，官員仍是迎送，此時他便四處發函，陳訴己冤。求情之信，雖不載《日記》之中，而底稿附夾書中，今均輯入。有泰昏庸，而官場請託頗為精通，更足以說明官場關係，貪官污吏，自能上下其手，毫無法制可言。七、最主要者是光緒三十年英軍頭目榮赫鵬不遵外交手斷，悍然率軍入侵藏土，有泰不能抵禦於邊，反而以牛羊犒軍，聲言藏員不聽指揮，為敵人所藉口。榮赫鵬著有《印度與西藏》一書，漢譯名為《英國侵略西藏史》，詳述其經過，其隨員麥克唐納所撰《旅藏二十年》，也記有當時晤面情景。榮氏記云，「此君殊少智謀，地位亦不甚佳，蓋藏人常不願服從彼之命令。」麥氏記云，「這些大臣等，除卻申述願意協助解決英藏各項問題外，其他事項，概不討論。」對有泰的行動，均加藐視。然於英軍在藏數月橫行霸道，誅殺無辜者，則極少談及，而此《日記》備載敵軍暴行，通讀三書，參閱對照，更可以明瞭當時真像。如此種種，在西藏史料中，固屬秘本，今加整理，輯其使藏四、五年之事成編，其無關藏政者，則不贅錄。其往來官員，僅書官稱，或記別號，

事隔百年，便難悉其人，今就所知，加注原名，以便閱讀。抄錄格式，悉仿葉昌熾《緣督廬日記抄》以清眉目。暮年得見此稿成書，何幸如之，吳豐培謹識，一九八八年春。

吳豐培　有泰小傳

　　有泰，字夢琴，蒙古正黃旗人，為大學士富俊之孫，駐藏大臣升泰之弟。以同治四年三月，考取額外蒙古協修官，五年八月，掣簽戶部，十二月《文宗皇帝實錄》告成，紀錄兩次。六年二月，實錄館保舉為戶部額外主事。八年三月，補缺。九年三月，以捐銅局獎升候補員外郎。十一年十一月，以其妻弟崇綺授戶部尚書迴避，改分工部，尋復調回戶部。光緒九年七月，曾隨武英殿大學士額勒和布赴陝西查辦事件充隨員。十二年八月，選補兵部武庫司員外郎。二十年，以京察記名道用，七月，端王載漪委為火器營文案。二十一年五月，簡放江蘇常州府知府。二十四年十月，載漪調回京，派為虎神營右軍統領。二十七年十二月撤虎神營，補鴻臚寺少卿。二十八年十一月，賞副都統銜，派為駐藏大臣。二十九年冬，始抵拉薩。三十二年，查辦大臣張蔭棠劾其貪婪昏瞶，貽誤事機，詔革職，發往張家口軍臺效力。宣統二年七月病卒。除《日記》外，尚有《駐藏奏牘》，已編入《清代藏事奏牘彙編》中。

卷　一

光緒二十八年十一月初三日　內閣奉上諭：「有泰著賞給副都統銜作為駐藏辦事大臣，照例馳驛，前任裕綱著俟有泰到任後，再行來京。欽此。」赴榮華甫處，未遇。至福全館，鍾湘帆約即在彼處。給鴻臚寺送信，請恩、長老爺代辦滿漢謝摺。座中徐蓮士、管劬安、徐雪航、朗秋昆仲，痛飲，回家子刻矣。陰，雪。

初四日　鴻臚寺錫老爺來送閱謝摺，座即請繕遞，勿庸再恭閱，因道遠難往返也。遣蓉柳至藎臣處借貂褂，會溥小峰侍郎。晚阿甥並又齋來談。晴，夜風。

初五日　寅刻，赴頤和園恭謝天恩，仰蒙召見，溫諭迭加，並優承皇太后恩諭：「知汝甚苦，汝即叩頭，賞汝盤川，遂賞銀三千兩，實時親赴李總管〔一〕處支領。」並蒙恩諭：「毋庸具摺奏謝」。到外務部公所與周敬興儒臣痛談，託榮華甫〔二〕辦理一切應用開銷。在外務部早飯，旋至那琴軒〔三〕金吾公所大談，其銀款即派兵琴軒營兵。同家人押車先回，因又痛談，三鐘始進城，到家掌燈。

初六日　至瀛貝勒等處，赴福全館徐蓮士約，回家已丑初矣。早會溥偉雲，其華友廉、溫受臣、都大爺來，皆未約見。偉雲已應借馬，未審如何。早接那琴軒信，慶邸欲見，未果。晴。

初七日　至海淀裕盛軒早飯。到榮仲華相國、王夔石相國，瞿子玖、鹿滋軒兩尚書，皆未遇。慶邸適會外務部諸君，無暇約見，回家已沒日矣。晴。

初八日　在家。徐蓮士來甚早，尚未起，留吃早飯，痛談，明日即回山矣。景柳妹侄來，世老大與來敬老師，送賀禮。果席，紹酒。晴。

初九日　借溥偉雲黑馬，令車夫唐兒雇白騾一頭，將車成全矣。拜那王、肅王。到徐悅陶處，交其管家周敬興信，擬十一赴外部看公事並拜客，回家上燈。晴。

初十日　會三姑爺。午後拜客，至慶親王等處，回家上燈。半陰晴。

十一日　拜客。午後，到外務部唔侍郎聯春卿芳、瑞左丞鼎臣良公務，須十四日方得撿齊。復拜客，回家燈後矣。晴。

十二日　在家，會雙哲軒，料理衣服等物。景茀亭處如嫂、兩親家太太，均送賀禮。晴。

十三日　阿甥六十九，送其祝銀二兩。景柳媳婦磕頭送針黹、首飾。午後，出城拜會喬茂軒、裴韻珊，並別位客，回家掌燈大後矣。鍾叔佩、卓東侯來，俱未唔。道甚泥淖難行。晴。

十四日　至外務部攜來《西藏通商冊檔》六函，共三十本。到衡芝圃〔四〕處。回時到天錫行。晴。

十五日　在家看冊檔，然竟無暇，會清秋浦、喬茂軒、徐悅陶、長季超，至三點餘鐘方吃早飯。晚復見阿實亭，鍾乂齋處老九來，未往，閒談。晴。

十六日　在家，會長少谷、溥鶴卿、前葡岩來，未悟。毓伯郇、鍾叔佩少少、曾啟老大，竟一日未閒。姬人赴乾麵胡同，並景茀亭處。晴。

十七日　在家，有客皆未見。乾如老六來，諸人行禮，後將八仙桌兩張並起，闔家大吃火鍋，亦樂事也。晴。

十八日　景柳來拜壽，詢其二妹，名延增，號朱南，渠名耆年，號康矦。阿實亭父子來，茀亭如夫人帶老八名恩湛。來，伯郇兄妹來，均祝壽，竟一日未得閒。晴，大風，昨夜大風。

十九日　早聚闔家在上房早飯。姬人赴阿實亭處道乏，並至鍾乂齋處閒看。晴，微風。

二十日　在家看外務部攜來清檔。連日咳嗽傷風並喉痛，遂服瘟疫第二方。晴。

二十一日　在家看清檔，病少愈，荃老四送到飄帶，荷色，甚佳。晴。

廿二日　在家看清檔，其中可歎可氣可恨事，不一而足，其負國恩之夫己氏〔五〕，真不知其當如何嚴懲也。晴。

廿三日　回拜肇彥笙觀察鴻，為延忠公子。午後拜客，至外務部，將攜來清檔，面交庶務司存菊莊善。唔紹任庭昌略談。晴。

廿四日　南城外拜客，晤清秋浦侍郎。西城拜客，晤訥子裏都護，皆痛談。晴。

廿五日　卯刻，進內謁，皇極門外皇上率王大臣二品以上在此，三品下在午門，恭叩賀皇太后冬至令節。禮時辰初二刻，待辰正二刻，皇上御太和殿，王公百官叩慶賀禮。夜間起風，禮成後回時，極大風，對面不得看人。晴，大風。

廿六日　至東城拜客，給琴軒太夫人拜壽，聽夜戲，回家已丑初余矣。聞榮相 ［六］ 云，幫辦已簡放訥欽，授三品銜。晴，大風。

廿七日　內侄樸格來。會喬茂軒。馬潄午中翰濬年，四川成都縣人，頗留心藏務，與之痛談。二妞赴乾麵胡同，給牧山賀得孫女喜，老長所生，今日滿月。晴。

廿八日　至東城拜客，到榮相宅，因病未遇。季超表弟處晚飯，大飲黃酒，回時在天錫洋行買物品。晴。

廿九日　早聞軍機處諮：「內賞駐藏大臣有泰：『福』字一張，藍瓣大荷包一對，小荷包二對，銀錢兩個，銀錁四個，半分之半藕粉三斤半，白蓮子三斤半，百合粉一斤半，南棗三斤半，荔枝一斤半，奶餅五斤，掛麵十把。以上食物裝皮包二個。敬謹叩領。」謝恩摺已承，榮華甫代備，即擬明日叩謝。致總署信，擬初七日往拜英、俄欽使，並總稅務司。晴，晚風。

三十日　卯刻，進內恭謝天恩。在九卿房坐，遇馬軍門，玉昆，安徽人。亦得賞，具摺叩謝。夜丑刻，在正院向空以全羊不用祭祀，拿羊。祀神，緣兵燹之際，闔家未傷人口，因之家人敬許報謝，是有此舉。晴，晚陰。

【校勘記】

［一］吳注：李蓮英。

［二］吳注：霈。

［三］吳注：桐。

［四］吳注：璋。

［五］吳注：擬指文海，他是前駐藏大臣，將前四川總督鹿傳霖經營收復瞻對，因受賄而會同成都將軍恭壽奏請交還藏管。

［六］吳注：祿。

十二月初一日　與四弟帶昌柳並闔家在上房吃羊肉，連家人等六十餘斤

肉，立時吃盡，可以豪矣，一笑。蓋臣遣陳福來薦差官劉文通，告以俟面談。晴，晚風。

初二日　至慶和堂，張少玉約，座中臺介臣，多節之英，約及毓少岑。午飯之後給蕭邱道喜，娶媳婦。東城拜客，蓋臣處晚飯。仲路來信，帶回。晴。

初三日　接紹任庭來信，初七日拜館，接英、俄國四函，是日可往。晴，大風。

初四日　牧山表弟於亥刻病故，年五十五歲。早赴宣武門外球芝巷，喬茂蓤 [一]約，座中清秋浦侍郎、馬漖午中翰，無外客也，痛談。遂至琉璃廠秀文齋等處，匆匆進城，已上燈大後矣。晴，極大風。

十二月初五日　滋翁所籌《瞻疏稿》二本，由茂軒 [二]處送到閱訖。至鹿滋翁 [三]處，未遇。赴慶王 [四]府，適無事，痛談藏務，於大局甚得要領。回拜桂文圃，未遇。晴，甚冷。

初七日　午後，至外務部，會同英、俄兩翻譯，英翻全森，號子良，候選直隸州，漢軍人。俄翻薩蔭圖，號季騫，戶部郎中，蒙古人。並派差官。三點鐘起，先引至英國館，晤署欽差熹納理，座有彼處兩翻譯。又至俄國館，晤署欽差柏蘭蓀，座亦有兩翻譯。英國喝酒一大口，俄國喝酒一杯，且備點心，略用數塊。遂至總稅務司赫德館內，聞赫德云：「赫政於前三日。接電，已故矣。」不用翻譯，則有蓋盌茶，公然中國景器。回家上燈後。晴，大風。

初八日　午後，東城拜客，到鹿滋翁處痛談。早晤薩得謙郎中。晴。

初九日　二妞至乾麵胡同，給牧山弔祭，分八兩祭席一，紙錁二。接薩季騫來函，係柏署使十四日回拜。晴。

初十日　昨日覺感冒，今日仍未大好。接外部顧康民 [五]、紹任庭 [六]來信，俄使回拜之，季騫信同。適柏署使亦來函，回覆外務部函，請代酌應否回覆柏署使函。晴，極大風。

十三日　至西城訪松壽泉 [七]尚書，未遇。到訥子襄 [八]欽處，看其光景，未必能前往，蓋喘症仍未愈也。徐蓮士將山上所存應用書籍交來。晴。

十四日　午後，至外務部候。三點鐘，俄國使臣柏蘭蓀回拜，備茶點待之，同翻譯二位，薩季騫亦到，痛談。至徐蓮士處，未遇，見雪航、朗秋。晴。

十五日　紹越千英送來一隻鍋，並點心兩盤。午後，至天錫行還帳百餘金，至琉璃廠買書，定紙張，在秀文齋遇徐蓮士。回家後接外務部來函，十八日三點半鐘，英熹署使擬回拜，即致信於瑞鼎臣，周敬興兄後函，是日在外務部拱

候。接胡鄂輝函，並送碳儀三百金。晴。

十六日　恭閱邸鈔，於十五日^{十四日引薦}。奉旨：保送知州戶部主事隨奉，著外交部記名，以直隸知州用。徐蓮士來，早飯，談之不已，復晚飯，可謂暢矣。大舅母來，為盛京租項事，欲成訟，因奉告，給仲路寫信，再作商酌。^{管勖安送來菜二盤}。半陰晴。

十七日　在家。昨日早晚喝酒，竟不識火氣上延，頗不適也，可笑。會啟正之、衡芝圃，晚見世老八。半陰晴。

十八日　早會荃翊宸表弟，交其與仲路信底。午後，到外務部。三點半鐘，會晤英署使^{亦備酒點}。熹納理，亦帶二翻譯，俄翻譯為全子良^森，因痛談。適琴軒在署，得晤，存菊莊交給所鈔藏內公事，回家已上燈矣。^{聞何光燮已經啟行}。晴。

十九日　皇城內拜客，並至榮仲翁、翟玖翁兩樞密處，皆未遇。到三條胡同給英續村拜壽，回家子初矣，晴。

二十日　早會毓月華鴻臚，^{名朗，定府王孫，由鎮國將軍因保案授鴻臚少堂}。即得余升缺，詢寺中事宜頗細，亦辦理新政列名之人也。天晚，未經掛酌應買書籍，秀文齋送到裱「福」字及紙張。晴。

廿一日　會長少谷，至西城拜客，晤毓月華京卿、卓東侯侍郎，回家又上燈矣。晴。

廿二日　午後帶大蓉、二蓉、春杏、桂子、寶子步踏至天錫行，買物後，同大蓉樓前一遊。晚飯後，鍾乂齋、阿實亭來談。晴。

廿三日　約鍾乂齋、阿實亭早飯，四弟、蓉柳傳在座，痛飲，幸無醉者。劉元兒來，得見。晴。

廿四日　在家，本無客來，惟文奎堂送書來看，洵樂境也。晴。

二十五日　外務部紹任庭、周敬與來函，送到分界圖一件，立關圖一件，均給裱成，殊可感也。酉刻赴榮相宅，面見痛談藏事，妙在皆未有真正辦法。大霧，後細雨。

廿六日　在家，文奎堂又送書來看。晴，大風。

二十七日　在家，飲而大醉，帶二妞、桂子等至西院小門買糖，頗可笑人。半晴陰。

廿八日　早至喬茂軒處早飯，擬欲約馬漱午入藏，未審如何。進崇文門，沿路拜塗兄國盛、王君育梁。到斌小川處，約晚飯，座中倫敘齋、壽子年昆仲、

瑞裕如昆仲、文鑒齋_鎮、奎敘五_隆兩農部，敘齋大醉。晴，風。

廿九日　在家，王順昨日回，晚間鍾又齋來，痛談。晴，風，甚冷。

卅日　在家，晚間祭祠堂。晴，甚冷。

【校勘記】

［一］即「喬茂軒」。

［二］吳注：喬樹枬。

［三］吳注：傅霖。

［四］吳注：奕郎。

［五］吳注：肇新。

［六］吳注：昌。

［七］吳注：湛。

［八］吳注：駐藏幫辦賞三品銜。

光緒廿九年歲癸卯正月初一日　丑刻接神，擬進內，因朝衣未借著，此貂鼠朝衣不易易也。飯後，東西城拜年。晴。

初二日　在家，毓伯郇、斌小川諸君來，皆見。晴。

初三日　在家，四弟用束拜年，會鍾叔佩諸君。晴。

初四日　早晤荃翊宸表弟，大談性理，殊聰明過人。年後至東城拜年，揀下車處先去。晴。

初五日　_{景福亭姨太太薦家人楊順，自辭去崇仲瞻，薦家人計泉來。}會長少谷諸君，至東城倫敘齋諸處。晴。

初六日　至西城、南城外拜年，親家太太薦家人楊順，又名三音，江西人，在四川省城小十字街三聖祠對過，此人在伊宅多年，家屬到川可令其代覓公館也。晴。

初七日　約喬茂軒早飯，與四弟陪，本欲約其門人馬激午中翰，_{回教人。}因有老親在堂，不願往，只得罷議。二妞至方家胡同、二條胡同、板廠胡同三處，伊十五，舅母留飯。晴。

初八日　赴恭王府謝步，前日忽承下顧，收不可。至奎二嫂處，為先母親內侄媳，多年未經來往，曾於前數日在季超處，遇文濟臣，_{治，為奎二嫂第六子，現候選通判。}因其來，故往拜二嫂，已六十九歲矣，並到達通軒夫人處。晴。

初九日　在家，大感冒傷風，咳嗽清涕。三女婿來四弟處留飯。半陰晴，

燈後風。

初十日　巳刻，至福全館，鍾叔佩、楊仲蟾、福誠齋約飯。後本擬逛廟，因風而止，到各鋪戶閒坐。晴，大風。

十一日　在家，傷風仍未大好。二妞、大蓉皆至乾麵胡同。接學生來信，留其住下。晚會鍾乂齋。晴。

十二日　管劬庵大人來，送到圖章二方，印色面一瓶，小手卷一匣，皆劬安手製，外摺扇二柄，亦其所畫，送姬人同二妞妞。雇得白騾忽病，因向楊仲蟾借一黑騾，赴金魚胡同。外務部那琴軒大弟桐、聯春卿二哥、芳，右侍。瑞鼎臣大哥、良，左丞。陳夢陶三哥、名侃，右丞。顧康民三哥、肇新，左參。紹任庭三哥昌，右參。約晚飯。座中惟倫敘齋出仗〔一〕美國，四表弟因之大談，復有闖筵者為陶星南日本翻譯。觀察大鈞。回家已子正矣。蔚霞屏之格格來。晴。

十三日　赴致美齋，同鍾叔佩、楊仲禪、福誠齋早飯。公局飯後，同仲禪逛廠甸，到博文秀又將帳算清。晴。

十四日　在家，姬人赴管劬安等處。午後，荃翌宸表弟來，痛談，留其晚飯。晴。

十五日　赴管劬庵府上。約晚飯，座中無外客也。晴。

十六日　至福全館，荃翊宸約晚飯，之後至樓前逛燈，到天錫洋行，遇福子受並四弟，因大談。晴。

十七日　會長允升表弟，約廿六日申刻在伊宅晚飯。午後，克懋先內侄來，因談其查旗處毫無章法，殊可笑人。晴。

十八日　在家。內侄老虎來，晚會鍾乂齋。晴。

光緒二十九年正月十九日　在家。紹任庭兄來函。英國署使燾納理兩譯員，一名戈頒，一名梅爾思；俄國署使柏蘭蓀兩翻譯員，一名羅達臣，一名貝勒成闊。並商折一本、洪字密本二本。並接如九婿來信。晴。

二十日　在家。斌小川開來清單，查駐藏大臣繫屬差缺。每月由任所應領口糧銀一百六十八兩，每年加增銀五百兩，其俸銀、俸米、養廉係按副都統由京支領，並無移任案據。再出京時，由該旗出具文領，由部發給皮衣、馱馬、銀卅六兩。窮獨山人來函，約往紆道真武廟其官站，不能實時覆之。並給榮華甫觀察去函託備摺。風，晴。

廿一日　會榮華甫觀察，據內外奏事等應一百廿八兩，繕摺謝銀卅兩，蘇拉八兩。晚間請訓安摺兩分，皇太后滿漢合璧，皇上單行滿文。膳牌一分，送閱。

晴。

二十二日　卯刻，赴西苑請訓，蒙恩召見。諭以「實心辦事，任勞任怨，並承皇太后天恩，賞給「福」「壽」字各一張，勿庸具折。」即叩謝，且諭以「願汝福壽平安」。伏聞之下，感激涕零，不知當如何報稱也。並諭：「晤岑春煊〔二〕，問其好，實深惦念，外人總謂偏待他，不知我母子被難時，竟安置某城外，多虧其保護，且辦事時不避勞怨，如何說朝廷多待他好。欽此。」晴。

二十三日　楊蘇拉來，給伊四兩，其應發各項銀廿兩，錢一百廿二弔，均交領。至紹任庭兄處，將外務部鈔公牘供事及馬差、蘇拉人等廿兩，函交。晤鹿滋翁尚書，據云四川熟悉番務，有孝廉方正知縣喬震生，河南人。荐亭如嫂帶老八來住。晴，大風。

廿四日　早蕘姑奶奶來。不意芝圃所指知府竟收花樣，未經註冊，以致前月選班空遇，涕請想法，真無法也。東城拜客辭行，至倫敘齋貝子府晚飯，座中仍前外部諸君。晴，微風。

廿五日　至西城辭行，晤恭邸，痛談。見有成哲親王漢字聯、篆字聯各一，皆極精神。荃塑宸送到腰刀一把，外高王父循郡王「蕙畹」二大字，浦小峰、玉岑、倬雲送到活計，八匣醬菜、老米、茶葉。世伯軒上書送茶葉、點心。松壽泉尚書送京醬、老米。前日，鍾世兄俞送菜點六盒，天錫送果席二桌。晴，風。

廿六日　鍾叔佩送到玫瑰、佛手酒、冬菜、松花、乾芥、黃醬，廣郅堂送四點四菜，嵩八舅賜茶葉、點心，慶王爺賜點心捌匣，恭王爺賜忠親王墨刻並詩文集若干本。至東城辭行，長季超表弟約飯，座中松鶴齡侍郎，伊親家一，季超謂其親家云，今日無外客，惟一琴一鶴耳，殊有趣。門生一。晴。

廿七日　早會恭王爺，痛談。午後，西城辭行，到松壽泉尚書處吃薄餅，大可樂也，遂遣其燈籠送來，毋氣哉。晴。

廿八日　昨日，溥蓋臣送來茶葉、醬菜四瓶簍、雷芥一匣，老姨太太送檳榔紫砂，三格格送茶葉、醬菜四瓶簍。今日，溥鶴卿送兩菜、兩點，恒季和送茶葉、醬菜各四瓶匣，甘石橋親家太太送茶葉四瓶、點心、醬菜各二匣，斌小川送點心、醬菜各四匣。至驢駒胡同，裴韻珊鴻卿約有沈曾植、號子培。張少玉，其餘皆其同年同鄉，回時拜客。晴。

廿九日　會葛振卿，繼新泉世兄銘，內府郎中。巴師母賜醬菜、點心各四簍匣，長少谷送點心四匣，瑞鶴莊裕如昆仲送四菜、兩點。午後，至東城拜客，

晚到方家胡同 [三]，二、四表弟約晚飯，回家子初矣。風，晴。

【校勘記】

　　[一]「出仗」疑筆誤，應為「出使」。

　　[二]稿本原寫作「暄」字。

　　[三]稿本原無「同」字。

　　二月初一日　福子壽五兄又送茶葉一小箱，溫壽臣送茶腿二隻，福文慎公夫人送醬菜四簍、針黹一匣，百古花樣。景荻亭如夫人送果脯等四匣、醬菜二簍，奎二表嫂送醬芥、點心四匣，十一舅太太送針黹六件。到松鶴齡侍郎處，約早飯，座中長季超、榮華卿、隆七爺。飯後，赴總稅務司赫德、英國署欽使熹納理、翻譯戈頌、梅爾思、俄國署欽使柏蘭蓀、翻譯羅達臣、貝勒成闊處辭行，並各處辭行。晴。

　　初二日　在家，十五舅太太送點心、醬菜各兩匣，雙哲軒送果席各一桌。長菊嚴、溥鶴卿來早飯，痛飲。晴。

　　初三日　恭謁四處先塋，回時至阿實亭處辭行。燈下寫單條、對聯付蓉侄，字甚劣，不常寫過也。送大舅媽賜茶葉、餑餑各兩匣，鹹菜、醬各兩匣，紙花二盒，全振興、石登塏送鼻煙一匣、茶葉一匣。晴。

　　初四日　三侄婿送茶葉、點心各二匣，黃醬、鹹菜各二匣。鍾乂齋夫人送黃醬一包、紙花數十枝。常樂山安送茶葉、醬各二瓶匣，克懋先內侄送口蘑、蝦米、黃醬、冬菜各四匣。會長季超、鍾叔佩、溫壽臣大哥，據云為路間短少川資，伊致於天成亨匯號，可以接濟。收荃翊宸送行詩，並收到溥仲路來信，實無暇作覆矣，並會長少谷。晴。

　　初五日　繼二哥子受祿送點心八匣，松老爺送茶菜、點心各兩匣，黃醬、醬菜各兩匣。會克懋先、卓東侯、喬茂軒、荃翊宸，震老二令其攜滿洲書二套，三姑爺錫夢九晚留，鍾乂齋、阿實亭、毓伯郇在小書房飯。車與駝轎俱來，長菊嚴送五香檳榔。陰，微雨如絲。

　　初六日　午初刻，由家起程。兵部車六輛，馬八匹，自坐大轎一乘，駝轎兩乘，小妾、小女坐；轎車三輛，僕婦坐，共男家人十名，女家人五口。送行者鍾乂齋父子三人、阿實亭、豹侄、都侄孫。出阜城門，穿城過拱極城，走蘆溝橋，河冰已開，順流而下，有桌子大小者。至長新店茶尖，內有文仲恭題壁，乃二次太守河南也。詩不全，未錄。穿良鄉城過，至南關宿。晴，大風。

初七日　因闊踏見北門外一戲臺，上場書「來兮」，下場書「歸去」，順讀亦可，頗具巧思。至寶店鎮尖站，昨日給良鄉縣差門賞耗，方有車馬，然包馬仍未有也。縣官范大令學曾。過琉璃河，過河後，順牤牛河行，水甚清。見錢梁保子，乃下車摩之，囿於俗論也，涿州北關宿。州官為李君，培之，號心泉，壬辰會榜，將欲交卸。公然椅披桌圍，可歎！晴，午後風。

初八日　至高碑店尖站，無預備。曾過張桓侯故里，古井尚完整，祠宇已破爛不堪矣。穿定興縣北門，出南門，城內換夫馬，回憶去歲兩赴易州，皆從此過，前為何事？今為何事？不禁憮然。渡易水有浮橋，三鐵軌則高高在上，不可仰攀矣。北河店公館宿站，屬定興，縣令為黃泰生，大號國瑄〔一〕，有豫備。

初九日　至固城鎮尖站，自備。又卅里，或云廿里，安肅縣南關宿。此處竟有鼓手、炮手、茶爐等，外官派也，署縣令馮君麟淮。號星潭，河南人，為星岩汝驂弟兄。所過麒麟冢，上面多坑，不可解。沿大路多水，繞道而行。早陰，午後晴，風。

初十日　至保定府西關宿站，或云五十里，又云六十里。早自備，晚縣內備。周翰如方伯浩、楊蓮甫廉訪士驤、清河道李少卿觀察樹棠、保定府朱經田太守家寶、清苑縣齊震岩明府耀琳、守尉同樂亭和、中協張西園上翰、參將韓錫三廷貴均差拜，當即覆帖回拜。詢問鐵寶臣侍郎良，已赴天津矣，惜未得晤。晴。

十一日　由保定府至滿城縣界，陘陽驛換馬。又十五里，至方順橋公館宿站，或云五十五里，又云六十里。憶戊辰正月，先兄恭勤公〔二〕赴山西汾州府任，曾於此處遇張總愚大隊，幸馬快折回。保定制軍為官文恭公〔三〕，承其照拂多處，然事機亦甚危矣。此處屬滿城縣，縣令雷君天衢，號星淵，山西平遙人，辛卯舉人。陰，微晴，大風。

十二日　自方順橋至望都縣，由東關城外到西關尖站，此本宿站，昨日誤為尖站。閻菊農明府駿業，行二，為山西榆次縣附貢生。特來枉顧，因略談。至清風店，穿過離州，十五里到帶子店，又名「裕褌店」，生意與前兩次過大差矣。又過清水河浮橋，至定州不穿城。西關宿站，本州島朱允卿乃恭，行一，錦州人，己未戊辰二科，年歲可觀。晴，午後風。

十三日　自定州至明月店穿過，有「中山明月」四字，在店來路寨門上，離新樂十數里，有黃石公修道處，碑在路旁，至縣城有羲皇聖王碑，並有廟。本擬下輿一瞻，未果，由縣城東門轉南門公館宿站，公館南即新樂河。縣令為劉星五，行一。明府春奎，山東章丘人，己卯一榜，此君為易州通判代理，新任明日

接印，在南閒壁住。半陰晴。

　　十四日　早過新樂河，道濕尚易行，連日浮沙中，實難行走。到新城鋪即伏城驛。尖站，又復沙土，或云四十里官站，云四十五里。正定府城內進南關宿站，大約四十里，亦不到四十五里。詢其觀音銅像，據上人云，殿頂已塌，像已露天矣。進西門，有漢南粵王趙佗故里碑，尖站。前路遇前天津練軍王翼長義才由廣宗拔隊赴天津，令軍奏洋樂迎接。到公館後，正定府並路過。江蘭生太守、槐序，號籙生，原任懷慶府，杭州人，為相識江兄槐亭令兄。清軍鹽補水利同知相豫生、壽，鑲黃旗滿州人，為樸仁山壽令兄。正定縣張朗卿祖詠，浙江人，實任祁州知州，人精明。均來顧痛談，旋即差拜。晴，午前大風。

　　十五日　前卅里，後卅里，或云四十里。自正定府出南關，先有診門，復出南門，乃兩層門也。此古之常山，有趙子龍故里。過滹沱河，浮橋尚在，渡過往西，暫入山坡路，至趙陵鋪尖站。店家云，鐵路由劉伶鋪望南，未入山也。甚荒涼，食物自備，僅有素面饅頭，亦可吃。出店後一路高上，過天安舍，即望見高山，路旁見有青蛇一條，二姐亦看見，此時何已出蟄？行山溝內，忽然開朗，即見山圍四繞，獲鹿縣城在其內，大似南白楊蓮士所住之處。進縣城東關公館宿站，且有彩綵轅門，縣令謝方塘。鑒禮，行二，四川乙酉拔貢。陰，微風。

　　十六日　或云此站五十五里，非。自獲鹿縣四十里山路，至灘水鎮尖站。自備食物，比昨日少強。有漢淮陰侯背水陣碑。早過東天門有趙守將不知何為人？白面將軍碑。尖站後，沿途有賣棗木作就各物，大半玩意居多，內眷買小葫蘆等。又卅里，到井陘縣，城外河東坡公館宿站，縣令歐陽宸堂明府。繡之，河南陳州府項城縣，丁丑進士。陰，微晴。

　　十七日　前五十里，或云四十里。後三十里，又云六十里。自井陘縣繞水，此處水碾磨甚多，風景好。在山坡行，至山西交界牌，來路不遠有所龍窩寺甚好，對山，亦有廟，路旁有龜趺，一車過，每以油抹之，保平安也，一笑。[四]。至獲鹿縣、平定州，各百里，題碑。出北天門，甘淘驛換馬，至槐樹鋪尖站，自備。天甚冷，又無吃食，甚苦。尖後，出西天門，自桃園至宿站，道皆石路，難行。柏井驛宿站，因有雪山，或出雲，或鋪雪，頗為難得景致也。署平定州本任崞縣王子良刺史，為乾，行一，浙江仁和縣人，乙丑一榜。此宿站屬州管。陰，雪。

　　十八日　自柏井驛過青玉峽翠蛟潭，潭有水冰。從前省親過此，見刻「小心山水」四字，頗有道理，蓋少識字者，即知之，後隨相國至此，則見避險石房辦理正妥，無如萬紹葛民方伯誠刻削散體字為文，雖覺詳備不見人人皆識矣。

有卅里路難行，廿里大半土道，至平定州西關外公館宿站。王子良刺史來見，詢之。與濮紫泉〔五〕廉訪舊交也。早陰，午後晴。

十九日　自平定州即沿土坡而行，過南天門，一路石道，甚長，均係下坡路，四天門當以此路為最峻。右有樹神，土人供之，雖屬不典，然此樹甚奇，樹根橫出一條，又生一小樹數，是為槐樹中不多見也。至星星灘沿山而行，右邊石山一帶在土山上，似砌牆，大有易州馬朗寨形，繞灘有清、濁水各一道。至澤石驛五十五里，宿站，前住窗房，此處仍係窗房，女家人已坐三日駕窩〔六〕矣。因跟轎李四半路與馬夫，或云地方相打，當不問是非，令劉外委文責李四二十馬棒，以戒將來。此處屬盂縣，定州屬，縣令潘小洲明府松，浙江烏程人。晴。

二十日　自澤石驛緣山坡而行，或高或低，或寬或窄不一。山坡下有水，河內有冰雪，前過河皆化，足只此處天寒。或急或徐，或深或淺不一。至芹泉驛少平，或行土溝，或行平路，路過道左皂役墳，相傳某皂役斃於此路，行人以其腐臭，因以石擲之，遂成石堆，高過大房，其子孫後大富，至今因其得風水，不敢移也。有路一道，兩邊皆深澗，記初至河東，以此路甚為危險，然今視之，亦不至如何可危也。至壽陽縣東關，似有五十餘里，公館宿站，天甚冷，故因雪亦此處比獲鹿高十數丈，故也。縣令鳳洲、明府祥端行一，廟白滿人，由兵部筆帖式選，此舊日同寅也。來晤，大訴苦窮，可笑。陰，雪。

二十一日　因大雪，仍住壽陽縣，道路前均膠泥，見有驢駝之物經公館前過，皆滑倒成泥駝矣。早晚飯皆自備，三鐘後始晴。陰，大雪。

二十二日　驛南道右有石刻「立峰」二字，乃胡縣令所書。〔名已泐。〕土人云，後有兩石與此相伯仲，遂往觀之。一大一小，大刻「雙土啟祥」，小刻「王家柱石」，俗筆也。自壽陽縣行土坡土溝中，方到下站。至大樹堙，穿過憶昔赴河東宿此，夜內無食物，僅有熱水一壺。清平鎮後，一水迴環，過渡數次，竟有一板橋，作九折之形，只得下輿步過。至榆次縣，屬太安驛，五十里，宿站。天甚早，飯後步至聖母宮，內有財神十閻羅王像，並有七十二司像，最奇者，小龕中有孫大聖一像，外有張香濤制軍〔七〕紀修獲鹿石道，禁止沿途留難商旅功德碑。以上公館北安定橋北，公館南道右有韓文公詩亭並祠。昔日過此，見亭甚小，今改建舊亭南，特大。見石刻乃重撫者，原本余曾有之，今失去，非韓公筆也。詩題《夕次壽陽驛》，詩曰：「風光欲動別長安，及到邊城特地寒。不見園花兼巷柳，馬前惟有月圓圓。」亭匾乃王可莊太守仁堪書，復有陶文毅公澍詩，徐花農閣學琪、俞逸仙中

丞廉三詩記，並俞聯。知定州海上葛直刺^{士達}有聯云：「虎窟片言俞九鼎，驛亭一夕竟千秋。」不知葛君為何如人，聯可誦。此驛仍屬壽陽。晴，午後半陰。

二十三日　早發太安驛，多在山溝內行，間有石路，只亞獲鹿山，亦難行也。至什貼鎮尖站，自備。四十里，此處應換車軸，亦有不換者，復行山溝。有山產石，大似太湖，亦具瘦透皺之形，惜北人不知採而玩賞，天地生物，並未薄於北厚於南也，一笑。至王胡鎮卅里，公館宿站，昨晚宿太安驛，敬步韓文公詩亭原韻：「壽陽地勢異長安，復著重裘尚自寒。讀罷韓詩意惆悵，天邊獨有月如團。」在什貼有大同鎮，續備軍哨官把總楊尢遠欲遣兵相送，辭之。此驛屬榆次縣署，縣令劉雯山，^{炎煥，湖北江夏縣人，癸酉舉人，本任臨汾縣。}主人頗賢。微風，晴。

二十四日　^{路左見榆次縣城，至徐溝縣穿城過。}早發王胡鎮，豁然開朗，大似直隸未入山之前氣象。過郭家圈，見渠水一道，流甚旺，有真武廟之意，惟水稍黃。詢之，徐溝崔明府乃引汾河水灌田之需，然水溝越多，待大雨時，行則漫溢，田間多被淹沒，所謂水利再未得，水害則實受矣。此種情形皆在榆次縣內，徐溝縣水利無多也。至徐溝縣西關外六十里宿站，縣令崔介福明府來見。^{名禔，河南省城人，捐班，行四，人明白。}馱轎因轎夫亂出主意，胡走路，令劉文通等責之。路間遇一黃狼，牽夫大喊之，往野田而去。憶隨小山相赴陝省查辦事件，曾遇狼於此站前後，大約墳間多有甎券，或藏之。陰，風，微雨，晚雨。

二十五日　因崔明府^{此君甚苦}係代理，夫馬頗為遲延。九鐘發徐溝縣，行十三里至高花村。又七里窯城，又十里羅圈鎮，出鎮不遠有至徐溝縣卅里界牌。又五里左墅村，有祁縣馬號。又五里賈令鎮，從前極熱鬧，今蕭條多多矣。又五里秦村，又入村行。又十五里祁縣，不穿城，西關宿站，共六十里。城北有舅犯故里、晉溫矯故里碑，公館相近有漢司徒王允祠。縣令張芸齋明府^{良櫨，江蘇安縣人，行一，附貢生。}未來見。陰。

二十六日　早發祁縣。路多浮沙，幸有雪，尚易走，惟沿途荒涼，因遭旱連年故也。至平遙城外，過石橋一，上鐫各花樣石柱。進東門轉南公館宿站，^{六十里。}城內泥濘，滿街氣味，大似京都，人密所致，究比別縣景象差強。縣令朱子欽明府來見，^{浙江錢塘〔八〕人，名善元，行一，人穩練。}捕廳劉景範^{號芝眉，江蘇人。}亦來。陰，午後雨。

二十七日　早發平遙縣。因雪不甚大，不意半路大下，輿夫滑倒二次。至四十里張蘭鎮，原擬尖站，只得改為宿站，自備。因山西有刀削麵，家人皆未

經食過，要而食之，皆樂不可支，並賞給各車轎夫八百文，由雪之過，渾身全濕矣。然此省連年荒旱，得此祥霙，可以救活萬萬生民，行路者不敢怨也。見有題壁詩，因庚子之亂，伊彼時官駕部，今改山西，款為王屋山民，不知何許人也。「西至聯軍震上都，中原無計禦匈奴。三軍烏合原兒戲，一畫鴻溝盡鬼區。邪術未聞能破敵，庸臣只可報捐軀。不堪回憶京師地，南內淒涼草木枯。」中多憤懣之詞。又有題壁者，末二句「寄語諸公持國柄，目盲休詡閱人多。」亦好，全詩不稱，故未全錄。大風，雪。

二十八日　昨日店房未免太污穢，今晨冒雪而行，沿途大雪加以大風，去冬未曾有也。過漢槐，因轎窗未開，漫過竟未得見。至介休縣，繞城外，西關外公館宿，行四十里，或云四十五里，昨日應三十五里。北城外何其積土甚多？有人家墓碑，不甚舊，竟土埋，僅露一頂。來路有武廟，比大道深有丈數。縣城亦甚大，繞之頗長，有矮門，以為城外溝渠汾水引入城內，不意行車路也。縣令為強子英名鵬飛，陝西人。未來見。陰，風雪。

廿九日　仍寓介休縣公館，自備。聞係少爺管帳，雖茶葉、蠟燭皆不支應矣，一笑。因未放晴，道路太滑，幸未雪，明日可遄行矣。陰。

卅日　早間強大令忽來，神氣大似旗務中驍騎校，每語必嗽，為牽夫而來，又誤於轎夫身上，牽夫至走未有也。詢之，乃忠烈公克捷曾孫，未免有玷家世矣。俟九鐘，余方動身，至華堂鎮，入山至兩都鎮尖站，自備。四十里過山崖，見十一孔大石橋架汾河上，沿汾河而西行，道右群山環繞，麥田已綠，加以緣田桃樹，大有西南白楊珍五妙村，景象可愛也。又卅里，或云四十里。至靈石縣東關宿站，代理何小農與何君雲甫本家。明府來見。名如瀨，安徽霍邱縣軍功，由府經過班，人頗清楚，有才。陰，三鐘後放晴。

【校勘記】

[一] 吳注：為子壽方伯公子。

[二] 吳注：升泰。

[三] 吳注：文。

[四] 吳注：路旁碑下龜口中抹油，抹大經山西路舊俗也，皆輿夫為之。

[五] 吳注：子潼。另，「紫泉」應為「梓泉」。濮子潼，生卒年不詳，字梓泉，號霞孫，浙江杭縣人。光緒三年（1877）丁丑二甲進士，散館改步主事。官至江蘇布政使。

[六] 吳注：駕窩者，以杉條二根，間此橫木前後均如車轅，中以繩絡，衣箱平

鋪二三支，再鋪被褥，人坐其上以蘆席罩之似小船之篷，以兩騾馱之而行，較比馱轎靈活也。

[七] 吳注：之洞。

[八] 稿本原寫作「錢唐」。

三月初一日　因阻雨仍住靈石縣公館，何小農明府欲備一切，力阻之方罷，廚役作家常飯，覺甚佳。陰雨。

初二日　因阻雨仍住靈石縣公館，聞何小農明府在此官聲甚好，驛馬亦騾肥，真知愛民，不易得也。自備一切，此處撒拉甚好。陰雨，日落後放晴。

初三日　晤何小農明府，即請其回衙。遂由縣行，經韓侯嶺，道途泥淖，難行駝轎，幸派兵護送。旋賞之。至韓侯廟，拜瞻，內夏軍門毓秀碑匾最多。無款一聯：「氣蓋世力拔山見公束手。歌大風思猛士為子傷懷。」曾與閻文介公、先兄恭勤公談及，皆以此聯為最。今睹之掛於戲臺前，因告知老道，仍以挪於屋內為是。蓋庚子辛丑曾在此設防也。給老道香資，詢問，有七歲小僧尚在仁華鎮讀書，此老道姓王，暫在此照應。下嶺過郭家溝，更為難行，牽夫須倒拖。至仁華鎮四十里。公館宿站。此處幸借何大令公館，無預備。轎夫、車夫等均按前日賞之，惟李四並加班轎夫未賞，因其路間不聽說也。半陰晴。

初四日　早發仁華鎮。過逍遙嶺，亦如韓侯嶺，半路下轎行三里。道內土溝甚多，亦頗難行。將至霍州，過大橋一，詢之，為滻水，乃霍山出，即危水。進北門，城內七十里宿站。趙城縣令代理霍州，鄭松軒明府來見，名濤，湖南湘鄉縣人，行三，人有才。尚知恭勤公，光緒七年到省。晴。

初五日　早發霍州。出南門，有土溝，有山腰，沿而行之，霍山為碎石子所成，行路人每以徑寸草、莖樹枝在山腰支之，謂之「支山棍」，殊可笑人。前聞支山可保沿途平安，今聞用支山棍治腰痛，更不典矣。至趙城縣，五十里尖站。趙城縣北關外有趙簡子食邑、藺相如故里兩碑。乃鄭松軒大令本任。尖站，穿北門，出南門外公館，後見有葦塘，其中蛙聲合合，已有蒼蠅。過石坡，至豫讓橋，義士橋。道旁已有杏花吐蕊。至洪洞縣北關公館宿站，署洪洞縣、神池縣任乾甫大令來見。名秉銓，直隸吳橋縣人，癸巳舉人，行六，人歷練。晴。

初六日　昨於趙城縣北門，有師曠故里碑，今有甯武子一碑，皆未見，聽田德說。早發洪洞縣。沿途水溝甚多，蓋引汾水灌田，繞道至汾河東岸，行見大雁在沙灘上甚多，頗饒佳趣。過高河橋，已塌去半邊矣。行六十里，至平陽府，進北門店

房作公館，頗污穢，宿站，大有良鄉縣意。知府崇雲生、名祥，行二，正紅滿旗人。臨汾縣周景齋名炳奎，行九，湖南長沙人。府縣俱未見。南門外有漢鄉賢張郃故里。半陰晴。

初七日　早發平陽府。過堯廟，已見修整，非復卅年前氣象。仍沿汾河而行，時時見之，將到站，有高土坡一道，下為汾河所繞，共行六十里，至史村驛公館宿站。公館乃紅牆黃頂棚，詢之，為庚子聖駕西巡曾作行宮，敬瞻之下，黯然神傷，回憶都下之變，是誰之咎歟？此驛屬太平縣，離縣有四十里之遙，兼理縣令鳴鳳聲明府。名振，鑲黃旗漢軍人，為年大將軍之後，藍翎同知銜，本任襄陵縣係長少谷外甥女婿。飯後，因至驛後里許，看汾河水不甚大，傍河有三官廟一座，不見齊整。院內有大柏樹一株，數百年以外物也，樹旁枝左右皆出牆，牆外石臺隨牆砌成，上有小鐵牛一隻。鐵牛望汾河上游，鎮水意也。呼來一僮問之，史姓，史僮云，曾有二隻，已走去一隻。恐神其說，一笑。並云此處史姓甚多，至今如此，驛站之名所由來也。殿內諸神皆尋常所供，盡未有似龍首一，似牛首一，無身無膊獨有一腳。忽來一張姓，問之，曾充馬號吏，伊祖之舊差，並有毛姓係乃祖徒弟，刻下為渠親眷詢此神，乃夜遊神像，甚奇。因談及西巡舊事，鑾輿渠曾跪接，彼時甘軍甚好，沿途大有頌聲。旗兵並云號褂之字皆不認識，似漢兵。則民間至今恨恨，到處搶掠什物、婦女，竟有老婦，伊等捆載而行，殊可深恨，帶兵者能辭其罪否？晴。

初八日　早發史村驛。沿途多土溝，有麥道尚易行，車道對面平，甚難開。祭掃者頗多，大約皆在清明前，鄉風也。亦有小紙錢，並供獻皆排四方盒，或托四方盤，惟放鞭爆，乃直省所未有，似太怪，然皆戴官帽，亦有穿紅青袍者。行七十里，至侯馬驛公館宿站，公館亦備西巡，紅牆黃棚如上站，刻下，棚已刷白灰水。聞辦差家丁云，曾將窗紙亦糊黃紙，後乃連夜更白紙，殊可笑。此驛屬曲沃縣，縣令係署任，為陳卿彤明府。名雲，乙亥舉人，福建閩候人，行一。恭讀邸鈔，今日啟鑾肅寧鎮。風，晴。

初九日　早發侯馬驛。沿路過山嶺，過鐵閘關，入高山站，土溝、土坡亦多，澮水橋尚整齊，未大損，亦刻獅子石柱，似蘆溝橋，道旁有郭樸讀書處碑。離縣廿里，馮家莊茶尖，極小鋪，發賣甬兒洋煙，每甬十二支，並有盆兒城，每盆四十餘文、五十文，蓋粗城尚須再熬方細。詢之，即來路川口村所產，其地大路皆水，兩旁平地出城，用鋼瓦盛之，不可解。行八十里，聞喜縣東關破店內宿站，大公館為綏遠恒介眉將軍壽所住，將軍旋來枉顧，當即回拜，痛談。

恒介眉將軍云，庚子延忠恪公請乩聖，聖帝降示「外侮無憂，內患可慮」八字，伊親見之，伏聞凜然。縣令崔子陶人老成。明府來見。名鑄善，直隸慶雲人，知府銜，陝西多年，行三。晴，晚風，霧氣。

　　初十日　早發聞喜縣。介眉將軍遣人送行，亦遣人送之，余走時，將軍尚未動身，由城外行，崔子陶明府親送。沿路尚易行，至涑水鎮有橋，水不甚大，閒踏橋看看，不過溝水而已。尖站，自備，有宋司馬溫公故里碑。又廿里上下，有劉伶故里碑，離尖站不遠，至東南陶村，即壬申至河東道路。癸未則行王範，此處正演戲，其前後廟宇、塋地、柏樹甚多，所蔭坡上小柏樹亦多，僅有可作盆影者。沿土山人家杏花盛開，間以青松綠柳，不禁念念於易州矣。行九十里涑水鎮，四十里柏鄉鎮，五十里大公館宿站，此鎮歸為解州屬。安邑縣屬截取署，縣令劉雪鷗明府，名彤光，山東鉅野人，辛卯己未兩榜，行七。縣離此卅里。晴，微陰，風，熱。

　　十一日　連日見麥苗，在辰刻前，每葉皆含露珠一個，甚齊，真天恩雨露無私。又見各村頭有立某先生教澤碑，以為教官德政，陝西亦有教德澤教碑。昨尖站往讀之，乃門弟子給業師所立，甚有古風。今晨發柏鄉鎮，道西旁柏樹甚多，似居人不甚愛惜者，棗樹亦多。聞庚子西巡，皇太后竟發八錢銀一斤，民間大獲其利，蓋此地棗專講收藏，年多為貴，服之，可補氣延年。桃花亦放蕊，見墳墓及土堆上黃花甚多，令輿夫摘來，乃迎春花。據輿夫云，野迎春不然也，惟墳上長迎春，亦別開生面。行六十里上下，在水頭村下輿，喝米湯甚佳，共七十里，樊橋鎮公館宿站。公館內後面單有小廊，係路南作，正西院有一亭子，可以眺遠，頗有趣。此驛屬臨晉縣，縣令陸盤之明府。名敍釗，行六，順天大興人，花翎在任直隸州，與陸申甫本家，家原浙江籍。天甚熱，皮衣皆不能穿。晚間，在公館亭子上遠眺，即帶小妻、小女、丫鬟等在亭上晚飯，月色甚佳，路途中不易得之事也。未落日時，忽見田間有童子三人，皆懷挾書本，自繫下晚學者。有一少年，約七八歲，忽向余一揖一叩首，復一揖，俟走至南土岡，又向余一揖三叩首，復一揖即奔而去，或疑仙耶？鬼郎？蓋公館無人常住，有誤未可定，然亦聰穎可喜之小孩也。晴。

　　十二日　早發樊橋驛。沿途柿樹甚多，棵均矮，不似珍五妙村高大也。路上各村鎮皆不甚鬧熱，惟呂芝鎮似少強。行大土溝一斷，即到寺坡底公館宿站，共行七十里，或云八十里，實不到，與昨日相仿。此處係大公館，尚有二公館已塌壞矣。癸未，隨額小珊相國〔一〕、張幼樵副憲赴陝查辦事件，記宿此二公館，同人王仲仙觀察、

濮子泉廉訪、鹿橋生太守,均欲到普救寺一看,因約副憲,蓋常時閒踏,不拘拘也,副憲必不肯去。詢之,云澈姓不妥也,同人皆失聲大笑,蓋曲中有張生、鶯鶯西廂之說云。後至陝省有曾經備此差者,尚恨恨於副憲,蓋此馮展云中丞被議,皆為之不平,亦文人之習也。庚子之變聞駐蹕在城內,此處故未修。莊親王賜自盡,即在蒲州府城內關帝廟,然民間至今惜之。毓中丞賢正法,甘省至今亦為人痛惜,竟有教花子買數文紙往燒之,民心所向可知,彼時雖朝廷亦無知之何已。申刻後,帶僮僕到普救寺,遠眺黃河,尚可看見煙霧朦朧,不見華嶽,其廟破殘比前來尤甚,十三層塔尚存。明時修,小兒每以磚石打之,下作蛙聲。前託縣內所搨,元時請,住持僧文石尚在。因有兩官印,與所藏元印可校,論其文,可噴飯。惜搨本於庚子失之,所藏印仍在。保子所抄張佳胤明時人,即守備,曾修塔。詩復錄於此:「勝地曾為瓦礫場,浮圖今放海珠光。望分條華東南伏,影接星河上下長。莫向空門悲物理,從來吾世有滄桑。酣歌且臥芙蓉級,明月相攜照十方。」自隋唐來有此廟,屢修屢圮,於此可見。下山坡後,見道旁石碑,有明名臣冢宰楊襄毅公諱博故里。晚得鯽魚吃,甚美。蒲州府楊太守、印樞,內閣出守,貴州人,此屬永濟縣。縣令項子林名則嶺,行六,安河太平縣人,城離此五里。均未來拜。早陰,午晴,甚熱。

十三日　早發寺坡底,沿路有水中生葦處,河溝內有洗衣者,似山中水也。至韓楊鎮,宋韓魏公、明楊襄毅有墓,道兩旁桃梨花盛開,兼以蒼松新柳,苗田、菜花田,粉紅黃綠白,無美不備,大如白楊村春間景況,惜山僅一面,非如白楊四面皆山也,且無水,與真武廟又差一籌。至匼河鎮,覓一胡姓藥鋪,名興盛誠,茶尖。本鋪大肯泃茶,頗可感也。復行土溝三兩處,至風陵渡,有錫潤生觀察[二]、遣試用巡檢沈桂槭號嘉蔭,廣西臨桂縣人。來迎。北岸只有潼關一處破公館,暫坐,略談。蓋因五妞有人提潤生令郎,問放定准否,曾有二月十六日放定之說,彼此皆未見準也。渡黃河幸遇東風,頗穩妥,船可使半篷。行六十里,進北關公館宿站,關外小廟內有調署潼關廳本任佛坪廳唐潤吾司馬、名沛霖,湖南東安縣人,行三,人頗精明,到此卅年。潼關協中軍照都閫,名光,號子容,正白漢人,行一。馬副爺名成彪,號文山,武功縣人,行一,把總。此君未見。巡檢,風陵渡黃竹仙,湖北人,名筠,均來接,到廟略談。至公館,回拜司馬都閫並潤生觀察,觀察亦來拜,曾各出子女相見,餘人差拜。協臺忠子先壽,正黃旗人,行一。常備新軍千總滕文軒,名金榜,湖南人。此君來見。晴,日夕,極大風。

十四日　早發潼關,出西關,夜間極大風,早亦如之。因潤生觀察今日壽辰,只得趕緊前進,先見黃河,進入土溝一斷,復見黃河,過鵲橋,並楊震墓

碑。有關西夫子碑。即見山水出灌稻田，夏日甚難行。有房間隨山而築，內有竹林，其外邊水溝桃柳，大似真武廟村，惟水溝內小白花，乃閒草是否此草，待考。所生，未曾見也。行卅五里，至華陰廟公館宿站，此處屬華陰縣，署縣本任定邊縣劉友石大令。名林立，行二，順天大城縣人，癸巳、甲午兩榜。午飯後，攜眷至華陰廟一遊，有高老道甘省人，粗通。引看各處，正殿供西嶽華山神位牌，岳廟石坊有「少皥之聲」四字，高道士云，岳神即少皥帝，讀顏魯公有謁金天王祠，在唐時即有此稱，高道云不誣也。鐵鑄陳希夷小臥像與玉泉院相仿，詢之老道，院內無憂樹石坊等皆在，癸未曾往遊。蓋黃被，西北一處，刻兩石人，在呂祖殿廊下，左右其形甚醜，據云係蠶姑。其周秦漢柏樹甚多，碑亦不少，惟一唐碑極大，乃黃巢反時所毀，底座尚在。青牛樹，相傳老子繫青牛處，繫柏樹已枯，因撫之，並未糟朽。有大皂角樹，兩人合抱者圍繞之，幸不折也。登樓後惜大風塵埋，華峰不甚看真。前有石牌坊，上有刻岳神夫人小像，侍從甚多。後有明太祖夢遊華山畫景並記，院內有放生池，係引牆外水，此時僅底水不旺，並有紗帽圓領兩石人。回公館後，高道旋送到華松三小束，貯水可活，然離水不能再活。曾經試之，或云離水可再活，非。嶽廟圖、西嶽圖梵書「唵」字，陳希夷「福壽」字，陳祖「福」字，俗謂「白鶴臥藍田」；「壽」字，蒼龍抱玉柱。並對聯各一份，酬其銀四兩，復買其錢布政仿阮文達四明本《西嶽華山碑》、李衛公布衣時獻《西嶽書》《顏魯公謁金天王神祠題名記》《李樞謁岳祠題名記》，其篆字頗似鄧石如，字甚長，唐時亦有鄧派耶？一笑。以上各一分，不過數百文。恭讀邸鈔，二月廿二日恒順補廂白旗蒙古副都統。又三月廿七日換戴涼帽。微陰，極大風，復微晴。

十五日　昨日晚間有華山孫道送來華山松一包，周柏古木一包，可代香焚，味並不佳。華山松子一匣，延年益壽參一匣，係炮製過，色黑，據云性熱，止可服，二三錢，然某未達，酬銀亦四兩。早發華陰廟，大風。行不遠，繼以大雨，華嶽諸峰腰、峰頭，皆有白雲環繞，洵奇景也。至郭汾陽故里，則沿路田間，均有石塊，似破壞大花園。南山下桃柳掩映於水渠、水田中，一副絕妙村居圖。惟道甚滑，將至縣太平橋下，新挑引水灌田，可望興利除害，蓋此地及來路皆窪下也。旁有陳希夷墜驢處碑，且有大坑，未免可笑。行七十里，至華州東關北門公館宿站。曾記癸未來此，大廳前有橋有池，今仍在。署州官臨潼縣本任李雲生刺史接，並來見。刺史名嘉績，行三，直隸通州人，多年在四川，公館有自撰聯，對聯隸字，寫作不敢奉承。聞採香徑有西施足跡，甚大。孟嘉登高有落帽跡，美人、名士、神仙皆如此粗魯，真堪發笑。大風，雨，晴。

十六日　因早微雨，在華州公館自備早尖。午刻雨住，即發華州出西關，雲生直相送。關外有寇萊公故里。道竟可行，至赤水鋪茶尖。出鋪西寨門，有五虎祠，詢之土人，乃關張趙之祠，似不甚興，然破爛並無神像。忽見西寨門上鐫「周處故里」四字，據鄉老云，曾經斬蟒殺虎，即在鋪南山，亦有除三害之說。其人最孝，與荊溪周孝侯無異。守常郡時，曾因查荒親往，有斬蛟橋在縣內，不知是一、是二，待考。且有渡僧之事，與蘇州渡僧橋事相為附會而已，加於孝侯之身，太不經矣。過東來土山，山腳下，山景甚佳，桃花仍勝開。下坡即見渭水，行沙灘上，即見渭南縣東關。行五十里，進東關公館宿站，錄用直隸州縣令張育生明府相接，並來見。名世英，行一，甘肅秦州人，丙子鄉榜。庚辰庶常為任士言，其昌門人，講根底學。聞任士言戶部舊寅。已故，其世兄，名成允，中會在內閣，現丁外艱，在甘棠書院主講。王文佩亦所識認，亦在甘棠書院主講，兩目已失明，大有路潤生先生光景。陰。

十七日　連日見寄生甚多，俗呼為冬青，其葉似夾竹桃，結紅豆，並無根，如兔絲子之附草。大半附於榆楊樹多，聞岳廟高羽士雲，此物頗奪本樹精氣，往往因生此多枯死，今日始見桑榆上有之。試驗以口吹之，有灰，並中空方是桑寄。早發渭南縣，出西關，張育生明府相送，並贈《大學章句或問》，兩本一部，共四部，即其所刻。田埂為馬所蹄，馬甚膘肥，足見餵養真足，且聞明府問案必坐大堂，民頗頌德，循吏也。走山溝一斷，至零口鎮，黃雲藪明府備尖站。零口即在零水之涘，過新豐鎮，適今日頗熱鬧。再過山村，有小清水一道，上坡人家桃花盛開，在油菜田中，其形勢大似易州原泉。至臨潼縣，進東關，出南關，驪山下華清池公館宿站。早晚各四十，共八十里，闔家皆在此沐浴。記癸未額相國將幼樵副憲，憲至貴妃池，餘則寬子泉。余在貴妃池浴，憶前事亦報應也，一笑。黃雲藪明府來接，並晤談，癸未亦曾於事中備差。明府，名肇宏，行一，丙子、壬午兩榜，湖北大冶縣人，世兄已中舉，現當會試。華清池內生魚，據云不可吃，僅皮無肉，蓋生小蟲，無從得食，其中水草甚多。晚間蛙聲，想亦熱水中所習而不死，俗稱大眼賊。亦有新開創北房一所，並遊廊亦多添，不似舊日規模矣。南山即驪山，上供聖母，有廟，山勢聳然。過山頭即藍田縣界，其水源在山下，有大洞，內外兩池頗旺，懸匾者甚多，皆因病癒所獻。有高姓者，榆次人，家稱小康，因養騾數頭，於八閱月前即令人馱橋往西安，久未見其折回，與此次馱橋夫素識，遂附之而行，因家眷不識山西話，誤為其尋老子的，群呼為大孝子，多感歎之，在今日始知之，不覺為之絕倒。八閱月又誤為八年，蓋「騾子」與「老

子」，山西語不甚清也。早大霧，午後晴。

十八日　接蓉柳稟〔三〕，伊領娘於申時病故。仍在臨潼縣公館住，自備。黃雲敔明府，仍欲周旋，因癸未曾同事也。因闔家自出京後，衣服無從浣垢，此處有洗衣者。卅文一件，大小件相同，亦謀食之道也。看池中船房南，亦有一小泉，詢之聽差福娃子，此子甚伶俐，據云亦係熱水。其中，魚有大至五斤者，亦有放生者，曾種荷花，亦結蓮蓬，究屬生水，不繫乎寒熱也。西南隅有廟堂三間，在大泉上，其中所供神像，俱係泉水，有靈應者，大半女像不可解，亦有聖母在內，統稱曰「娘娘」。匾亦不少，神池門外，鑲殘石十數塊，內有元人正大三年重刊。下款為：「古齋僕散汝弼良弼？不知何人。《風流子》一闋甚佳，足徵元人尚詞曲，寶兒看出，特錄於此。詞云：「三郎年少客，風流夢，繡嶺蠱瑤環。看浴酒發春，海棠睡暖。笑波生媚，荔子漿寒。況此際，曲江人不見，偃月事無端。羯鼓數聲，打開蜀道。《霓裳》一曲，舞破潼關。馬嵬西去路，愁來無會處，但淚滿關山。賴有紫囊來進。錦襪傳看。歎玉笛聲沉，樓頭月下。金釵信杳，天上人間。幾度秋風渭水，落葉長安。」又有陝西路按察使移剌霖詩一首：「蒼苔徑滑明珠殿，落葉林荒羯皷樓。渭水都來細如線，若為流得許多愁。」寫甚佳，格調亦老。有曾充武衛軍榮相國派往余舊居照料者胡南賓來見，湖北人，三品頂翎。束花翎，游擊銜，盡先補用都司。胡南賓〔四〕，湖南長沙人，曾在武衛軍，於庚子之變，榮文忠公派護敝居，因炮傷，使女紅兒渠給治好。刻下欲同往藏中，待酌。半陰晴。

十九日　早發臨潼縣。家眷皆戀戀於此處亭臺，蓋一路未有如此好景。昨有劉慕家眷來拜，竟忘之。劉為本省刑席，本擬早間往候，竟未去，殊可笑。過灞橋，橋有里許，俗傳九十六洞，乃各州縣一處修一洞，今為沙沒，看不出款式矣，未知然否。下橋乃首縣，備尖站，歸咸寧辦理公館。見館內磚上黃沙甚多，詢之，乃灞水所溢，看其河面太寬，皆淤淺無堤可護，以致如此。後見滻橋，過之，有土坡一道，越土坡即望見西安省城門樓。進省東門，轉至粉行街路南公館宿站，咸寧劉心齋大令來會。名德全，甲班，湖北人，甚廉。到城時，將軍撫臺均遣人持帖來接，共行程灞橋廿五里，到省廿五里，前後五十里。胡南賓復到公館，路間有護送慶西營游擊回差，西院兵丁劉光榮來接，意欲回藏。明日持夏洲軒洪方伯名片復來，俟見方伯再酌。半陰晴。

二十日　仍住西安府，須四五天方可成行。早會長安曾檢齋大令、名士剛，河南人。西安張弼臣。名筠，浙江人，先翰林院。午後，拜常少漁觀察，裕，正黃蒙人。

病，未能迎送，聞已多日，此時已略輕減。升吉甫中丞、允，廂黃旗人。糧道崇惠亭先刑部。觀察、恩，正藍旗人。長笠農將軍、春，正白旗人，四川副都統升。左翼恩壽卿副由四川調。都護、存，正白旗人，係前馬蘭鎮英君瑞之子，人精明。右翼克副都護，名蒙額，號槩荃，正黃旗健銳營人，為前虎神營馬隊管帶德楞額之兄。以上俱會。夏洲軒方伯、昔，湖南人。樊雲門廉訪增祥，湖北人。鹽道鐸棣園觀察洛蘭，正白旗人。張弼臣太守、劉心齋大令、曾檢齋大令，以上俱未會。東廳閭子牧、昌壽，浙江人。西廳舒錦堂凌阿，漢軍人。以上差拜。與中丞大談時務，可佩服。岑雲帥曾冒大雨由西安而行，甚危險，然勇往非人所及，將軍談及裕子維、綱，駐藏辦事。幫辦安仁山成皆認識二君，皆四川官也。藏中事殊為棘手，洋人已擬川中開礦，岑制軍亦甚為難。拜客一日，回公館已上燈矣。半陰晴。

二十一日　早會將軍、撫臺、北南二都統，南都統克槩荃送給妞妞點心二匣，乃本地所造，係奶油，足征旗營舊習未改也。飯後會師範學堂總辦奏調陝西三品銜特用道毓友松觀察。正黃滿人，行二，名俊，為毓佐臣中丞賢令弟，始在省城百里外鄉居，現得差始進城，上有老親，人口亦重。晴。

二十二日　由今日起，自備，毓友松送到一品鍋薰豬。兩點申刻，升吉甫中丞約便飯，順道至友松觀察處，未遇。席間得晤，有常少漁觀察未去，並無外客，均同鄉。回公館已近九點鐘矣。晴。

二十三日　早會曾檢齋大令，託其代為張羅盤費，緣京中曾託溫壽臣轉向天成亨，俟到陝省借千金上下，恐盤費不繼，不得不預為之計，不意至此，該號總以未接京信為辭，大約因此官不甚可靠，故不敢借也。旋由檢齋兄向合盛元匯莊說妥，暫挪八百金，當即立給字據，以八釐行息，三月為滿，由四川匯給本利。晴。

二十四日　早間由郵政局給四弟發信一封，取有執據一紙，老錢一百一十文。從前，京內發信每封須兩千當十錢。如不要收據，尋常信才十文，可謂廉矣。飯後，會岳朝宗兄。名鎮海，山西祁縣人，行一，年不過卅歲，五品銜，合盛元掌櫃甚精明。合盛元寓玻璃廠街西頭路北，詢其京號，係在打磨廠店內，並聞與貽讓人溥仲路皆認識，盛京亦有莊也。常少漁觀察來函，送到於潛白術三包，甚為可感。曾檢齋兄來送，痛談，與袁慰帥曾有認識。太夫人在堂。合盛元李敬庵思恭，行一。送到現銀議平即市平。八百兩。據云川省有某某公匯號老闆，係楊姓，與彼連號，徐溝話，不甚清楚也。岳朝宗來帖，合盛元送松花一匣，南點心似小八樣一匣。聞廣督調岑雲帥，川督調錫卿帥熱河不知為誰。半陰晴，熱。

廿五日　早發西安府。自昨日及今日均有持帖送者，今晨復有在城外差送者。西門乃三層門，少見也。將車輛俱變騾馱，共十五隻。曾有伺候先嫂由西路回京，老鍾來，甚盡心。因家人鋪蓋無處安置，老鍾又備一驢，恐非長計也，錢雖省，其如不適用何，一笑。又雇四人轎二乘，三人轎五乘，三人紅槓一隻。[五]俗名三丁拐轎，轎夫皆用四川人，京內轎夫皆遣回，恐難行山路。廿里至三橋鎮尖站，係長安曾檢齋備辦。過豐橋，又卅里，渡渭河濁流似黃河，亦用方船，其笨非常，似此處無須乎此，不似黃河流急也。至咸陽縣，縣城東即臨渭河西岸。進南門公館宿站，共行程五十里，或云五十七里。縣令孫季農明府來見。名雲官，行四，山東招遠縣人，癸酉拔貢，己亥一榜，已六十四歲，起跪已不便，恐痰所致，人樸實。風雨一日。

廿六日　早發咸陽縣，見一路土阜，皆古帝王名臣陵冢，至馬跑泉茶尖，二十里。相傳唐太宗因出獵馬渴，隨得此泉，道南北各一泉，馬蹄跡在北，然甚濁。據云味臭，南則味甘。轎夫至此大嚼，川省轎夫通例，非比北方。半路可換替食物也。至興平縣，進東關遠望有兩塔，一有頂，一無頂也。公館宿站，共行五十里，或云五十五里。縣令楊吟海明府出接並來會。名宜瀚，行三，辛卯舉人，人精明強幹。伊兄曾由內閣到邢部，兼充軍機章京，四川成都府人，四品頂戴，在任候補直隸州，特授興平縣知縣，曾在先兄處當差，據云喬茂軒世兄在陝撫文案處。借明府《時報》，有藏制度議覆之一事，謂拉薩府，藏中並無此稱，乃英人口吻，此日本之所效也，殊不是，另存一紙。陰，午後晴。

二十七日　昨日至公館，間壁武廟，其塑像甚莊嚴，不過不典者多。惟大殿前書聲大作，乃一村先生所造人材處，止一讀《詩經》者，其餘《四書》，或有多半「天地元黃」，喊一聲而已。束脩每年兩千文，亦可憐矣。辦差人云，城中有塔二：一為國朝所建，一為隋朝所建，謂之北寺。昨日在跑馬泉，轎夫有鈔歷代帝王陵一摺，特錄於此，其中不無舛錯，彼謂《皇墳》。摺云：趙太祖華陰縣、皇墳朝邑縣、神農蒲城縣、宓羲富平縣、皇墳宣元中陪縣、故姚帝大塘鎮、唐顯宗橋頭、漢高祖草灘子、筆架山李淵醴泉縣、故吳三桂新街子周王、文王、武王、康王、廿五里、咸陽縣。漢文帝、進東關外鳳凰階。薛平貴五家坡以上俟考，俗傳不為無因，姑存之可也。早發興平縣，出西關，楊大令相送，立談數語。沿路土嶺均靠北，尖後又有靠南者。至楊貴妃墓，眷屬進內一看，有唐詩，後人所錄石刻、王文簡公詩石刻。據孫介眉明府云，尚有秋文忠詩石刻，惜匆匆未見。畢秋帆詩石刻題墓為秋帆尚書，唐元宗貴妃楊氏墓，乃隸書，已房屋破爛，無人看

守，祠堂三間，供神牌，有吳大澂匾、許振褘對聯，且有「有求必應」匾。竟有求神者
香爐亦設在內。相傳貴妃墳出粉，見有似白粉者，春杏即拾起包裹，細看即花
牆上石灰，復擲之，殊可笑。餘則在墳上撿蝸殼二個，亦算古物而已。行四十
里，扶風鎮此為東扶風，扶風縣為西扶風。尖站，或云四十五里。武功縣備。又四十里，
或云四十五里。過漢蘇子卿墓，即下大土溝。是日，正值城外唱戲，熱鬧非常。
過漆水一小橋，進武功縣東關公館宿站，公館有樓不能上，據云仙人居。共行
八十里，或云九十，屬幹州。署縣令孫介眉明府來接，並晤會。名萬春，行一，直
隸清苑縣人。本任清澗縣同知銜直隸州用。陰，落數點雨。

廿八日　大令曾補直隸同知，丁憂服滿，補西安理事同知，姓巴林。早發武功縣，
出南門，縣四圍山繞，似釜底，亦奇觀。孫介眉大令相送，託其覓楊妃墓石刻。
卅里至杏林鋪，停輿待轎夫大嚼。行三畤原，上下甚費夫力。過杏林鋪，西寨
門路左見有石碑刻某人之元配醋氏，此姓罕見，婦女尤為不便，一笑。保子云，
再走里許，有醋某人碑，想其娘家。田德云，有三二里，碑刻「醋三傑」，不知何如人，大約在
道光年間立。三畤原後，路左有班固祠墓，共六十里。至扶風縣，鳳翔府屬縣在半
山。進東門，門即在山腰，下有細流，適演木偶戲，紅男綠女多多，蓋賽神也。
縣令由同知署理，本縣子安司馬，名定泰，廟黃蒙人，行一，由筆帖式直隸內院補陝省
同知缺。公館大堂懸一匾，乃聖祖御筆，康熙四十二年十一月十九日欽賜唐句：
「秋浦千重嶺，水車嶺最奇。天傾欲墜石，水拂寄生枝。」扶風縣知縣毛士儲敬
摹。晴。

二十九日　巳刻因早雨。發扶風縣，出西門即上坡，復走山溝，此日山溝
三四處，皆不甚險。卅里至蓋店鎮，西寨門外路右太白山神廟，停輿進內一瞻，
塑三像，牆壁畫各將軍像，不可解。門外太白池碑記石碣，據學生云，離此不遠有三池，
惜記未讀。亦遇教書者先生，不知何之，學生頗知禮，約眾生站齊，方與客一揖，
內中有品貌甚好者。又廿里過硯瓦溝，因此處居民造硯，故名。停輿暫憩，買
一小棱硯，廿文，似是磚作，又似磨刀石作者。一圓角小方硯五十餘文。略大，亦似石
非石，皆上五顏六色。至公館洗之，乃小硯灰白色，大硯黃黑色。據云出北山，
乃岐山石也，不甚佳，聊備一格，充粗紅硯使可也。又十里至岐山縣，進東門
轉南，北公館宿站，共行六十里，或云七十里。縣令遣家人往迎，因感冒未得晤
也。姓崔，號幼玉，名驥遠，行一，湖北恩施縣人。花翎候補通判，署岐山縣。前
日，孫大令穿白袖頭珠毛褂，昨日子安司事則緯帽矣，何兩君冷暖不同如此，
一笑。今日不知此君冷熱如何？陰，早雨，午後小雨。

【校勘記】

[一] 吳注：頭勒和布。

[二] 吳注：桐。

[三] 吳注：名壽榮，升泰子。

[四] 胡南賓，本斷前後籍貫不同，疑為筆誤。

[五] 吳注：槓者，三人或二人抬一竹箱，染紅色為紅槓，黑色為黑槓，統名曰「啞吧槓」，以盛客碎什物或套物。

　　二十九年四月初一　巳刻因早雨。發岐山，縣大令仍假病差送，其家人皆怨，大約未戒於得，其實不過四十餘歲。沿路有土坡，因上坡後妞妞轎前抬杆忽折，幸大驚一次，無別虞，可謂不幸中之幸矣。記癸未到陝，王仲仙轎絆在河灘上忽斷，轎竟翻轉。所以，轎上各件須時常留神，行路者不可不知也。渡紅水小河一道，至紅水村茶尖，鳳翔縣備。二十里。尖後，西北岐山即在面前，南太白山為雲霧所遮，隱耀露山跟。將至府，路左有鳳女碑，並過道濟橋，有石路一道，因雨後甚難行。三十里至鳳翔府鳳翔縣，進東門，公館宿站，共行五十里，連日路不易行，雨後之過也。府、縣縣丞均迎接來晤，傅相澄太守、名世緯，行一，四川省城人，與茂軒有親，乙酉舉人，丙戌翰林，花翎三品銜，在任候補道。人明白。潤泉大令、名記佩，行二，鑲黃漢人，姓於，咸豐己未一榜，鹿滋翁同年。花翎同知銜，在任候補直隸州，此調署本任岐山。縣左公惠亭，此姓甚少，名恩傳，河南人。此處有東湖，乃宋蘇文忠遺跡，詢相澄太守云，本可作行館，因刻下修葺不便也，惜哉！城內公館正房，係至斯堂，乃前縣侯鳴珂號韻軒，淮南人。所懸，本為鹽道署，鹽道駐省城，因貢使駐藏等差，皆以考院作行館不便，因修妥作來往公館，「至斯」二字，取「君子至於斯也」之意，頗新穎。全文另紙抄。[一]陰雨，或住，或下，或大小不等。

　　初二日　早發鳳翔府，傅太守諸君相送。沿路尚易行，十里過八旗瞳。土言未準。廿里至速村小觀音廟內茶尖，鳳翔縣備。不甚遠即走山坡，乃轎子行路甚險，過陳倉河，土音乾陽河。有有橋處，有涉水處，水不深。至底店鎮尖站，寶雞縣備，鎮內水府神廟賽會，男女甚多。與夫所云如此，尚有兩石似龜形，遂謂水府神所治。遂沿北山而行，雖有車路，上下登頓頗費力。道窄坡高，覺險，俗云：「寧走連雲八百棧，不走寶雞至底店」。路站里數又大，南即渭河，坡下無房間，沿北山皆房。過鬥雞臺，上有廟，亦在坡上。坡下水田種稻者多，風景不惡

也。有石像，座有碑，僅看得「正德」二字。至黨閣老墳，停轎略歇。復渡河，又沿寶雞縣城外山坡行，亦險，進東門公館宿站，共七十五里。此官話有云九十里。縣令朱右甫、名弼臣，江蘇宜興人，己卯一榜，花翎四品銜，在任直隸州，本任長安調今缺，常州官聲，未免深愧。縣丞李立夫、名履泰，河南伊陽人。典史張健堂、名日奐，湖南長沙縣人。把總白星階名榆，長安縣人。均迎接，並未晤。偶見壁間掛恭勤公書聯，因與朱明府面索，慨然持贈。晚間送到轎杆一份，答以暫借，因轎杆亦有劈者，轎鋪太可恨。晴。

初三日　早發寶雞縣，縣丞等送城門。出南門，渡渭河，朱右甫大令送過河而別。河有兩浮橋，過兩道橋後，見渭河內偏南，有清水一道合流，乃山中所出，為汧水或謂觀音堂所出，非。沿途水磨甚多，道既窄，又下臨河道，耳目皆另具一斷新奇也。過集店，甚豐，名陰門陣。在藏與拉里糧務孫玉書談及陰門陣，乃益門陣所訛。卅里楊家灣，略停轎。內有小廟，所供神像皆未曾見。復過大灣鋪，又過二里關，即大散關。上坡後不能停留，復下坡，道峻險。又廿里至觀音堂宿站，共行五十里，或云六十里。本尖站至黃牛鋪須一百一十里，乍入山，恐勞乏人事也。沿路花木，大非渭北，多不知名者。店在路南，不正，南山則樹木蕘生，北方所有，一看水磨、水羅，亦不讓外洋機器也。水羅下安輪，似磨少小，上有木拐衝動，則左右搖之，水磨下作輪，邊用薄板，以水灌之自行動，惟下盤活似少異。晴，晚微陰。

初四日　早發觀音堂，十五里至煎茶坪。略停轎，因過下半坡，上半坡不但抬轎者力乏，坐轎者亦力乏。適修關帝廟，有小泥像在外，地保來接，鄉保且陳拜墊，知敬官，行禮後上轎。有公雞一隻，在轎杆內，滿地是血，幾乎飛入轎。謹行禮。見山坡上懸鍾一架，詢之土人，此鍾不宜擊，擊必有兩下。煎茶坪後，道路稍平，然仍鑲石子。又卅五里，至黃牛鎮尖站，仍寶雞縣備。尖站後，間有土道沿河而行，水西南流，即所過東河，橋下故道水也，惟沿河山上半腰開道，道覺高險。將至宿站，有高柳若干株，下臨極清水，如夏日乘涼，甚佳處，且四面皆山。又廿五里，或云卅里，共行七十五，有八十里。紅花鋪宿站，屬鳳縣，非宿站。即在店，店尚乾淨，滿壁新畫人物，可笑。晴，微陰。

初五日　早發紅花鋪，沿河而行，十五里過草涼驛，即山上半腰。棧道路寬，且有架木處有三四尺、五六尺，窄則僅可行轎夫。又廿五里至白家店塘尖站，鳳縣備。尖後，幫轎夫八名，已逃其七，僅有一名劉易。又過五星臺，則棧道更高，至石門關稍低，須入門內穿行。有廟。共行廿餘里。又廿餘里，似路少低，上下

仍不免。又十里至鳳縣屬漢中府。東關店內。宿站，共行九十里，或云八十五里。
東關有唐張果棲隱處石碣，北山半有張果老洞亭，內有棋盤。轎夫老容云，曾往
偷鐵棋子，重七八兩，第二日尋之無有，再往原處一看，則仍在彼。未知確否？田德等往洞內
一看，果有鐵棋亭，並有某令作記，其棋子有飯盤大，已短一，將用木刻配之。老容之語，故
神其說耳。縣令羅西棠名振鷺，行六，同知銜，湖南善化人。未得接，並未來見，因冬
日腳凍未愈也。今日，在草涼驛前後見有四川省男女多人，因彼處旱荒逃往陝
省，輿夫皆謂其必有陝省親眷，其有感而言，亦可知其焦灼非常。早微雨，午
晴。

初六日　仍住鳳縣，自寶雞縣起身，早晨覺胸口氣滯作痛。第二日尖站
後，復如此，昨日晚飯後，又覺前後胸皆不適。今晨四點鐘即起，先出恭，則
渣滯甚多，前後胸作痛，兩脅、兩膊亦痛，以為串氣所致，服舒肝丸似少減，
覺散氣。劉差官拿來觀音救苦丹服之，四丸一服。出盛京。陰，雨，晚住，夜晴。

初七日　因病仍住鳳縣。早服四君子丸，連日自備。麵每斤十六文，肉每
斤五十文，無怪蜀中貧人投此處者多矣。未刻忽落雨，兼有小雹。始聞雷聲，晴
後至店外一踏，見山上有果老洞。[二] 過河窄橋，山路亦陡，未去看麥田，樹
下活水溝。因思珍五鈔村不置。半陰晴。

初八日　病略見好，惟兩脅尚有痛時，店房臊臭非常，只得早發鳳縣。進
東門，出西門，順南上山，羅大令遣人來送，實病不能下床已三閱月矣。二十
里至煙筩溝，略停轎。又五里，過鳳嶺，有「去天尺五」石刻，俗名「南天門」。
順山腰行，回望鳳穴。輿夫云，霸王生處有龍生虎養，雕打扇，真不值一笑。憶幼年過此
與奶娘姜嫗同轎，謳余云：「鳳穴有壽星老出現」，余注目視之，終未見也。今過此不覺為之一
笑，然此語已五十年矣。有云三丈許，似洞前有小樹一株，過新紅峽，山間柏樹甚
多，不過大者三四尺，據云名千年柏，蓋不高長。移下則不然。又十餘里至古
廢邱關，有木橋，上有廊有欄，似福建橋，形亦奇。又十餘里，鳳縣屬三岔驛
尖站，站後地頗平坦。廿五里至司馬橋，停輿暫憩，適在垂柳石溪旁頗涼爽。
又十里至留壩廳，所屬南星塘，店房亦狹。宿站。共行八十五里。晴。

初九日　早發南星公館，過連雲寺。連日見高山多石洞，似無路可上，詢之輿夫，
乃避亂所鑿。路左有對面古陳倉遺碑，看其山甚多丘壑。過十合鋪，其風景頗
佳，有稻田、旱田，溪邊多楊柳。楊樹皆直，綠葉紛披，可入畫。楊柳外，時露草
房。山下亦有田，臨溪水極清，山上下皆有桃李花，沿途各花看不盡，蓋山外
熱，山內冷，所以次第看之。以上十里。又十里至榆林鋪，忽大雷挾雨，停轎

苫之，仍恐不妥，冒雨前進。看紫柏山背後，濃雲籠罩，真仙境也。幸走未遠，略住。又十七里過柴關，上下十里，道甚不好走，石路皆不平也，然不險。又八里，至紫柏山留侯廟宿站。本尖站，後下雨，只得作宿站。廟內甚佳，有亭有廊，在花園內即住，其花園活水四五池，且有小石橋皆人工所為。正殿在內供留侯，其三清等殿反在外。花園有芍藥、竹子、牡丹皆好，惜未開，有一株極大，乃綠色者，玉蘭乃大開，曾入看饌。且盆花種類亦多，盆花有杜鵑，甚鮮麗。後院有松鼠，時來窺人，尤為有趣。紫柏山留侯廟監院傅宗湉號萊賓。有刻字名片，大得官派，送到《留侯世家》，附《素書》《六韜》《三略》，共一焉，鹿壽草一包，且云雖純陽性質，並非燥熱可服。留侯廟圖木板陽文，郭豫軒明府建本臨玉枕蘭亭石刻、林念航晉奎之望之祖。司馬紫柏山懷古詩石刻，時帆廉訪多欽紫柏山詩、留侯祠詩石刻，張詩舲祥河留侯廟及棧中雜詩石刻，施士龍似道士，作霖。畫松，又畫石石刻明趙文蕭。號大洲，道士云，此處自明朝免此地糧，廿里皆文蕭公功德。尚有張佳胤石刻未揭，用文蕭公原韻公貞吉詩、歸山詩石刻各一份，復出先兄贈前道士了還聯：「康遊我上烏斯藏，蜀道誰吟白也詩。」上了還煉師，正句下題升泰。余因贈傅萊賓道士一聯，黃石素書欣再讀，烏斯白也感重來。研〔三〕墨書之，並識敬語於上。先兄恭勤公過此書聯，有「烏斯白也」句，贈了還法師，今尚留存。余癸卯夏初經此路，故書句復贈萊賓煉士，所留鴻跡，以志因緣，並承送素書，即此處所刻者，故及之。漢南朔客有泰書句，並識圖章，漢南朔客烏斯使者。共行五十五里，留壩備。〔四〕晚間，廟內備素面，甚佳。又尋其陶文毅石刻，並錄先兄所錄舊詩。西河郡齋讀《留侯傳》舊句錄。陰。

　　初十日　早雨，至三點鐘始住，只得仍住留侯廟。其中有極高處一亭，名受書樓。因極高，上至半路，氣喘未至。乃塑黃石公像，旁為留侯少年像，惟廟前有進履橋，附會似無理矣。住房旁為拜石亭，又有一亭，似延旭之觀察所建。有「旭日」之對聯刻石柱，頗富麗。其廟內有窗，可燒造，有石可燒灰。近山廿里皆廟內莊田，不交糧，有木可採，如動工，僅人夫。有本山所出漢白玉所刻桌椅繡墊，覺新奇。花木中紫柏、鐵架松、刺松、馬尾松、纓絡柏皆有，亦有十大功勞、杜鵑、桂花、蘭花為本山出。皆好。南北花木似皆長，惟黨參葉甚臭。連日擾老道，酬以十六金，並給張小道八錢，服役八錢。昨夜聞有聲，姬人疑為梆子聲，又疑為狗叫，今晚月夜復聞之。詢張小道，據云鳥聲，白日不叫，夜間方叫，曾入山看見，毛羽甚好，似喜雀，大名祈穀蟲。早雨，晚好月色。

　　十一日　早發廟檯子留侯祠，道士仍欲備飯，辭之。過棗木欄，有道廟，

亦留侯祠所分，頗整齊。廿里過亂石鋪塘，橋有廊，亦見兩處，不為奇。沿路行溪邊山腰路，溪水甚響，乃亂石所致，惟石皆漢白玉，山上亦然，無怪祠中多少白石桌椅盆池也。又十里，過小留壩，或云此名「大留壩」，廳城謂「小留壩」。又十里，至留壩廳，漢中府屬。進西門，出東門，店房宿站，共行四十里。陳述齋司馬迎接，身極胖，據云有二百八十斤，由本省曾壓折四付轎杆，可觀矣。並來會。聞係揹吏，名壽彭，江蘇山陽縣人，行一，丁卯科一榜，甲戌考取內閣中書，現花翎道員用，在任候補知府。見祠內書法，甚秀。早涼不熱，晴。

　　十二日　早發留壩，陳司馬相送數語而別。昨晚店房臥處即離毛廁、豬圈不遠，其臭非常。梆點即在前窗，逐之，五妞屋多臭蟲，一夜未睡好，可笑。過畫眉關，陡峻非常，山腰而行，忽上忽下，且有石鑿路，並泥滑路，山泉所出。所謂廿四礄，即在此中也。內倚絕壁，外臨江水，名黑龍江，即烏江，又名黑水，有濤聲。四十二里武關塘，留壩屬。武廟作公館尖站。武帝前行禮，係白面，長髯，不解。尖後，過清水一道，石子歷歷可數，其實不用船亦可涉，然必用船，掌舵者即廟中和尚，或亦生財之道也。仍走山腰各礄，過鐵佛殿，此處住戶、鋪戶皆不甚破爛，路間有大懸壁，轎由下行，旁有倒掛石人。黏雞毛甚多，尤不解。掛布區甚多，輿夫所談，乃成精未得，將棺木亦化為石，在河內，自以不解之至。武曲塘略停輿，適在喪者之旁，鐃鈸之聲頗鬧熱。樊侯橋即以鐵鍊為之，行之不甚動，蓋下有另木支之。至褒城縣屬馬道驛店房宿站，共行九十二里，或云九十里。今日沿途有藤蘿木香，並野花頗多，惟聞蘭香尋之不得，有小白花似蘭味，然後詢其名，為木蘭花，惜北無有。晚至店房，後門即臨烏江，因同眷屬至彼一看，頗靜，少時，男女聚集甚多，且有富戶婦女來周旋，足見鄉風樸厚。晴，晚微陰。

　　十三日　早發馬道驛，沿黑龍江行，其路仍大小偏礄，比昨日尤為難行。至青橋驛公館尖站，褒城屬。站後其觀音崖皆係立石，大難走。未至觀音崖，前有對面石崖，一石有紋，作長方形，分為八塊，並不偏斜，俗呼為「八個碑」，其形甚奇。有由石下過者。過褒姒鋪停輿，將至七盤山，即雞頭關，有雞頭石在澗內，將軍石亦然，惟七盤山以前有新修之路甚平。復又在將軍鋪停輿。過七盤山，其險峻有非南天門所及。路過關帝廟未得停輿，下山至白石土地廟，所立靈應碑甚多。下輿。褒城縣陳大令並王文佩兄名槳，前戶部。此處迎接，因略談。又下山，道路稍平。至褒城縣，進北門城內店房公館宿站，共行九十里。本縣陳小梁明府來會。名美瀕，行二，四川德陽縣人，壬午一榜，戊戌大挑，人甚本色，頂戴仍是上品也。王文佩兄約

其便衣到此，晚飯痛談。刻下，掌漢南書院，住本縣正南楊寨村，距大道七里。承送悉白米、火腿、點心、《隋蘇公碑》新出土者。《二曲全集》，自作黃酒甚好。晴。

十四日　早發襄城縣，出南門至征苗寨，王文佩兄梁大令俱候於廟內，因大談，始拜別。過老道寺塘此西南行，正南離此七里，與楊寨村平別，涉水。渡黃沙河，沔縣屬。至黃沙驛公館店房臭污不堪。尖站。尖後涉水過舊州河，即在河沿柳樹下停輿暫憩。旋過舊州堡，先主受漢中王，築壇即在此。又過何家營，土名「菜園子塘」。甚豐富，數灣方出街。兩旁均係生意，蜀人呼為「小四川」。至沔縣東關外諸葛忠武祠旁公館宿站，縣署亦在東門外，城內均被焚燒，聞匪之亂也。其行八十五里，或云九十里。署本縣楊晉三大令迎接，並來會。名思錫，行一，雲南富民縣人，丙子補甲子一榜，戊戌大挑一等，本色頂戴，人精明。親身來候，未得見，乃晚間謂之請晚安，外官派，並送到普洱茶、甘肅燒酒，領之，蓋知先兄並與任用賓兆觀認識。至武侯祠一拜，路南與公館平列。撫石琴，即在殿上。後殿供三代及夫人，後有琴臺，登之俯視漢水，仰望南定軍山、西沔縣城，東馬孟起墓在其左右，祠內呂道士據云呂號全性，年甚輕，謂之小當家。送《忠武祠墓誌》一函共四本，唐時《新廟碑記石刻》《江朝宗謁武侯詩石刻》《張遂寧題詩石刻》《樊克己題詩石刻》《湘公詩奕湘，果親王五世孫。石刻》《石琴榻本》《單條琴吟自敘石刻》《張天師鎮水符無謂石刻》《黎廣昌祭文石刻》，各一張，報以銀四兩。半陰晴。

十五日　早發沔縣，進東關，東關甚熱鬧，上懸古陽平關匾。走東門，出西門。城內荒蕪，僅有住戶數家，文武城隍廟在內。楊晉三邑侯相送，沿路皆靠河山腰而行，路甚窄，幸無石子鑲之，易行，所過灃水可步涉。至沮水又名藍河。以船渡，渡後步行至沮水鋪，吃燒餅暫憩。僅有一藥鋪、二茶鋪。又涉水兩次，四十五里蔡罏塘沔縣屬。尖站。尖後，過青楊驛，沿路稻田甚多，山田層迭為之亦有趣，見水車名通車。一具，用細竹編輪，上安竹甬，在水溝內其質甚輕，在水溝以水沖之，其薄木板自能運動，亦巧矣。復由土山腰、土溝而行，四十里過金堆，鋪停輿暫歇，寧羌州屬大安驛店房宿站，共行九十里。昨日沔縣一帶麥苗高可及人肩，罌粟花亦如之。詢楊晉三大令，據云近數年亦未曾有也，罌粟花挨大道所種十分之一。將至大安驛，則一片罌粟，大半紫色者多。內深淺紅、深淺藕色、白色、紅白相兼，皆不佳。詢之，乃上等雅片也。並詢得種花後尚可種稻，著尉人意。已有枇杷樹，前見棕樹亦多，杆非常堅固，可作馬柮。今早聞武侯祠道士持片道謝並送行，名祝玉城，字涵養，號全性，漢中府沔縣住持，云云。晴。

十六日　早發大安驛，臭蟲甚多。過漢高祖斬白蛇處，或云有痕跡，未之見也。在五丁峽內看兩山壁立，刻有「閒雲溪月」四大字，有觀音並諸神塑像。中通一線路，緊旁澗水，如不通人行，其陰慘慘之氣，不知應藏何物，天日皆不易睹也。過五丁關，上下石路甚長，略小於鳳嶺、七盤嶺，比別關亦不在小。過滴水崖，乃由高嶺滴下，一石窪承之，作深碧色，或云無底，通海眼，俗傳附會之辭。六十里滴水鋪寧羌州屬。尖站。沿路或行山腰，或行澗底，澗底則來往涉水，即俗傳七十二道，腳不乾也。曾在寬川鋪停輿略歇，上路曾見有人繩拉小鹿一隻，頭已有角，尚未分歧，索價三千二百文，大約兩千餘可也，惜行路難帶，據云才得著。足徵群山中野獸不少。尖後，山腰涉水，仍不離此等路。卅里寧羌州，北關店房宿站，本州島趙黻卿判史迎接並來會。名章華，行一，湖北黃州府羅田縣人，由保舉出身，庚子曾隨升中丞迎鑾，乃面子上人，精明。因昨日王順回，聞有此省奉差某老爺在路，見有行李若干箱用騾馱，插駐藏大臣旗一隻，餘均卷之，叱人讓路，因託刺史趕寫信，下站。晴。

十七日　本擬早發寧羌州，因印結未到，且多不通情理語，蓋其父遣兩兵在彼作幕使然，包杆馱子現追回。州官不敢來見，託雷次元守府、名振亨，行一，同州府大荔縣人，漢中鎮寧羌營守備即補都司，人不太了了。陳少蘭州吏目名席珍，行一，四川巴州人，人明白。來此求情，殊為可笑。緣車價自直隸、山西皆發，陝省改為馱價，沿途應付，並無別說。雷、陳二君復來，送到馱價五十金，均未收。晴。

十八日　早發寧羌州，本州島已相驗下鄉。雷、陳二君相送。路過水田一區，輿夫指謂孔明先生上星燈也。視之，內七土堆上生草木，一土臺謂之將臺，殊為可笑。然諸葛忠武，蜀民甚重，德澤入人深矣。沿路多稻田，行山坡下，幸水淺，勿庸行山腰，窄路卅里，正回水河尖站，仍寧羌州備。尖後，過觀音崖廟，乃新修，有尼僧在此化緣。過牢固關，似尚易行。過石峽關，有「西秦第一關」橫石刻字，乃秦、蜀分界處。逾新開路至七盤關，為蜀之廣元縣交界，石碣刻之，並有「小心移步」，前總督楊馥書碣。沿路山腰並斲石開路，其峻險，雖鳳嶺、雞頭關，無此危險也。行四十里，教場壩宿站，共行七十里。所過黃壩驛，產香稻米，甚佳。沿途產蕙甚多，一文錢可買二三枝，雖饅頭鋪亦插蕙蘭數枝，如在京內言之，人必不肯信也。並磨盤石暫憩，輿夫上樹摘其水杏，有小女大怒，因酌以數十文，轉而為喜，亦可憐矣。隨燒水，意在相謝，辭之，鄉風古樸可愛也。此初入蜀界，晚間步至河干乘涼，四面皆山，詢之本地人，以苞坏為重，麥亦有，不豐，連四年未見春雨。亦有養蠶者，山上有青

剛木，不甚大，鋸之，排於山上，待經雨生木耳，可以賣錢，利亦不見其大也。晴，忽熱。

十九日　早發教場壩，天明時大雨一陣，仍陰，似不妥，唯店中臭蟲之多，異乎尋常。昨夜實難安睡，且天又燥熱，與姬人挪至地下，尚可略睡，家人中竟有一夜未曾合眼者，只得前進。出壩即上木寨，山石頗滑，沿道多如此，幸路中未遇雨。從前度石壩棧逾嶺至青樹子塘，刻下由轉頭鋪至鍾子鋪，路平多矣，皆沿山腰，有高有低。至廣元屬神宣驛，公館此乃從先驛中正站，應宿後改三日故有店。即武侯籌筆驛尖站。尖後循潛水而行，過龍洞，背塘道難行，有松柏各樹夾路，尚不覺量，其左路一山即龍洞，高數十丈，潛水所出，有石燕。可焙之煎水，治胸口痛，幼時曾貯於硯，水清澈，此真驗也。作小白光，來往洞門飛舞，姬人見之，惜余目力不及。此燕落地即化為石，居人拾此售賣，因購得廿餘枚，家人亦有買者，不過一文錢一枚，轎夫竟五六文得十枚，余曾面詢一婦人售此者，索價卅文一枚，大為可笑。輿夫老杜曾往洞口捉之，竟得五枚，惜長路無暇得之。登龍門閣為此道絕頂，過此則沿山腰路而行，有至山上，復至山半，陡險非常。幸現任廣元李大令，因旱以工代賑，鑿石填土，比原路加寬，輿夫皆頌揚讚歎之，其以前之險，更可知矣。行神宣驛四十里，此卅里廣元屬，朝天鎮店房宿站，此漢之葭萌關也。未入鎮有石橋一道，十數空，修造甚整齊，沿途大買櫻桃，九文錢可半筐，比京內較大。石榴樹亦隨在有之，似不甚著意，如道旁柳任人攀折，不禁也。到店燈前後，有雷聲，又雨，並不小。農民云：「四年未見雨，得此不勝代感之至。」陰，早晚雨。

二十日　昨夜大雨，清晨未住，猶有雷聲，因宴起無事，隨意看書。聞此地未見透雨，前有小雨，已隔三月餘，今得此甘霖，鎮中居民咸云下黃金。店後即有荒田，旋聞叱犢聲，不禁為之狂喜。早晚飯仍縣備，令其將酒席改為便飯，甚適也。辰後放晴，明日過朝天關，想道可幹矣。雖阻雨一日，余闔家均感天恩無已。早雨，辰晴，午後風。

二十一日　早發朝天鎮，即登山路過朝天關。上十里，下十里，幸道修寬，尚不難走，惟盤折多層，極峰處俯視眾壑，未免險陡非常。下坡不遠，即至望雲鋪塘尖站。尖後沿山腰路而行，忽高忽低，覺登頓難過。至飛仙閣窄路，下臨嘉陵江，沿嘉陵江千佛崖，前山石似太湖，後則各色子孫石。其險大似石門關。緣朝天鎮至廣元縣，可以在嘉陵江內乘船，因見其船甚破，似可不必，故仍行此險路。不過朝天關，有大風，不便而已。過金龜嶺亦陡，在徐家河略停輿。至千

佛崖下輿，步行而過，至中洞佛祖前行禮，見洞內燕窩三四。北方謂「拙燕窩」，如半盌形，巧燕窩如花瓶，此作花瓶形，飛白燕六七個，從前未見，似此翼鳥，色白，嘴爪成紅色。過崖路，左有武廟，因步行亦行禮，仍走沿江路。至廣元縣，繞城過西門外公館宿站，共行程八十里，或云九十里。縣北門閉之，露石獅，人皆不由此出入，甚怪。署廣元縣李次山行二。明府，並參將署廣元游擊等皆接，並來會。李明府，名龍彰，直隸平泉州人，花翎同知銜。參將、副將銜花翎，裴成全，號玉臣，行一，浙江涼縣人。釐局委員知縣、熊光權，號種青，行一，雲南昆明人，癸巳、戊戌兩榜。署營中軍守備補用都司、張立和，號賢璠，行五，雲南歷安縣人。典史、鈕承緒，號緝卿，順天宛平人。千總、阮家棟，號少疇，福建人。把總馬標，號春池，達縣人。晴。

　　二十二日　巳刻，由廣元啟程，因道路無多算，坐尖，縣內備。出縣公館即船渡漢壽水，沙岸行此水歸江，遂沿江山腰行，幸路尚不窄。過皂角鋪，離城廿里，在窄道皂樹下李明府送至此，立談數語，長揖而別。沿嘉陵江仍在山腰而行，越兩土山，至渡口，昭化縣大尹備船，並遣差來接。進東門，李次珊遣人送至此。考院公館宿站。公館住房左角有池，無水，內有石魚，乃刨柏樹所出。旁有「化龍」二字碑，年分不遠。署本縣趙笠珊明府名惟新，行一，江西南豐縣人，趙惟熙學臺令兄，昆仲三人，趙後簡，故寧夏府知府。來見，署典史亦來見。吳德勳，號哲臣，行四，浙江歸安縣人。已到省卅餘年，才委署到班。枇杷已熟，不如江南，核甚大，甘蔗細者佳，謂之白甘蔗。共行五十三里，或云四十五里。半陰晴。

　　二十三日　早發昭化縣，出西門，沿山而行。過天雄關，其陡直比別關分外難行，幸石路加寬，路外或樹木，或田地挨近，尚不覺險，惟大風須扶轎，費力。昭化所派幫轎夫，半路皆逃去，詢其所以然，發公食不足，來去盤費，且大風吸洋煙者亦不少，殊為可笑。所過陰偏竹埡子塘，皆不易行。遠望人頭山，在眾山最高處有廟一區。據云廟正大，下以松柏圍繞，亦奇觀也。昭化縣大木樹公館尖站，中間略歇，名牛滾蕩。換棉馬褂，山風甚勁，右膀頗不適。尖後下坡，深林密箐中而行。復又上坡，下坡間有柏樹夾道，停輿略歇。至公寺塘等處亦難行，抵劍門道，左即臺城。梁武帝餓死處，俗傳如此，不知何以在此，可笑。又進劍門關後，有姜伯約祠墓。劍門沿路柏樹、雜樹亦多，雖當孔道，入關時覺幽靜非常。則石山陡峻，蜀中第一關，其雄偉有筆墨未能盡者。因憶過固關時曾想古句有「細雨騎驢入劍門」，彼時大雪，因套其句「大雪乘輿過固關」，則俗不可奈，思之一笑。共行九十七里，或云九十里。劍州界劍門公館宿站，離此廿餘里。本州島遣健勇扶轎，並輿夫、牽夫往接，劍門驛丞兼巡檢、徐桌，號鶴笙，行三，浙江歸安人。劍門汛外

委何心一，號誠齋，本省巴州人。均往接並來會。未到公館，路左有「第一關」三字，據云可避水火，不可解，路右四石刻「雲環聳翠」四大字。晴，風。

二十四日　巳刻發劍門，因道路不遠，早間有兩點心食飽，以當坐尖。行青樹子塘等處，皆石板路，尚易行。過天生橋，有石牌坊，蓋路中忽生此土岡，兩行皆種柏樹，自此到劍中，皆走樹中，亦有間斷處。其濃處不但日影不透，若細雨亦可當路無水。至漢陽鋪塘茶尖，州備，人聲嚷鬧，不如找一柏陰下反覺安靜也。過石磵溝，其道亦難行，幸輿夫等走慣石板路，路左有一大石嶺，刻「蝦蟆石」三草字，形頗似。過鈔手鋪，度間溪大石橋，保寧府屬。進劍州東門公館宿站，共行程六十五里。似不止，有七十里。本州島茹尉廷刺史迎接並來會，運同銜，六十八歲，名漢章，行四，浙江會稽人，古菜曾孫。試用未入劉子卿名煊。迎接來會，茹刺史代求欲赴藏。到州時，值民間二賢祠求雨，始問余：「准否唱夜戲」？蓋恐嫌熱鬧，因告以為民求雨，決不以安閒自逸，遂送吉祥戲若干本呈點，因賜其銀一兩，令其擇「求雨戲」演之，因演《水漫金山寺》，殊有趣。然不能前往領教，一笑。戲未完，公然下大雨。陰，早雨微風。

二十五日　早發劍州，出西門，未出城即上山，蓋城便在半山上，過普翠山、鶴鳴山，皆難行，至清涼橋復上梁山，至柳池溝尖站。劍州屬。尖後又上山行，即垂泉山麓，頗曲折，下山復上大灣山，至武連驛。有古武連縣石坊，仍劍州屬。公館宿站，共行八十里。沿路山雖上下，幸皆石板，不過有石不全露土處，大柏樹間斷亦有，其濃處不減昨日。將至武連驛，下五里長山坡，未免覺陡，本驛驛丞迎接並來會。姓劉，名崇領，號子慎，行五，大興人，湖南南陵縣學籍。陰，路中微雨。

二十六日　早發武連驛，過石橋，一路陡山坡，石板路尚寬不難走，惟道里不近，未免登頓，至瓦子堐塘略歇轎，以合輿夫大嚼。過劍州交界，幫轎等得賞而回，即接梓潼縣輿夫。尚照常不怪，惟牽夫均戴漁婆帽，穿月白號衣，奇形怪狀，不能不大笑。余謂「一雨則旱魃出矣」。至上亭鋪尖站，此即《長生殿》曲本聞鈴之處。有石碣，唐明皇聞鈴處。尖後，行二十里，至七曲山，有七曲山、九曲水、文昌聖境石牌坊。至文昌廟，縣內遣禮房二人在此贊禮，先至武廟行九叩禮，復至帝君前行九叩禮，見觀星臺等古蹟。然有不典之塑像，似不可。左孔子，中如來，右老子。此乃僧廟，故敢如此也。對廟半山盤陀石晉柏，已枯，曾記朱文正公有自稱盤陀老人，即指此為化身。柏樹圍滿九曲山，亦大觀也。僧號木靈，送《帝君聖蹟全書》一函，並崇樸山詩石刻一紙，酬以四金，禮房亦

賞之。沿路古蹟甚多，俗傳有不可憑者。過陂去平來平，去陂來石牌坊，路稍平，不依山腰而行，倚田間石路而走，然上下坡，仍不免也。共行前後八十里，至梓潼縣，綿州直隸州屬。進北門，依南門公館宿站。本縣桂梓伯大令迎接，並來會。名梁材，丙子、丁丑兩榜，問「時奏是否本家」，告以「非是」。雲南昆明人，先兄號尚知之也。本泛把總劉紹華，號祝三，蒲江人。迎接，並來會。早尚陰，至武連驛口外，地甚濕，詢之乃居民求雨，夜間所潑水也。沿途似下站比上站雨大，詢桂梓伯大令，上下站雨均深透，大為之喜。晴。

二十七日　巳刻發梓潼縣，因站路無多，縣坐尖。過潼水大石橋一片田地，覺多日未見此景，仍行石板路，上山下山皆謂之土坡，蓋曾經滄海難為水矣。卅里石牛鋪塘茶尖，蓋來路未進鋪前，山凹內有天生石牛，現經劃去，於出鋪路左刻一石牛以為美觀，真是規方竹手斷，不值一笑。尖後行山坡石板路，羅漢寺在道右，據云有五百阿羅漢，因之得名，似頗幽靜，山環水抱，頗繞松竹之趣。過羅漢橋為綿州界，換牽夫，皆將其衣帽亂擲，待所換者仍與上站無異，亦可笑矣。萱花鋪停輿，看輿夫等喂大魚，其中極大者有四五尺，因水淺未之見。在萱花橋下，蓋多年養生池也，俗謂之「孤老院」，有團魚三四枚，頭不類常魚，似龍頭，亦游泳其間，乃稍紅，土黃色。又廿里，行稻田中，甚繞佳趣。至綿州魏城驛塘直隸州管五屬。公館宿站，共行六十里。署驛丞、花金和，號翠如，貴州貴築縣人。魏城泛外委，徐照，號瓊如，江蘇太倉州人。均迎接，並來會。晴，較熱。

二十八日　巳刻發魏城驛，因道不甚遠，坐尖，此處向無人住，蚊子非常多，所以南省萬不可無蚊帳也。沿途多土山，亦有高者，然比來路高峰峻嶺則小矣，皆石板路，有沿山腰，有越嶺而過，俱不甚險。至抗香鋪停輿，略歇。養蠶一路頗多，然絲不甚好，已有作繭者，黃白相兼，不似南省純白。亦有三眠者。田中已栽秧麥，多收成，蓋晚稻一歲兩收，實為樂土。惜地薄，下皆石，平地無多，上蓋土即可耕種，農工不惰耳，灌田可引山水河水灌之。其次，有極大陂塘，多蓄雨水，亦可用也。乘船渡涪江，即進綿州北門公館宿站，共行六十里。署本州島朱月卿直判、名錫蘭，行三，浙江會稽人，花翎三品銜補用同知，上以先兄甚精明，戊子鄉榜，下科進士。都司黎瑞剛，號寶之，行三，廣西宣化人，督右守備。均迎接並來見。綿州萱千總傅占奎及收管文牘監茶大使余釗，號鶴笙。來，未見。晚間司馬來，又痛談。晴，晚陰。

二十九日　月卿夫人送小妻、小女緞綢二分，綾二疋，粉二小瓶，蘋果露二洋瓶，筒蛤蜊四罐，俟到省再答報。昨日天頗熱，須找衣服，朱月卿直判又挽留，只得復住一

日。早會余鶴孫大使，痛談，為稽雨樓太守令甥，月卿刺史令坦，人頗沉靜，意欲赴藏當差，因許之，候到省再為諮調。晚間月卿移尊來公館，並約鶴孫同席，大為縱談。最可笑者莫過劉仲良制軍，曾在藩司江西時，為屬員所毆，後到川省，又與岐子惠元將軍打架，其粗心浮氣，自古大員中少見也。待參後離川省時，官民欲在重慶等處待之而甘心，只得由陝西逃遁，殊不成局面矣。[六]半陰晴，夜雨。

　　三十日　早發綿州，出西門渡一有廊木橋，順河堤走稻田，所過村屋皆竹木交加。田靠內清水一溪，靠外則有一河，名草石河，野航頗多，其風景甚佳。山雖不高，房屋、旱田均有，亦可助遠眺。且逢小雨，至皂角鋪茶尖始住，仍綿州備，尖後則上山坡俯視田間，亦縱橫如罫。過雞鳴寺，至羅江縣交界金山鋪塘公館尖站，茶尖卅里，尖站卅里。尖後仍在田間土坡行，路左有女兒坡，石砌之，有石碣題詩、題聯，其所以然，不得而知，俟考，大約節女也。過大石橋至羅江縣，進東門公館宿站，又行卅里，共行九十里。署縣顏威三大令仍本色頂戴。來會，並在尖站迎接。名觀宸，行三，甘肅皋蘭縣人，由一榜大挑到省，已六十二歲，稱余有有三之語，蓋謂京中無人不曉也。然談際似有痰，又似顛倒矣。典史、吳景文，號少奎，浙江首府人。千總署外委穆榮，號瑞廷，成都府黃城壩人。均在大石橋迎接，並來會。接鍾文叔自什邡縣來稟一件，已於正月到任。半陰晴，早小雨。

【校勘記】

[一] 吳注：《至斯堂記》云，是館舊為鹽道公署，規制頗宏。後移會垣，遂改建行臺，為星使駐節地，緣鳳郡當入蜀之衝，藏使貢差，輪蹄絡繹，萬不能無驛館以待往來。奈歲久失修，頹敗過半，每遇差使輒借考院居之，夫考院所以試士，非以應差，不過使節按臨尚堪遷就，倘兩差一時並集，則顧此失彼，貽誤必多。庚辰春，珂攝篆來茲，隨擬重加修葺，謀之邦人士，咸欣然樂從。惟經費浩繁，捐皆不易，爰於里局，素派差徭內撙節動用，即命局紳剋日與工，閱三月將次告竣。督學樊介軒太史適往試漢南，首先戾止文昌，新入邦舍增祥，珂因取封人得見君子之義，顏其堂曰「至斯」，用誌慶欣。光緒七年上巳後一日楚南侯鳴珂。號韻軒，湖南人。圖書中看出，識並書。

[二] 吳注：《鐵棊亭記》：「鳳州四面皆山，最近而巍然以高者，豆積山也。山已半石室呀然，中奉今果仙像，故道水繞其麓，清絕如海上蓬萊，世稱為『果老洞』云。洞之外，迤而平者丈許，有鐵棊遺跡，制頭奇古，余懼其久而淹也。因亭以覆其上，越月工竣，置酒於亭而落之，酒酣憑闌，見夫城郭市

廛、關梁道路，以及田疇之高下，山川之阻深，無不犖然在目。且余每遊必與邑人偕，凡民間之休若歲餘，得以周歷而省視之，邑之人亦樂與吾親而自吐下情，故歲收之豐歉，人事之勞勦，時觸於目而識於心。然則斯亭之作，非特維持古蹟，其於民風吏治，亦將大有裨也，豈惟是流連山水、吟嘯風月云爾哉！後之官斯土者，試於公餘之服，登亭而驗余言，必將葺而續之，以永於不朽，仍以鐵基名者，志神庥也。」

[三] 稿本原作「沿」。

[四] 吳注：過紫柏山謁留侯廟題，圯上取履事太奇，五日一約無乃遲。陳編往跡太公法，讀書安能王者師？我觀兵法，公素習。詭云：援受實權詞，不觀秦嶢下軍事，賈豎容易動以利，因其懈而大擊之，此乃兵家至奇計。傳言公乃韓公子，相韓五世為韓死，鐵椎一擊博浪沙大索。十日乃處匿，古來著書附會多，雖有此言，吾不取。不然，酈生請立六國後，何不翩翩歸故里？相韓之言亦虛耳，吁嗟乎！公之智略真猶龍，神龍首尾安可窮？大臣功高人主疾，龍準何能共太平？君不見蕭何賢相尚繫獄，國士淮陰就拘摯。公獨請從赤松遊，鴻飛冥冥安可求？公之英聲銷息四千載，至今但見紛紛賈豎持兵符。

[五] 稿本原作「楊」。

[六] 吳注：劉仲良與岐將軍打架為幕友臧吟焦勸散，為守府汪曉塘大罵，則家嚴從中調停，汪捐升而去。斯時署藩臺係德靜山，名壽，署臬係黃澤臣也。

卷 二

光緒二十九年五月初一日至八月二十九日

五月初一日　早發羅江縣，出西門，過企仙亭，西行至白馬關塘，顏威三大令送至此，因在龐靖侯廟，又謂之諸葛武侯廟話別此君，再三攔之不要遠送，必不肯，其呆狀有非可以筆墨傳者。靖侯之墓即在山半，所謂「落鳳坡」是也。下山至臨坎，自寶雞縣入山，經秦蜀一千六百餘里，至此方結。至黃許鎮有平石橋，鎮外連山，多至一百餘孔〔一〕。茶尖，過仙人橋、牛耳鋪，一路東山皆紅色土，甚長，亦別開生面。經三造亭，漢大司農秦宓墓，三造亭在墓前，蓋太守尤篆曾三造其門。至德陽縣，進北門公館宿站，茶尖廿七，宿站廿三。共行五十里。署縣陳仲鈞名洪材，廣西梧州懷集人，乙未一榜，行一，同知銜，本任灌縣實缺。迎接並來會，典史周濤號海峰，浙江歸安人。迎接並來會，會鍾文叔壽康由本任什邡縣來接，縣離此六十里。故人情重，並送程儀百兩，難卻之，晚間復約來痛話。昨夜雨，晴，微風。

初二日　早坐尖，遂發德陽縣。出南門，沿途皆稻田，山離道遠矣，過五里鋪、竹林鋪、大漢鎮，遇水皆有大小橋，毋庸涉水。至漢州屬小漢鎮茶尖，適逢場，即北方趕集。人聲嘈雜，萬難久停，略坐即行。經和順橋、金雁橋，此橋有廊，且甚長，工程可觀矣。進漢州北門公館宿站，前卅，後廿。共行程五十里。署州崔曉澄刺史、名寅清，行一，河南省城人，癸巳一榜，由記名同知署，人老成，不浮，年紀不過卅餘，不過少覺沾滯耳。外委，黃雲鴻，號福堂，湖北人，亦四川人。均迎接來會。路遇楊子輝，際春，本漢州人，守備四品花翎。因羅竹軒鎮臺平安，給岑雲階及余送馬，由甘省而來，遂到公館一見。晚間將馬送到，甚佳。並子輝送到點心四匣，小菜四罐，因二君皆恭勤公門下士，只得收之。昨夜雨，半陰，四鐘又雨。

　　初三日　早坐尖，遂發漢州。過方公湖，至石梯橋避雨，緣早間即有細雨，到此乃大下，不得少不避。至張華鎮茶尖，漢州備。過清白江有長廊橋，甚高整，現有破處已興工修補，此江因趙清獻公涉此，謂「吾志如清白江，雖萬類混其中，不少濁也」，因是得名。至唐家寺，又名彌牟鎮。此處回民甚多，有清真寺發賣牛肉者不少。新都縣備茶尖，大令即在此迎候。過督橋河，有石欄，自入蜀以來，每橋多有龍頭朝水上游，北方間或有之，龍尾拖於下游，似影龍馱一橋，北方不多睹也。過牛頭鎮，至新都縣成都屬。進北門，至桂湖作公館宿站，共行五十里，或云四十二里。桂湖為明楊莊介公升菴慎舊宅，有遺像，木閣水亭數處，河內滿種蓮花，已浮起青葉，並有對。楊公祠為國朝銜忠愍公雲舫子澄祠，天津亦有專祠，為敕佟鑒戰歿。公亦新都人也，有遺像。靠城牆上土堆，可望城外，沿河皆種桂花，雜樹亦有，無桂樹多也，水鳥飛鳴上下，或云鴛鴦，極有趣，其規模大有蘇州八旗奉直會館意思。署縣李文泉明府來會，名錦江，行三，由拔貢到川，山東青州府博山縣人，官聲好。蘇秀峰將軍因長少白未到任，署理。送到戈什哈等。人甚多，礙難記。並有由藏回川，又欲到藏官兵，在途迎接亦不少，亦難記其職名，皆交劉文通暫存。漢州有雨，未至新都滴水皆無。陰雨，午後晴熱。

　　初四日　本擬今日進省，昨晤李文泉明府，據云接成華雨首邑來信，眼前端午，備辦匆忙，可否過節於初六日進省？余答云，無妨，倩其覆信，即改初六日，故仍住桂湖。早晚間玩河內飛鳥，細審即鴛鴦，並有外間飛來一對，亦是。樹間有極小鳥翱翔，不過麻雀，一半黃頂，白黑身，頗有趣，又有兩深黃色水鳥，如鵓鴿大，在葦蒲中，均不知名。早細雨，午後半陰晴。

　　初五日　仍住桂湖，晤李明府談，昨日今日俱會客，大半謀求入藏。閒時各處閒遊，見樹木甚多，不知名者不少，蓋與北方大不同也。柳樹舒枝、垂葉俱有，惟尖葉中忽加寬葉，似楊葉，或古之所謂楊柳耶？不可解。晚間蛙聲甚夥，殊覺聒耳也。有老道甚粗鄙，本館捐得《桂湖圖》及石刻相送。半陰晴。

　　初六日　早間雨，在桂湖略用點心，拜別李大令，先遣眷屬進省，遂發新都縣。出西門，沿河過橋，大半錦水，水甚旺。至天回鎮，成都縣備茶尖，辭。因天氣不好，趕緊前行。越過土坡一二道，余謂歷過山路之餘波也。至欽喜庵，入拜阿文成公桂祠遺像，右為德壯果公楞泰祠遺像，緣與兩家均有世誼也。候許久，始有信，將軍制軍司道皆到官廳，遂前進，沿途馬步華洋各隊皆迎接。至官廳，將軍以次至道員皆恭請聖安，禮畢至官廳，與諸君略談。進成都府北門皇華館住宿，共行程四十三里。旋會首府縣，余客擋駕。早雨，午半陰晴，

晚雨。

初七日　早會蘇秀峰老哥，午後拜客，得晤陳鹿笙護院璥、馬介堂軍門維祺、吳蔚如學院郁生、趙樾村廉訪藩、蘇秀峰將軍魯岱、長如亭觀察春，其鹽道、各候補道、首府縣，俱未見。晴。

初八日　電底。外務部丞參堂鑒泰：五月初六日抵川省，桂霖尚未到，祈轉稟邸堂達各堂代奏，隨後具摺奏報，有泰叩齊。在公館本擬拜客，由早晨[二]即來拜會諸君，由制軍、提臺、學臺，以至候補道、候補縣丞，絡繹不絕，拜客比行路累，會客比拜客尤累。其中，候補道四人各有可取，趙孟雲鶴齡，雲南人，由庶常，人甚恬靜；同雲帥路過而來。趙永卿鴻猷，平遙人，乙榜，有才情，大怨雲帥。陳俊卿智偉，甲榜，兵部選駕，兩司行走，廣西人，趨向頗正，年歲不過卅上下。林和叔怡遊，福建人，出使各國，多年在外，人老成。半陰，有細雨。

初九日　早會羅與三觀察崇齡，現管武備學堂，不過數月，尚未大有成效，廣東人，與許稚雲認識。向冕卿觀察人冠，湖南人，管機器局兼銀元局，槍枝不過造毛瑟以前所造，皆成廢物，真可惜也。刻下經雲階制府整頓以後，或可改觀。聞晉勻航世兄在此局頗可幫忙，銀元亦曾辦過，刻下銀元藏內甚行，好消息也。會周保臣，據云巴塘有剌麻與番人開仗之說，商賈已不教前往。送來全席票一分，收之。午後拜客，皆未遇。晚間趙樾村來函，送到何守光燮條陳藏務一摺，並其先世《居易軒遺稿》及其詩稿《向湖邨舍初集》。晴。

初十日　早晨會客。劉祥甫觀察兆庚，山東人，頗穩練，乃兄江蘇候補道。牛太守，伊父曾作藩司，恭勤公曾打聽數次，頗知感激，且藏中情形亦知之，似吃煙景象，亦曾本省署缺。戴雲鵬為戴慎芳令兄，求入藏，僅有五品功牌。張述己保守備，歸督標，為張記穤令侄。早晨[三]先騎馬，便服到榮伯衡方伯處，痛談，二三侄皆見，並現其孫焉，亦好。未刻，護院陳鹿笙約洋務局，大飲洋酒，不覺大醉，回公館戌正。晴。

十一日　早會馬良成觀察汝驤，在警察局，貴州人，甲榜，人穩練，為雲帥所取，此時不甚得意。華建安觀察國英，貴州人，人精明，已六旬，在川卅餘年，從前丁文誠公[四]曾伺候過。包曙舫觀察，年甚輕，浙省寧波人，想家計必好，故捐花翎道員，諸事不了了也。祥大令、泰，號子卿，行三，正黃蒙人，與四弟認識，先在吏部筆政，現解京餉。張大令、其勤，號慎安，喬雨田同居。陳縣丞、昌先，據云曾在江蘇，不記。李漢卿太守宗淯，順天人，似有瘋疾。未得見。午後至滿城，晤額裕如大哥名額爾康，成都駐防，廣東臬司。已病不可支，乃癆症[五]，恐不久矣。

拜五協領。至蘇秀峰大哥處，約晚飯，座中制府、學臺、提臺，無外客也。回公館九鐘餘。陰，小雨，半晴。

十二日　早會余大令宗壽，為余鶴孫令兄，號仁山，曾經恭勤公保奏，福蔭五內院，為恩喜而來，因其通曉法文。便衣會榮伯衡，痛談，熱衷仍未退，蓋此亦旗人之本色也。午後，馬介堂軍門約本署、座中蘇秀峰署將軍、吳蔚如學臺、陳鹿笙署制府、黃愛堂署方伯數人，軍門華洋各酒皆備，華洋滿漢菜亦全，已為盛矣。不意所存百年餘米酒，其色似醬油，味則少酸苦，則在內多甜，其醇非可言傳，據云非至好不肯出，實將各酒壓倒，亦口福也。半陰，小雨。

十三日　早會前彬桂道隆書村觀察文，鑲黃蒙人。因發遣到此，蓋因拳匪所致，尚有晉勺航都護、榮伯衡方伯，各有各案，皆為義氣所動，以此遣戍亦可憐矣。王司馬克鏞，號序東，山東人，已補松潘廳，此地旗奉直東一會館，俱論同鄉。去年四月奉部覆，刻下尚未到任，旋送地圖一紙，非全圖，至巴塘止。祥子卿來辭行，解餉進京。午後，至龍茂道署長如亭觀察約音尊，蓋道內有一閒款，觀察不願私自入囊，遂葺一罩棚戲臺，仿照京式，規模少小，兩邊棚牌亦矮，其熱非常。戲中有崑曲，頓挫抑揚 [六]，尚不失節，惟排場太野，其次梆子腔，亦可聽，文場不與北方同，其二簧、高腔，則種種可笑，真聞所未聞。二簧不過不入調，高腔乃本地風光，幫腔者人甚夥，文場鑼鈸，尤令人耳聾，不能知其妙在何處。回家已亥初。點戲二，賞洋八，不過如此，大約各大憲皆如此，其次有六、有四，視官如何，外省通例也。晴。

十四日　夜內三鼓餘即雨，天明則大雨傾盆，雷聲大作，幸無客來，可歇一日。然天氣驟涼，與昨日大差，蓋此地雖伏天亦如之，下雨便涼，放晴便熱，不拘拘於時令，伏天果多雨，無有酷熱時也。恩大令澤由京託寄家信一封，送到，旋親來。陳縣左昌先送到燒豬、燒酒、點心，俱璧謝。伊雲蘇州曾在府當差，實不能記憶也，旋亦親來。共三客，均來見。前由張述〔為張化穡之任。〕送到蝦鬚、簾子等，亦璧謝。陰一日，大雨午後住。

十五日　昨讀京電，龍茂道長如亭開缺，送部引見，即其唱戲請客之日，旨意亦十三日所奉，何如此之巧，必有謂其高興所致也，一笑。早會滿營廣福田、善，行三，廂黃、正白滿洲二旗協領，人老成。廣心亭、績，行一，正黃、正紅滿洲二旗協領，人平平。桂丹亭、昌，行一，鑲白、正藍滿洲二旗協領，人平平。文筠安、錦，行三，鑲紅鑲藍滿洲二旗協領，二品銜，人精明，像好。何心源。清，行一，八旗蒙古協領，二品銜，人穩重，營內種桑即其料理。范、余二委員來，因與其痛談。午後寫家信，

敘廣源難提款，此處亦難張羅，分發須細斟酌，川省宫場難久待，民間匪會甚多，恐難居，此間親友好。**覆鍾叔佩**［七］**三信。**昨接信為鐵弟分發，告以款項難措，川省亦難久居。**寄溫壽臣信。**此交隆海，令其勿庸告人，以後提款，須憑圖章，並詢前匯號，不應借。**統由祥子卿大令**泰赴京解餉之便寄往。陰，細雨。

　　十六日　早會曾柏厚大令、福謙，福建人，甲榜，曾官直隸司刑部，同寅，現因欠款來。史幼安大令、亦傑，直隸樂亭人，著《全史宫詞》乃其令祖，現已另補會館值年。何縣左、樹森，為藏中辦理交涉，何觀察光燮令兄，人甚呆，欲入藏。張澤周巡檢、泗，雲南人，蘇秀峰薦，欲入藏，麗江府有入藏路，人年輕，去年來川。余委員已見方伯稟明隨入藏，因痛談。榮伯衡方伯送到燒羊肉等物，指明給妞妞，只得領之。富娃子來，送到黃酒、本地造，甚甜。醬油，已大高，長成人矣。晴，夜雨。

　　十七日　會周保臣，送到應領款項單。蘇秀峰將軍片送派赴藏換班，委筆帖式四人，德音、斌迪歲數稍大，戴福、惠倫似歲數稍小。午後，會桂香雨霖，今日始到。幫辦大臣，即住西公館外間，通一角門，旋回拜，即由角門去，免乘橋也，然彼處放炮如故。晚間飯後，香雨便衣過談。晴陰各半，燈後雨。

　　十八日　會楊子輝都司際春、陳星三千總，金山為楊親家。俱四川人，痛談。武員皆以岑雲階為然，文官雖受恩者，亦有微詞。並送到扇子六把，鄉醬肉二塊及餑餑兩匣。榮伯衡來劄，薦寶豐銀號亦管匯兌，老闆為喬英甫，山西人也。周保臣曾薦日盛昌老闆，亦姓喬，山西人也，然駐藏者何能驚動如此闊人，可發一笑。晚將《籌瞻疏稿》送香雨一看。半陰晴。

　　十九日　會喬英甫，世傑，山西介休人，寶豐銀號，原寶興隆金店分。陳鹿笙制府、吳蔚如宗師、黃愛堂方伯，皆來談。因拜香雨未遇，故過此鳳苹堂太守，痛談。與敘州府文仲雲郎舅，現因仲雲交錫制府［八］查看，大為扼腕，無如之何也。半陰晴。

　　二十日　過香雨公館，會馬介堂軍門，旋回。解叔平觀察秉和，雲南人，初到省，為解煜之子。蕭子蕃刺史富毅曾入藏，乃隨桂使臣而來。華陽伍介康大令來會，無事。成都何璞源大令承道，湖南人，因新到任，徐季桐大令已交卸。秦介人大令宗藩，先兄門生，人精明，肝疾甚重，難入藏。周錦卿玉標，候選訓導，為保臣令任，不甚了了，未出書房神氣。劉子卿未入，煊，乃劍州茹蔚廷所薦，似亦呆氣。喬奉臣名懷玠，山西平遙人，保臣所薦，為日升昌老闆也。人俗，不如喬英甫。找范湘梅、余鶴孫談。半晴陰。

　　廿一日　會榮伯衡，便衣而來，留其早飯。蘇秀峰將軍來，亦痛談。把總

程林號品成，順天人，入四川籍。為秦介人親戚，意欲赴藏，年廿九歲，人尚規矩。楊子輝來，送果席、璧謝 [九]。回來其令親欲拜門，即止之。恩禧太太送點心，指明給內眷，且係同鄉，不好卻，敬領而已。半陰晴。

廿二日　會鹽道吳蓉甫觀察，因病未愈，今日方銷假，山東人，頗明晰。因談奎樂帥 [十]，謂其在此政聲甚好，不意為蔑劣紳，以致京員亂說閒話。鐵寶珊副戎珍，四川人，行二，五十九歲。曾經隨文仲瀛 [十一] 使者進藏，其情形甚熟，亦有見識，西域人。余客未見。倩范湘梅寫信致合盛元匯莊岳朝宗，在陝所借議平紋八百兩八釐息。三月期，利十九兩二錢，一併歸還。及曾健齋長安縣大令，告明撤券寄川。晴，熱。

二十三日　余鶴孫攜來第五號《大陸報》一冊，內載藏事難辦一條：「駐藏大臣有夢琴都統，近將赴藏，適接裕大臣函，稱『藏地時有俄法弁兵遊歷，近更測繪地圖，致藏民多生疑懼，雖經多方勸解，而彼來此往，兼有番苗教民�雜其中，實難調和。』云云。有大臣即面請樞密，指授機宜，以便起程。」等語。乃一片無稽之談，不過吃東洋飯者，代英國極惑聳聽而已。過桂香雨都護處閒談，將外部所繪圖二張，刻條約一本，鈔電一本，鈔案八本，送其閱看。秦介人送來全席，收之。蔡伯坤炳乾，四川人，乃楊子輝令親，貢生。送到自書詩團扇一柄。晴，熱。

廿四日　會同保臣、署臬臺趙樾村廉訪，人甚正當，與香雨亦多年認識，頗識大體。找余、范二委員談。昨夜甚熱，今日雨。

廿五日　秦介人為澗泉先生後人，由安徽太平縣移居江寧，其無錫秦小峴乃秦檜後人。三哥來談，其病乃肝疾所致，誤服附子、乾薑等藥，大汗不止，幾乎莫救。此南方好用熱藥，與北方好用涼藥，同一失也。找范湘梅、余鶴孫談，將京內購得鍾午亭先生 [十二] 所鈔《入藏須知》等書，倩其一看。香雨來函有投稟，意在挾制干求，問如何辦理，覆以可束之高閣，似此等無知人諒後來不少，不能一一駁詰也。陰雨，覺陰涼。

廿六日　早會羅芸生太守以禮，癸酉一榜，行二，雲南人。現已被議。因馬介堂軍門在香雨處，談及此君，人頗直爽，可以約其入藏，面詢之，刻在護院處辦理文案，且多病，不願赴藏，只得罷議。晚間，香雨來閒談，打聽伊行四電報局送到邸鈔，岑雲階文武川員參去多人。早陰，午後晴。

廿七日　會楊子輝守戎，欲回漢州，即回川省，前羅總鎮竹軒送馬，即致信謝之，交子輝帶往。伊親家陳金山亦來會，守戎旋送佛手乾、金橘乾各二包。

晉芍航都護來痛談，已留長髯，詢之才五十三歲。晚間，余鶴孫送菜一桌，並紹酒一壇，甚佳。楊順送燒羊肉、燒鴨子等，未免外家管家舉動矣。半陰晴。

　　廿八日　早會秦介人。廿四日為岑雲階所參候補縣秦宗藩，貌似有才，跡實放利。詢之，貌似「有才」既不敢當，「放利」二字更不知何從說起？想得罪同寅，事所不免，未知在雲帥處作何讕語，以致如此。又直州判范啟榮，行為卑鄙，有玷官箴。詢之湘梅，據云護院陳鹿笙第六子，第五子名大詰，第六子名宗詰。將一妾寄於前藩經歷署，待其署任，未能將此女逐出，為岑雲帥訪出，以為伊之迎合，未明其所以然，竟入劾章。然有保案，竟將護院第五、六子皆列保，湘梅則真抱不白之冤，甚為可歎。晚回拜客，至吳蔚如學臺署赴約，座中桂香雨使臣、陳鹿笙護院、蘇秀峰都護、馬介堂軍門，無外客。回公館已戌正餘也。劉子卿未入〔煟〕，送到尺頭、食物等件，皆璧謝。半陰晴，夜雨。

　　廿九日　接馬軍門陳護院送到電信，打箭爐報：里塘已有捷音，似可無事。又護院因喬令震生因要差未得進省，旋復之可以不來。晤余鶴孫、范湘梅，痛談。鶴孫送到亂黨所著書並照相，一派胡云，殊堪髮指。半陰晴。

【校勘記】

　　〔一〕稿本原作「空」。

　　〔二〕稿本原作「早辰」。

　　〔三〕稿本原作「早辰」。

　　〔四〕吳注：寶楨。

　　〔五〕稿本為「證」。

　　〔六〕稿本原作「頓錯抑楊」。

　　〔七〕稿本原作「叔佩鍾」，筆誤。

　　〔八〕吳注：良。

　　〔九〕稿本原無「謝」，疑缺字，據文意補。

　　〔十〕吳注：俊。

　〔十一〕吳注：海。

　〔十二〕吳注：方。

　　閏五月初一日　昨晚香雨送到到川日期摺底，今日自擬一摺底，大略相同。晚間覆函倩香雨刪改。夜間四鼓腹泄，早晚七八次，頗憊。香雨欲來，擋駕。接護院陳鹿笙燈後來信。送到巴塘糧務曹銘、都司馬雲飛來稟，有丁林寺

喇叭因被搶劫，積怨撤去烏拉差站大道。刻下來往文報不通，其中恐有使者，則西藏危矣，令人不得不想鹿滋翁辦理瞻對，竟為無知小人所阻也。晴。

初二日　會馬竹君府經名吉符，安徽省城人。為介堂軍門薦來一談。因詢軍門時常寫字，旋送到臨《錢南園中山松醪賦》及《岑公祠記墨刻》各一份。驍騎校江少韓潮，成都駐防秦介人介紹而來。為恭勤公舊部，人頗明白，藏內大局談之中肯。黃愛堂方伯、趙樾村廉訪、吳蓉甫觀察約洋務局晚飯，因病未見大愈，敬辭。香雨送回代改奏底，晚間，約香雨世兄老二、老三及其孫世兄汴生、定生到此一耍。半陰晴，夜雨。

初三日　會周保臣，將其令侄字樣拿來，尚不成格椠。秦介人來，將恭勤公詩送到。找余、范二委員談，有委筆帖式斌迪所寫奏摺樣，甚佳。到香雨處一看，伊仍服藥，肝疾也，痛談時事，則大罵不絕。半陰晴，燈後忽大雨。

初四日　會李漢卿太守宗潮，順天人，湖北本籍。住京內大耳胡同，為朱崧生觀察舊交，乃李伯勳炳麟令叔，年已六十四歲，尚欲進藏，似非安分人。貴大使善，號葆初，本城駐防，正黃蒙人。乃一榜，曾在文叔南 [一]、松壽泉 [二] 兩先生宅住過，似教書本色。找余鶴孫、范湘梅，將奏摺令斌筆政迪寫，字甚乾淨，可嘉也。半陰晴，晚雨。

初五日　會何心源協領，將其營內所產絲斤並所製闌干拿來一看，絲內白者少，較細，價亦昂，黃者多，較粗，價低。據云此地產黃者，蠶蛾雖單提下子，白者仍變黃色，且有一種葵色者，地土使然也。晚間，約啟彬老二兄弟叔侄來耍，各窗課攜來一看。老二天資略差，然亦粗通，老三啟彰已成規模。汴生賓彝則大怪，筆下非常老道，膽量亦出尋常童子萬萬，時年十一歲。晴，微陰。

初六日　會綿州朱月卿直刺史錫瑩，由州因案來省面稟，因痛談，是非尋常俗吏可比。晚香雨來，將其條陳摺底攜來一看，議論宏通，深可佩服，蓋為粵、滇、黔三省遊匪，須擇大員居中控制之意也。晴。

初七日　天時忽涼忽熱，總覺不適，蓋川省出太陽則熱，陰雨則涼，大有廣東天氣，尚不至若彼省之甚而已。晚到香雨處一談。半陰晴，似有霧氣。

初八日　昨夜忽夢華莊夫子，請問少年等應讀何論刻本為是？師云《藝海居》。復問「藝」字是否「六藝」之「藝」？師云，然，並云此中賦亦好，殊不可解，不知論本有此名目否？頗似上海新出名目。早恭閱營內包摺，其所用外夾板等件，與出差不同，大約各省亦一處一樣，未必同也。會朱月卿三哥，痛談循吏之選，然賠錢者甚不少，

竟有循吏不可為之勢。陰雨一日。

　　初九日　辰初刻在公館，敬謹拜發摺一件，安摺二分。此處禮節，設香案一，向東係望闕之意，燭雙輝，香爐一尊，焚檀香，禮生贊禮，有吹手，衣淡紅衣，捧摺乃旗營官。至儀門外，馬夫跪接，隨升炮三聲，官道喜，禮生討賞，不過六百文。此禮之不可解者，亦從先兩次充隨員所未見者。香雨亦於是刻拜發，聞有附片二件，一知之，一不知也。陰，雨。

　　初十日　會朱月卿，痛談。明日即回綿州，送到兩大罐花雕酒，乃丙戌，至今十八年矣。桂香雨來談，未數語回，學臺來拜，遂回。致護院信。與香雨會，銜詢里、巴塘近事。陰。

　　十一日　會前龍茂道長如亭兄，明日啟身進京，係奉旨送部引薦，然已六旬，未卜功名如何？吳小謹縣丞崇光，係陽湖縣人，因盛侍郎派電報局，現已撤差，派警察局。意欲赴藏當差，然人多恐無安置處。三鐘後，給如亭送行，並拜客。晚接陳護院來信，里塘亂事已電達外務部矣，特送信來。晴。

　　十二日　早會稽芝葆世兄祖佑，候選，從九。為庾樓太守志文大令郎，弟兄二人，太恭人在堂。送到藏圖一張，地分五色，並有分界紅線，甚佳，外注說一本，乃庾樓所著。午後香雨來，談許久，陳護院來談，遂過香雨公館。晴。

　　十三日　會署成都府雷仲宣太守，行二，鍾德，陝西人，辛未甲榜。因談及路閏生先生古文散體諸作，曾經朝邑相國附梓，因庚子先去，旋送到《樨花館全記》一函。沈端臣司馬繼賢，浙江人。為沈觀察壽榕之子，與恭勤兄同官滇省觀察能虎之胞弟。江少韓潮驍騎校、多縣丞福俱來拜，痛談藏中事。申刻，赴貴州館園亭尚好。尹王祠，畢建安國英、馬良成汝驥兩觀察約，備酒為貴州茅臺燒酒，好極，亦熱極。座中香雨、鳳莽堂、全，行五，現護龍茂道直隸州，列旗員中錚錚者。陳俊卿觀察智偉，無外客也。半陰晴。

　　十四日　會榮伯衡，留其晚飯，談及張香濤[三]制府有留京之語，未審確否？會范、余二委員，痛談。陰，雨。

　　十五日　黃愛堂署方伯。備文送到豐折銀，即交寶豐代存。午後，同香雨出南門至武侯祠一遊。前殿供昭烈帝像及蜀漢諸臣像，有正殿，有兩廊。後殿供武侯像，有銅鼓等器，對聯甚多，祠後謁昭烈帝墓一瞻，並到其花園一看，殊少佳趣。半陰晴。

　　十六日　與范、余二委員閒談，范湘梅贈詩六章，未免譽之太過，實不克當。會喬英甫，立摺一件，面收豐摺銀，即收摺內，以需用時支取。晴。

十七　會署理雅州府楊子庚太守，_{儀成，江西人。}詢之，六十七歲，人入五十歲餘，曾官兵部，到省已卅餘年，五十二歲始得子，今已四人。周保臣痛談，因電杆被水，恐須下游親往一勘，並送鮮花八盆，不好卻之。曾伯厚大令_{福謙，曾官刑部，同為直隸司寅友}。來，未得見，送到《夔門送行詩》兩部，蓋令奉節時臨卸任諸文士贈行去思之意。早雨，午晴。

十八日　_{鳳第堂、榮伯蘅均送到鮮荔枝一盒。}會秦介人，仍託人情，蓋困窮已有斷炊之勢，然被議人實力無所施也。沈端臣司馬_{繼賢}來，痛談舊玉，送乃翁_{名壽榕，號意文。}《玉笙樓詩集》並《續集》，與先兄滇省舊同寅也。並攜來隨園老人小照三張，《歸娶圖》《六十圖》《杖朝圖》，各有意味。《歸娶圖》尤為新穎，題者有五六人，並《隨園圖》其規模甚大，真享盡人間之福，不多賭也。端臣與彼有親，故攜來一看，實眼福也。晴。

十九日　早香雨過談，晚間復找其痛談。會馮夢華廉訪，_{照，江蘇人，丙戌探花，由山西河東道升此。}談京內大學堂學生時常聚眾與管學大臣亂鬧，並聞東洋諸遊歷者亦聚眾打電謾罵政府及外務部，將成肇亂者之基，可奈何。找范、余二委員談。晴。

二十日　午後，同香雨出南門至少陵草堂一遊。內有活水，竹子甚勝，上可干霄。水內有放生魚，以熟食喂，喂皆上。所祀在後堂，中為杜少陵，左為黃谷山，右為陸放翁，扁對頗多。及有榻而售者，購得鄭板橋_{墨榻}。竹方八塊，何子貞綠榻對聯一付，絳州楊準朱榻篆聯一付，《少陵草堂圖》墨榻橫披一張。旁有廟，俗僧約住，告以不願前往，勿庸預備，遂掃興而去。浣花夫人祠亦未去。回時至二仙庵，祀呂純陽、韓湘子，故以「二仙」稱。此處花木甚多，有觀音蓮，又謂之地湧金蓮，其葉似美人蕉，花黃色，連形，有棕竹。一蔬菜似粽葉，下乃竹木。後園有活水，且有蓮池亭臺，甚幽靜。臨行道士贈兩人蓮花各一朵，洋海棠各一枝，亦韻事也。到公館已掌燈，晚飯起更矣。陰，悶熱。

二十一日　在公館，找范、余二先生，擬欲作轎一乘以入藏，緣京轎太大，恐不適用，箱支亦須改小，殊費事也。陰，悶熱。

廿二日　黃愛堂方伯來閒談，亦歎時半之難為力，范湘梅送到當鋪所售書畫數十軸，因留得汪文端公一幀、陳玉方字一幀、羅辰畫一幀，不知為何許人？陰，悶熱。

廿三日　喬英甫來，未見，將應領津貼交其收付藩庫。借湘梅《花月痕》說部一看，為湖南人所作，寓意於郭意誠 [四]、左文襄，乃詞賦詩駢體作家，

亦可傳其書也。陰，晚雨。

　　廿四日　湘梅送花籃屏四幀，鶴孫送扇子一柄、酒杯八枚。旋贈二君小刀各二把，煙壺各二枚，禮有往來，殊可笑。陰，大雨。

　　廿五日　會馬介堂軍門，痛談。回桐溪公館，道上多泥水，礙難過去，只得請軍門自行前往。半陰晴。

　　廿六日　會周保臣，所觀電線局內，前有斷絕之信，刻下均已收整，並云乃求侄玉標擬入藏裏辦筆墨，不意病故，殊為可惜。午後香雨來，痛談。遊少陵草堂得五古一首見示，旋送到《哀蟬集》，蓋悼亡之作，一往情深，令人不忍卒讀。陰。

　　廿七日　連日辦理入藏賞耗，真是官事向無肯用中等，視之萬難。此次雖不必用上等，然再次太不堪用，必致如蒙古領賞，沿路棄之，亦殊非柔遠之道也。湘梅覓得楹聯一對，乃隨園所書，從來未見過，然不知索價如何？早雨，陰。

　　廿八日　昨夜極大雨，時甚久，並雷電交作，聞本門外有沖去房間之說，公館廊下竟成兩池，水井並溢出。據聞地方有求晴之說，未知確否。找范、余二君閒談。晚飯後到香雨處一談，聞有藏中英國至乾壩議關消息。陰。

　　廿九日　聞地方官求晴，已禁止屠宰，理應如是也。會鹽道吳蓉圃觀察，閒談。接朱月卿來信，送到綿州桃六簍，三百六十枚，然已多半黴爛，此為川省著名之桃，尚不及董四墓，更無論山東肥城矣，分贈香雨廿餘枚。鳳觀察亦送到數枚，想亦綿送。半陰晴。

【校勘記】

　　〔一〕即文淑南。吳注：碩。

　　〔二〕吳注：淮。

　　〔三〕稿本原作「張湘濤」。

　　〔四〕稿本作「郭誠意」，應為「郭意誠」，《日記》他處皆作「郭意誠」。郭意誠，為曾國藩遠親，湖南地方鄉紳。見徐哲身《大清三傑曾國藩左宗棠彭玉麟》，時代文藝出版社 1994 年版，第 133～151 頁。）

　　六月初一日　昨夜大雷竟震醒四處，三點乃傾盆大雨，間斷整一日，西廂屋內挑水數次，或云住房各戶無不踏水而行，屋倒牆塌，各巷皆然，恐或澇災，奈何！陰，雨。

初二日　找兩委員閒談，將公忠親王墨榻裱得。晚間香雨處三小孩來，拿文本看。晴。

初三日　會鳳荓堂觀察，擬赴灌口，聞水甚大，欲往祈禱，為地方亦當盡之事，約來閒談，遂過香雨處。有任玉瑞者，不知何許人。據稱恭忠勤兄門生，因張花穠所介紹，報於門下，連日來不識，果然否？未見。今忽遞一稟，仍欲求見，稟詞殊覺不通，聞有四十餘歲。晴。

初四日　早往拜黃愛堂方伯，換朝念頂戴。陳鹿笙制軍求寫匾對，馮夢華廉訪未遇。馬介堂軍門求寫一匾，要其朱榻大對聯一對，並遇鳳荓堂觀察，略談。趙越村觀察求寫匾對，署雅州府楊子庚太守未遇。回公館已午初餘矣。馬軍門談及馬竹君府經吉符，人甚可靠，課約入藏。早陰，午後小雨。

初五日　午後，過香雨處閒談，伊廊下均水，與此公館相等，惟兩石池內各種紫荊一株，刻下盛開[一]，頗饒佳趣。沈端臣送到戴夫人蘭英烋燈課子圖，為袁氏婦隨園老人自題詩，如錢竹汀、阮太傅、余秋寶皆有題詩，乾隆間名人甚多，想亦袁家約來。早雨，午後陰。

初六日　找范、余二君閒談，備藏內應用各物及移新居什物，前數日長發美綢緞鋪周姓，為保臣本家。送借幾綺，商酌可留用。周保臣問鋪墊如何，只好臨時再購。陰雨，半晴。

初七日　將洋煙找出品之，入藏或可帶往三四瓶。晚間香雨來痛談，託其品煙，伊雲上等之物也，遂取其所存膻味一瓶來，雖乾，亦不易得矣。會署建昌鎮夔州協英芝圃，秀，極俗。半陰晴，雨。

初八日　找余鶴孫買書。約啟仲儒世兄三人午飯。因昨得小圖章一，小招疊椅四，故有此舉。皆喝醉，均是小孩，有在此有回去，都入睡鄉矣，有趣。會秦介人，送到恭勤兄白摺數開，乃臨《褚聖教》，惜不全。晴。

初九日　會馮夢華廉訪，略談。何璞源、伍介康兩大令因護院十六日壽辰，凡本城各憲皆送禮，問兩駐藏如何？香雨本在此，已回。晚間復找其商酌，只好兩人共送一分禮物，以解嘲而已。晴。

初十日　會黃愛堂方伯，因前道喜，特來謝步，痛談。陳鹿笙制府自壽詩四首，興致甚佳，不似七十歲人，亦見其壽徵也。半陰晴。

十一日　午後香雨來，痛談半日。得紅蘭主人山水一幀，請其鑒定，據云可存，彷彿在某堂曾見《紅蘭小傳》，香雨雲，係出《照影雅頌集》，待查。晴。

十二日　會周保臣，謝其刻圖章一方，因品煙，痛談。余、范兩君因看《玉

記》，大講舊玉，殊可笑。見江少韓驍騎潮，伊曾入藏，為恭勤公辦摺奏，此次亦願襄理。晴，晚雨。

十三日　余鶴孫、范湘梅衣冠來謝委，未見。飯後往見，約明日早到。多縣左福來見，擋駕，留藏圖一張。晴。

十四日　辰刻出北門，到昭覺寺，便衣赴。趙寶臣、余鶴孫、范湘梅公約在彼早晚飯，並有五果，老排場也。廊內有藏經閣、如來殿、觀音閣，皆甚莊嚴。省中大荒林田地最勝，府縣有案不准再置產業，亦可知其進項矣。岑雲帥令其每年捐助賑銀千二百兩，遇閏加增一百兩。所存有黃慎畫獅子大條，王守仁行草書大條，皆真蹟。王曾鉤勒上石，主持中恂亦能書，因蟲蛀木榻本，後書之，亦刻石，可另備一格，然無大意味，其竹禪僧畫甚多，頗俗。半陰晴，晚微雨，連日甚熱，今日熱尤甚。

十五日　早辰給陳鹿笙護院拜壽，未得。下輿，回拜英芝圃總管，拜鳳荍堂觀察，得晤，談。並得晤鄉紳陳子鈞京卿，名光弼，為前東邊道陳觀察本植之子，年卅餘。午後，鹿翁約看戲，辭。周保臣送到皇太后御筆「福壽」字，裱成並作長匣，皇上御賜「福」字作長匣，外送到大圖章二方。晴，甚熱。

十六日　陳護院約音尊本署，因天氣甚熱，且肚腹不適，辭之。香雨因有家祭，亦未去。買的大理插屏、小銅瓶水池各一枚，均係不高之價，聊為進藏之需可也。昨夜雨，晴。

十七日　會徐松齡照磨，鎬，行二，浙江人。由打箭爐來，聞藏中尚安靜，曾蒙恭勤公保過，人頗爽朗。趙樾村觀察來辭行，赴瀘州鹽務局。桂香雨來閒話，據云藏中已有洋人進去之說，未知的確否。昨夜雨，晴。

十八日　辰刻，給趙樾村送行，未遇，回拜何心源。江少韓投刺而已。拜蘇秀峰，大談，回公館已午初矣。找范、余委員談，託裱字畫，均送到。買香爐等件，又須安家已，一笑。晴，晚雨。

十九日　會舒紹夔刺史良甫，雲南人，新到省，不過四十歲。沈端臣略談，並在文案處見三委員，並介人世兄四川補用巡檢秦趙奎，卅餘歲，人尚精明。奏摺已奉批回。晚找香雨談。早間寫《心經》一卷。半陰晴。

二十日　給周保臣劄座辦理文電，來謝，未得見。何心源擬約看營中紡織局，刻下尚有水，不便，未得見。姬人特買舊玉釧，價二十金，頗不為昂，有「壽命昌宜庚〔二〕王」六字，用之小圖章一方，五色俱備，且含水銀片。以作余入藏送行之物，蓋真古玉可避險，乃素所知也。半晴，早雨。

二十一日　會周保臣，在書房，有范湘梅、余鶴孫、江少韓，痛談。前駐藏安仁山成於今日到省，年已七十一歲，聞均平安，因遣差官往迎，伊所遺幫辦，即香雨應補之缺。香雨午後來談，其家事，真有難以言傳者。買川椒所治蒲扇數柄，頗適用，及前次草絹長扇，可愛也。晴。

二十二日　會秦介人〔三〕，談及家計吃飯，皆不易，蓋人口甚重，謀衣食子弟皆乏人也。安仁山使者來，甲午生人，今年正七十歲，非七十一。湖北駐防，身子甚堅實，看之不過六十餘。據云打箭爐給留下賬房等件，殊為可感。晴。

二十三日　會馬介堂軍門，痛談。找余、范委員談。接護院陳鹿笙方伯處送到外務部公信一封。陰，午後雨。

廿四日　辰刻回拜安仁山都護，得晤談，人甚爽朗，與裕子維〔四〕不大和協，所談子維行徑，未免笑人，大約皆左右挑撥所致。給舒紹夔刺史謝步。書房見四委員，略談。半陰晴。

廿五日　會已革知縣恩松崖，澤，行二，京旗漢軍，松壽泉門生。翻譯舉人。接長菊岩來函，擬充坐探，無如已有人矣。蔡伯坤優生，炳乾，漢州人。為揚子輝文武同案，人頗精明。找周、范、余委員閒談。看桂香雨，痛談。晴。

二十六日　寅刻行裝，余暖帽，紗頂紗沿，出都即如此，未換涼帽，香雨亦換暖帽。赴會府即呼會府街，或朝會之意耶？萬壽宮。先便座，禮生報三擊鼓，請行禮，分文東武西，將軍第一，提臺第二，余第三，挨次排班。始則將軍提臺謙讓，告以燕坐則可，此係朝賀，應按品級為是。行九叩禮，禮畢，至門罩下，按文東武西坐班，飲奶茶。無奶茶，以杏仁茶代之。撤班，復便座，外間笙歌高奏矣。略談，回公館。去不升炮，回時升炮，外省皆同也。晤余、范、江三委員，田德買抓筆並金斗筆。聞啟伯熊由京來，即遣人往看。晴。

廿七日　找四委員閒談，榮伯衡方伯來，留其早飯。午後，啟伯熊世兄來，略談。半陰，晚雨。

廿八日　找委員閒談。擬看啟伯熊，因天熱未去。晴，晚微雨。

廿九日　衣冠至香雨處，給伯熊謝步。會喬英甫，痛談。收摺子，交其應入應出者上之。晴，晚微雨。

卅日　會渠縣知縣業子芳大令，普春，行二，前戶部同寅。其累甚重，此外官之無如何事也。馬竹君二尹吉符，因馬軍門所薦欲赴藏當差，只得歸入諮調。人尚安詳，與軍門皆回教人，竹君籍安徽懷寧。晴，天涼。

【校勘記】

[一] 稿本原作「勝開」。

[二]「矦」，古同「侯」，本初保留原字。

[三] 稿本寫作「價」，應為筆誤。

[四] 吳注：「鋼」。

七月初一日　找四委員閒談。鶴孫送移居賀禮藏鑄觀音佛一尊，文待詔無款山水屏十軸，藍面洋勺、洋壺各一件，只好領謝。馬介堂軍門約初三日晚飯，因伯衡是日約在先，辭之。香雨來，痛談，其子之未可言傳之胡塗，奈何。晴。

七月初二日　找委員閒談。湘梅薦一湖南人，買書案一分，書架一分，製造甚精巧，此人並帶到《西藏圖考》《峨山圖說》各一部，均留用。賣木器人，忽賣書，亦可怪也。會吳小瑾二尹崇光來見，情願入藏，因約之歸諮調。小瑾為陽湖人。晴。

初三日　辰刻出東門至望江樓，新作綠泥轎已得，即乘之，京來之轎太笨。榮伯衡、喬英甫約午飯，座中余鶴孫、范湘梅、周保臣，無多客也。座設高臺，一面臨江，來往風帆大似蘇常風景，一面臨稻田，黃雲無際，綠樹成林，遠接東山，頗饒佳趣。其樓有極高者，與同仁僅至二層，座落甚多，且賣尋常茶飯。錦城外第一佳處，又謂之雷神廟，又謂之薛濤井，井尚存，並離此數步有薛濤墓。濤為唐妓，號洪度，其井即造紙所用水，至今流傳，薛濤箋指此也。對聯匾額甚多，憶幼年見榮祿公手錄本，有薛濤井一聯，不知曾否專刻懸之，覓之無有，然至今已五十餘年矣，大半懸刻皆同光年間者多。回館已申初。由湘梅代購錢文敏公維城山水條幅一幀，此為常州子明兄上筆。晴，微陰。

初四日　找委員等閒談，題《富貴浮雲圖》，為黃子厚所繪先影者，為周保臣、余鶴孫、范湘梅〔一〕又買抓筆、京斗筆數支，並大墨兩坨。陰，微雨。

初五日　會榮伯衡，送來自薰煙一壺，甚好，不過略濕。找委員等閒談〔二〕，因居諸位皆幫忙，殊可感。伯衡亦曾前往，文通為大眾所愚，呈上洋鐘、洋燈，令其估價〔三〕，殊可笑。陰。

初六日　辰刻赴昭覺寺，馬介堂軍門約早飯，座中晉芍航、桂香雨並本寺主持中怐，帶去洋酒及泡燒酒，並本寺花雕酒，亂喝一氣，不意將中怐灌大醉，竟立腳不住，用兩僧扶之，頗可笑人。臨走，每人送鍋巴一包。回公館已申正矣。在廟陣雨。陰，午後雨。

初七日　找委員等閒談，諸君送到賀帳等件，無法璧回，然太覺費心矣，可發一笑。香雨來，痛談。陰，微雨。

初八日　辰起，在外間恭紀皇太后恩賜「福壽」字，因已裱成，頗不易書，大汗淋漓，許久方得恭書訖。晤各委員，道謝。會張兗甫觀察九章，山西平定州人，與石春亭有親，離其家十里，亦鄉居，同張石洲先生同姓不宗。聞祁文瑞公京內四眼井舊居，刻已售於俄國。半陰晴，溫熱。

初九日　午後至東玉沙街看新居，周保臣、余鶴孫皆在彼幫為料理，殊可感也。晚找香雨，痛談，將公事及外務部信件拿回。半晴，甚熱。

初十日　杏姐於卯刻生一子，乃蓉格之後，無如姬人早知，並未告明，以致遠路帶出，殊可險也。起名炳燊，因五行缺火，合六層火，乃祖恭勤公所蔭庇也。然乃父生於蜀地，伊亦生於蜀地，甚奇。乳名為錦柳，取其錦城所生之意也。辰刻至新居，將字畫掛起，諸處略為安置。會馮夢華廉訪，大以極峰老陳為非，左峰老黃為不然，作賞耗綢緞長發美。五品銜候選知縣周華圃芝清及其少爺少圃釗，送到畫對等件。晴。

十一日　辰刻並家眷移於新居，諸委員及喬英甫太守、周少圃均來道喜。委員中花翎知府用分省補用同知周祖佑，號保臣，四川人。前四川試用直隸州州判范啟榮，號湘梅，湖南人，五品銜選用；縣丞余釗，號鶴孫，浙江人，防禦銜，盡先即補。驍騎校江潮，號少韓，滿洲人，四川試用。縣丞吳崇光，號小瑾，江蘇人，四川試用。府經歷馬吉符，號竹君，安徽人。黃愛堂方伯亦來道喜，各處送花，房東送鞭，送蠟燭，遵本地規矩，有不應卻之勢，只得拜領。尚有諸君差道喜，親道喜不求見者，可謂自擾之，無為何也？且有欲送清音之流，居實不能送命矣，一笑。來時極大雨，轎內衣服皆濕，本地必講體咎，不知主何吉凶，哈哈。陰，大雨一日。

十二日　在寓，會馬良成觀察汝驥、房東蕭禹門，五品頂戴，訪之，乃縣通判，未知確否？名鼎元，江西人，係藥行生意人，甚老成。姬人至皇華館，錦柳洗之。晴。

十三日　辰刻，出公館謝客，至皇華館同委員吃飯，看小孩母子，俱佳。過香雨處談。得晤安仁山、黃愛堂、馮夢華諸位。飯後又拜客，均未見，回寓已日落矣。晴。

十四日　在寓，早會榮伯衡方伯，旋送來點肴、冰糖等件。午後會李慕皋太守，雅州府，名念慈，鹽山人，同鄉。現已請開缺修墓。陳護院並先送到對屏等件。馮夢華廉訪聞錫青璧，後日可報省。陰，小雨。

十五日　昨日下午十點鐘，電報局送到密碼，成都與所帶密碼不符，因送督署番出：「川督駐藏有大臣奉旨錫良計已到任，著有泰於晤商一切後，迅即赴藏，欽此。」元印。會周保芝。馬軍門來賀新居，丁憂李岑秋司馬、之實，四川新繁縣，舉人，前貴州羅斛同知，丁艱。周頌堯府經，承祝，浙江諸暨縣，俊秀，後捐監生，曾充刑席。岑秋、頌堯現奉桂幫辦擬奏調劑委赴藏。晴。

十六日　昨日並會蕭子蕃刺史，富谷，雲南人。辭回貴州，係派送，香雨來川。今日辰刻，出北門，丞相祠候錫清弼良。八點鐘前到，跪請聖安，將軍第一，余第二，以次排下。與清弼制軍略談，先讓其進城，此省尚有拜城之說，隨後眾人俱散。回公館見香雨，痛談。午後，安仁山來，亦痛談，此君曾在多理堂將軍營多年。晴。

十七日　早便重拜榮伯衡方伯，看其條陳時事摺，此所禍之所由來。上榮相書，頗關係大局，並所存錫清弼制府在晉撫阻各國洋兵書，深可佩服。至皇華館看小孩。同范湘梅、江少韓早飯，吳小瑾後到，痛談。晴。

十八日　會周保臣，旋往拜客。蕭子蕃、李岑秋、周頌堯謝步。會馬介堂軍門用如弟帖，因軍門欲換帖，故也。謝步。前到寓枉顧蘇秀峰軍帥，因到公館給謝步，痛談。半陰，晚細雨。

十九日　早會余鶴孫、范湘梅。午後，會龍茂道沈幼嵐，行一，秉埜，湖南善化縣人，由東洋賽會回，昨日到任。實任觀察，人甚精明，氣象亦大方，本係成都府升任。向勉卿觀察人冠，湖南保靖人。來，因機器局有人造無稽之談，於清帥前特送比較單，機器並銀元章程三種，意在令人主持公道。陰，有細雨，又有晴時。

二十日　早會安仁山，痛談。榮伯衡送來跌打藥方，據云酌量用之，不可多服，蓋藥力有身麻之說，究恐氣弱者不相宜也。周保臣來，無要事，談及清帥，均為畏服。陰，小雨。

二十一日　會建昌道馮心蘭觀察，金鑒，浙江人。在都曾於沈鹿華十兄處見過。錫清弼制軍略談，藏事彼亦未有善辦法也。江少韓將《藏內官兵書目》手摺開來，與其微談。陰，小雨。

廿二日　馬介堂軍門來，未得見。旋送到藏中來稟：英國帶兵官正名榮赫鵬，副名惠德，隨從數十名，已於前月抵乾壩，稱欲朝佛、熬茶，當派何光燮並唐古忒戴琫一員阻擋。離乾壩三站有洋兵三四千之譜，唐古忒調前後藏番兵二千餘，視此情形必動干戈等語。此皆不預為之計，以致追悔莫及矣。燈後便

服會伯衡，痛談。攜來字畫一看，內英樹琴相國一幀，甚佳。錦柳母子由皇華館帶回桂花一大枝，甚佳，姬人親接，回公館，錦柳竟大轎內熱睡，許久方醒。陰，小雨。

廿三日　會卸任察木多糧務即用知縣劉子林，肇夏，陝西戊子進士。人尚老成，似閱歷少欠也。恭閱電鈔軍機大臣面奉諭旨：「各衙門值日次序，另行更定等因。欽此。」外務部欽天監、商部鑾儀衛、吏部翰林院、戶部宗人府、禮部太常寺、兵部太僕寺、刑部督察院、大理寺、工部鴻臚寺、內務府國子監、理藩院光祿寺，自此十日一輪，可與各旗十處等，永不參差矣。陰，小雨，微風。

廿四日　早會范湘梅，聞香雨已在皇華館搬家。午後，會晉芍航都護，縱談時事及其在東三省情形，人頗有膽量，不過卸責心太重，即於事有未當處，然今之一二品中之勇往者概不多睹。余鶴孫夫人來，進內。前有松君太太來，雖屬同鄉，未敢請見。陰，細雨。

廿五日　連日陰雨，恐稻已熟，待割之時，有生芽之慮，由昨日斷屠夜間反有大雨，且微聞雷聲，無處不潮濕。殊覺悶氣，且覺兩目作癢，乃風所致也。陰，微雨。

廿六日　早回余鶴孫，痛談。午後，給桂香雨道喜，新移丁公祠，買得公館有七十餘間，價五千六白金，房子尚寬闊大方。回拜馬軍門，大談。給錫清弼制車道喜，談許久，詢其藏事，亦無章法，可奈何？以上均見。給沈幼蘭觀察道喜，陳鹿笙方伯、向勉卿觀察謝步，俱未見得，回公館已日落多時矣。早陰，午晴。

廿七日　會安仁山兄，送到應派各項差務單及來去路程單。沈端臣世兄，聞其家計現在甚窘。鳳莘堂觀察痛談，渠謂人生落草即哭，未有笑者，且兩目、兩眉可作「草」字，頭中一鼻、兩顴骨可作一豎一橫，下有一口，宜似「苦字」，此真未經人道。貢差囊索、羅京彭錯、堪布降養森根皆前藏。請見，有事未得見。早晴，午陰。

廿八日　會馬介堂軍門，因拜發過領事安迪，到此即在斜對門居住，香雨來道乏，皆略談。業子芳普春，實渠縣。至東玉沙街新公所。見馬竹君，會喬英甫，痛談。回公館見皁和協把總楊凱，左營，四川人。由都下回，帶有壽榕稟一信，家內均好，大侄壽昌授甘肅寧夏鎮興武營都司，已於四月十三日啟程赴任，鍾叔佩五月廿一日病故。晴。

廿九日　昨夜忽覺噁心，當大便兩次，似夏日霍亂，因服萬應錠五分，十七九。少見輕減，蓋此地潮濕，且忽涼忽熱所致，來客均未見。余鶴孫送來洋

瓷飯盌，把兒茶杯各一，便於行路也。趙興買到普洱銅鉢乃整銅所鏨。一個，價一兩六錢。重二斤，然頗適用，可作筆洗，可作貯墨，可以養山石，可以種蒲草，甚至冬日可溫墨，近火亦無妨，所謂一舉而數善備焉，即令其配座以便帶入藏中。聞進藏沿途萬不可用瓷器，到時無一整者。陰。

【校勘記】

[一] 稿本原作「范香楣」。
[二] 稿本無「談」字。
[三] 稿本原作「顧價」。

八月初一日　會余鶴孫、范湘梅、吳小謹，痛談。現在縣中猶擬預備各委員伙食，詢之鶴孫，伊太翁曾充首縣，據云自來如此，不便卻之。千總陳金山號星齋由漢州來，詢問楊子輝都戎，已回甘肅，並送到醬小菜、點心等件，告以不可再送則不受矣。半陰晴。

初二日　會江少韓，因何心源協領遣人拿到本營所織欄干，係自種自繰絲自織，皆未出本營，甚佳，名曰織紡局。因留其大中小三種，或三寸，或二寸，共十二把，價銀八兩二分餘，真不為貴，不止比都中賤，比此地鋪內亦賤。陰，雨。

初三日　沈端臣送舊玉，瑾一件，琫一件，小勒一件，肩閣一枚，鴛鴦一枚，巫支期一枚，此物甚古，似猴形，或製此取避盡意耶？早會周保臣、范湘梅、余鶴孫。午後會何心源、桂香雨、榮伯衡。晚會沈端臣，送來舊玉六件，聞其光景甚苦，以後酌量酬價可也。桂香雨云，有重慶領事聞已急赴印度之語，為藏事也。陰，雨。

初四日　會英鎮臺秀，欲赴建昌鎮，特來辭行。余、范委員來，因長發美綢貨，與拿來舊樣不符，擬令罰價，彼已應承，大難過之事也。陰，細雨。

初五日　晚會沈端臣世兄，因送其玉價六十金，並痛談世事，甚有見的。伯衡送來月餅二盤，吳小謹送來摺扇一柄，圖章三方，已書就刻就，只能拜領。半陰晴。

初六日　在寓，將恭報起程摺，並奏帶委員附片擬得。幸無客來，可以得暇。制軍以次入場者已入場，忽然清弼制府遣人道喜，叩其所以，乃今日換帶暖帽，外官之喜，恐諸子亦有憚煩時矣，一笑。晚會江少韓、余鶴孫。晴。

初七日　早會范湘梅，將執事各單開來。下午接到外務部密電，趕於洪本譯出，有須爐廳轉藏要件，即送清帥園中。旋接覆函，已照發爐廳矣。晚間，

壽金圃太守廷，詢之，乃立臣表兄之任，與益卿太守皆堂兄弟。〔一〕送來覆電等稿來看，因燈下亦擬覆外部電稿，然已頭暈眼花，甚為可笑。晴，微陰。

初八日　午後至香雨處，將所擬奏底託其刪定，並電報與覆電及清弼所送稅司好博遜條陳，皆留與渠處。至警察處，見鳳苹堂略談，其困非常，蓋場外巡查一夜未睡也。路遇伯衡。給芍航謝步，未遇。戌刻，寶子得一女，從此小孩之聲當熱鬧矣。晴。

初九日　會范、余委員、榮伯衡，長談。周保臣將所擬密電私下已擬出，另本官電告以除前兩字，照碼發遞。桂香雨將奏底改來。馮夢華來，未得見。晴。

初十日　巳初刻，赴英國總領事謝立山處，以戎裝佩刀接見，乃禮服也。因川省浮言四起，謂駐藏大臣在此練兵，意欲同俄、法、英開仗等語，殊為無稽可笑，特告明之，「雖有練兵之說，亦不過鎮懾番民之意，況此節亦屬空言，並未開辦。」旋至孫谷臣大令開甲，浙江山陰縣人，川省服官多年。內園，約喬英甫、周保臣、范湘梅、江少韓、余鶴孫、馬竹君、吳小謹早飯。大令因會館請客，未入席先走。園內亭屋位置不俗，且花木甚多，荷花已殘，木芙蓉開得甚好。蓋大令經營此園已過萬金，不吝借人請客。自因喘病告退，藉此調養也。晴。

十一日　會余鶴孫、范湘梅，略談。給恩惠臣送信一封，擬走後其借支薪水。收公文辦出即交喬英甫收存，以備到川東取，隨後趕至爐廳可也。看童兒裝書箱。晴。

十二日　十點鐘會英國總領事謝立山，談及中國公事，伊曾見有前十數年牆壁上黏禁止種罌粟告示，對面即種罌粟田一塊，殊為可笑。會里塘糧務余聘三、試用通判應詔，陝西人，去年捐納到川，人甚呆氣。華鶴生二尹。恒順，天籍，原無錫人，由藏內新回，人精明，一路。馬介堂軍門送到洋酒、普洱茶、藥物等多件，並遣五品藍翎盡先補用。把總高玉貴西域人，通教內語言文字。曾在左冠亭軍門處當差，與劉文通認識。赴陳鹿笙方伯處，前有留爐廳劉仁齋司馬廷忍掛牌謂之欽差，諮詢之，乃香雨曾致信錫清弼不便稱函所致，並未諮也。赴壽金甫表侄處住，制臺花園痛談。適馮夢華廉訪亦來，本欲過訪，在此得遇，因將致清帥斟酌啟程奏底求其帶交信一件。因至伯衡處約吃羊肉，然菜太多，座中桂香雨、喬英甫、開中軍、泰，旭之，京旗漢。鳳遊府，山，號歧峰，鑲白滿。吃甚鹹，大喝水。鍾文叔來信，前送掛麵，今又送四十金。半陰晴。

十三日　早會恩惠臣司馬，現由京趕到，由綿州乘馬，不意墜騎，將右眼

匡上磕傷一塊，可謂勇往矣。晉芍航來，痛談。貽藹人弟已升綏遠將軍，馮夢華廉訪送還清弼所斟酌啟程奏稿，有商改兩三處。半陰晴，有細雨。

十四日　會壽金甫，來謝步，詢問承靜雨，已作古矣。鐵寶珊約到，因回差各弁兵頗不安分。喬英甫送到以後家用摺，並與余鶴孫所定電報密碼本。周保臣面約，因行色匆匆，實無暇辭之。恩惠臣所領借支，恐藩庫未必爽利，因告與英甫曾談及渠擬先為墊付，俟領款再為扣還，殊可感也。晴。

十五日　會馬介堂軍門，送到蘭譜，蓋軍門早有此意，擇今日以為中秋吉日也，痛談。凡來叩節諸君皆擋駕。遣人給秦介人送去廿金，多次承送對象，且恭勤公門人。給多祝軒送去十金，因送藏圖，且多同鄉。高姓，為且園先生之後。兩君均窘極。聞介人大令一家卅餘口，只有渠一床被，祝軒二尹則帶令媛住在廟內守太夫人外，官後補於茲，可見矣。晴。

十六日　連日收拾行李，早會周保臣，將應存長襟、衣皮、棉袷單，約共三十五件，作一箱開單，印圖章方取去。范湘梅交其各委員各有專司其事，以免推諉。以恩司馬總司其事一諭。江少韓送到鈔摺一本，乃係奎任接《藏印邊務錄》，是恭勤公舊案，附奎煥《奏牘》。余鶴孫約其燈後來，交其密碼電本，乃喬英甫所定，以北另有用款，憑之可不至兩歧也。晴。

十七日　早間，喬英甫太守遣其廚役到公館作刀削麵，闔家大吃，不亞於在張蘭鎮阻雨於破店時候也，且有菜四五盤，亦陝西風味，大尚講究也。會蘇秀峰將軍，因有一月腹瀉，甚見疲。前晤桂香雨、鳳茀堂，據云亦瀉多日，余亦如之，然則腹瀉亦傳染那一類，一笑。余仁山大令來，痛談，其功名之念尚不胡來，川省宦習，言之齒冷。恩、余、范、江、吳、馬諸人來，略談。公摺即在公所恭備，周保臣送到禮物餞行，甚闊，辭之。半陰晴。

十八日　午刻赴公所拜發由川赴藏二十一日啟程一摺，並奏派委員一片。旋各處辭行，會伯衡方伯、介堂軍門，並換帖夢華廉訪、郁生學臺，痛談藏內棘手情形。鹿笙方伯余客或未拜會，或未讓下轎，回時已日落矣。鳳茀堂觀察送到夫人季雲女史畫《秋葵鵪鶉》一幀，甚可寶藏，並點心四樣、醬雞、醬肘兩包。周保臣送到四菜、四點，均領。早夜小雨，今半陰晴。

十九日　早會壽金甫表侄，送到洋刷、洋梳等，一皮箆極好，普洱茶一包。喬英甫送點心、小米、紅棗、火腿等件。寶豐銀號，京半邊街老古巷內。午後拜客辭行，晤香雨、秀峰將軍，秀峰誠余勿著急，芍航誠余責人論事之言毋太盡，皆可感也。長發美送來火腿、普洱茶、大頭菜、甜醬等，並點心、一品鍋。

早細雨，陰。

二十日　辰刻，訪錫制軍並晤壽金甫。回拜羅太守，以禮。回公館，有客，無暇見，僅會周保臣、范湘梅、吳小謹、錫清帥，將奏底、片底、四軍機信底交給。申刻，赴丁公祠，蘇秀峰署將軍、錫清弼署制臺、吳蔚若學臺、馬介堂軍門、陳鹿笙藩臺、馮夢華臬臺、黃愛堂監道、沈幼蘭龍茂道公餞客，係安仁山、桂香雨。將奏底、片底、四軍機信底鈔交。並鈔給由京兵部勘合底矣，可用也。清帥痛談，打箭爐廳劉廷恕乃好官也，擬欲保之。細雨，半陰晴。

二十一日　巳刻，由公館出南門至武侯祠，省城文武官在此餞別。進門先叩為之辭，出門復叩為之送。沿路將旗執營兵俱遣回。至笮橋茶尖，成華兩縣備，雙流備茶尖，未下轎，公館內世仲儒彬、香雨二世兄。茶尖。有陳金山、張迷、周釗見，雙流縣亦接至此，並有釐局委員及外委來。過金花橋，水甚旺，沿路竹樹交映，秋意滿路。至雙流縣，進東門公館宿站。晚約余仁山、周保臣及各委員，晚飯痛談。天不甚涼，甚適，其行程四十里，署縣係候補知縣錄勳。號伯銘，湖北正黃旗人，行一，藍翎同知銜，年不老。細雨，半陰晴。

二十二日　辰巳之間，發雙流，與周保臣、余仁山拜別，請其回省。因夫馬不齊，頗討氣，沿路竹樹甚多，竟有羅漢松在雜樹內，似不為稀奇。十五里至黃水河，祿大令送至此，茶尖話別，此君為鳳荓堂外甥，年紀輕 [二]，恐作事始勤終惰。又十里串頭鋪，新津縣界。即有隊伍執事等來接。又十里至花橋子，新津縣劉大令來接。又四里至新津河，此時水小，乘船六里至新津縣，進東門，在縣署花廳宿站。委員等亦在署內，蓋公館已塌壞矣。晚間老太太給煮餂餂吃，甚佳。署大令劉輯五，名瑞麟，行一，直省武強縣人，同知銜，曾在左忠壯公寶貴營。出其小像，似恭勤兄，上題驚筆詩甚佳也。共行程五十里。半陰晴。

二十三日　卯刻發新津縣，出南門，劉大令並滕都閫代茂相送。三十里至楊家場尖站，路頗難行，落馬者甚多。過斜江河，水不甚大，易渡，蓋公館在河之西，今因失修，故改為河東。邛州管。半路將右手橋玻璃墩碎。至廿里高橋店房內略停。又廿里至火燒橋，因道太泥淖，乘馬至此，晤顧直判，來接。又廿里，路仍難行。至邛州，進東門書院宿站，顧敬軒直判、思禮，雲南人，現署任係花翎四品銜，行三，為恭勤公門人，乙榜，丁巳庶常。威遠左軍右營遊府朱敬臣，名廣興，浙江人。並兩教官及吏目小委員均來見。共行程九十里。前三十里，後六十里。見隸字一對，人名丁寶良，「數間茆屋閒臨水，一枕秋聲夜聽泉。」似與山莊相稱。陰，細雨二三陣。

廿四日　辰刻自邛州發。出南門二里路上下，顧敬軒直刺並教官諸位相
候，下轎略談。即過邛水大石橋，鍾午亭記道光年建，此時不但川南第一橋，
石牌坊及高閣均無，且橋之上路尚整，下路竟沖去多半，有木板接渡，其險非
常，若不再修，前工均棄矣。恐顧兄非其人也。過大通街，上土坡，從此道途
泥淖，如在水田內行，前後約廿二里。臥龍場茶尖，用點心。又十八里，仍似
水田內行，轎夫竟不敢邁步，委員中轎子無不放炮者，可發一笑。至大塘堡，
本擬尖站，只得改宿站，沿路遲遲，頭均痛，此處屬蒲江縣管，邛州屬下。司馬
馨硯大令來晤，名瀚，湖南澧州人，乙榜，人明白。同知縣係署理，乃試用知縣，發
邛州時，遊府朱敬臣帶勇自頂馬相送，過大通街即辭之，共行程四十里。夜雨，
白天細雨，午晴，燈後又小雨。

廿五日　卯刻發大塘堡，沿路泥淖如昨。十三里至甘濟鋪，又名甘溪鋪，
茶尖。又十五里，至黑竹關茶尖，因沿路難走，實不能不令人夫歇息，然半站
比整站尤累。過黑竹關間有土路，仍難行，石塊路少可，石板路則易，蓋石板
路雖有泥水，底較平，不至甚險，然上坡、下坡並水田中路，大須緩緩而行。
下山坡，過大橋，到百丈塘，店房作公館宿站，路右見宋先儒魏文清公故里，
後見路左宋總巡檢使曹公故里，共行程四十里。副戎劉海亭名喜一，貴州人，管
帶靖川右軍，督標中營。來見，人明白，據云五十九，看其不過五十一、二歲。外
委來見，此處只有此官也，名王榮升。尚有半路接差劉占春千總。昨夜雨，一
日陰，白日亦有細雨。

廿六日　連日見馬尾松、刺松，似羅漢松，稍大，及茶花甚多，均作柴火
用。如京內則以為太怪，且松樹等密雜成林，不怪路劫案甚多，無處不可藏人。
水田將正路逼窄，昨日殊難行，名曰大道，其實如行田埂，惟水溝內有茨菰，
不過二三寸，放葉開花，加以二三寸紅蓼，在綠波內相映於短牆、細竹、矮馬
尾松，著花之茶花不過尺餘，大似一片盆景，亦奇觀也。今日卯刻，發百丈塘，
劉海亭副將等皆出來相送。行廿里，至新店子茶尖，路仍難行，幸石板多，田
地將大道逼窄，雖而乘小轎亦無法相開，拖泥帶水，有山路上下。又廿里至名
山縣，進東門公館宿站，共行程四十里。署縣周子升大令，名吉雲，湖南衡州人，
本任萬縣，人尚老成。試用通判馮汝玖，名叔寅，浙江人，為建昌道心蘭世兄，不過廿餘
歲，精明外露。監生王昌鑫，號子貞，雅安縣人，前山陰縣王紹廷之子。候選知縣王秉
鑫，號子庚，庚之令弟，與保臣識認，年卅一歲，家貧，有母在堂。秉鑫曾經恭勤公保奏，
意欲入藏，只好俟至爐廳再酌。早晴，午後晴。

　　廿七日　卯刻，自名山縣出西門，冒雨而行，至雅州府仍未住。亂山出雲，回望來路，即在雲中，蓋行路較與雲近，故不覺耳。七里雞鳴橋，名山周子升大令相送，略談遂別。此為名、雅交界處，前後上下坡，並沿江高岸窄路而行，幸石板路尚穩妥。沿路有稻未割，雖晚田，究屬天寒，與省城大不相同，山坡地種苞坵甚多。野店中賣白米餅，甚潔淨，亦有油炸青鵝蛋，亦米麵所作，以糖裹之，未達，不敢嘗之，並賣餅子，小米、玉米作。大有鄉風。又十八里至姚橋茶尖，雅安梅大令來迎。又五里過桐梓林，後蜀漢張桓侯鎮守處，右靠山，左臨江，似形勝要地。又七里過青衣水，龍溪橋七大涵洞用木板平鋪，上有長廊。下橋左轉下坡，即渡平羌江，下游不遠，即青衣水、平羌會合處。又三里至接官廳，闔城文武相迎，略談。遂進雅州府東門店房，後院有橘一株，青實累累，尚未黃，初次見也。作公館宿站，共行程四十里。建昌道馮心蘭觀察、金鑒，行一，浙江人，甲榜。楊子庚署太守、儀成，行一，江西人。雅安縣梅子和大令、承祥，陝西人，乙榜，花翎同知銜署任，行六，少年老成，精明。黎雅營遊府、名祥埜，號瑞全，行一，京正白漢人，由本旗副參領同缺升。建昌道管帶練軍前署黎雅營遊府曾竹賢，國棟，四川省城人，曾在甘肅邊外，在恭勤公手下當過差，與羅竹軒、楊子輝皆認識，似呆氣。其餘學官、委員，以至佐理諸君，皆未見。李慕皋太守遣人相候，蓋由此欲乘船北回也。陰，小雨晚住。

　　廿八日　早間回拜馮觀察，並其世兄叔瑩行九及楊太守、梅大令、祥、曾兩參府。本擬今日遄行，因馱上並紅箱及挑夫改背夫，均須捆綁，改為辦理。若輩出省例在此一停，有爐廳未有之物，亦須備辦，是以留住一日，且道路泥滑，人夫亦累。詢之，此地入八月以來，才見晴天四日，所謂清風雅雨，名不虛傳。申刻，馮觀察約本署，座中祥遊府、楊太守、梅大令，主客五人，痛談書畫，心蘭曾跋安仁山都護所藏文待詔書《道德經》，不過四指寬小冊，每頁作十二行，工楷超逸兼備，洵至寶也。席間有鮮熊掌一盤，比京內所食熊掌肥嫩，香味不同，乃此處山內由崖上跌死者，觀察買得。按悶鱔魚做法，有蒜瓣，曾食橋尾鹿尾，此亦一奇也，並有大條雅魚一尾，亦川省有名者，似鯉。回公館後，馮叔瑩來會，心蘭送到老米等件，再三讓，不得不收。曾參府送禮八色，璧謝，王監生來擋駕，實無可談也。陰，昨夜雨，日內細雨，燈後大雨。

　　廿九日　卯刻發雅州府，上石大坡，在城內。出城南門一里余武侯祠，馮觀察、祥遊府、楊太尊及佐理諸君相送，略談即拜別。又三里過嚴道山，並不甚險，所謂對崖亦地名，沿河而行，水聲淙淙，石灘也，惟山腰路，有山上落

石土處兩斷，甚難行，直無路可循。又二十一里至紫石里，又名四十里。馮叔瑩世兄備茶尖，略談。又十八里至觀音鋪宿站，店房作公館。共行程四十里。由發雅府即落雨，午間微晴，忽見日影，旋陰，復下，燈後復又大雨。雅安梅大令送至此，榮經寶大令迎至此，內務府人，與浦玉岑〔三〕有親，係玉岑兩姨甥，鄂禮亭甥。均晤會。忽接邛州顧敬軒來稟，前訪拿插駐藏旗號，由水路前進箱支公然緝獲，已將夫頭扣住，箱支扣留，因批以開箱驗明，果係客貨，照章罰辦。此種事各處皆然，凡有馳驛者，無不借走私貨，陝西起啟曾訪聞，後不知落於何處，未曾拿獲。陰，一日雨。

川南風氣，男女皆作苦，背負行簍，身披棕片，大有番子之意。面兒似比省內人端正渾厚，土脈使然。性情強悍，女人裹腿內竟藏短刀。路劫之案常有，亦偶有明火案，可聚百人以上，站籠無州縣衙門無有也。連日道旁花木，不知名者甚多，有似石榴，而小者葉似刺梅，又有紅豆如天竹，水中紫花、黃花、似豆花者，亦覺有趣。

【校勘記】

　　〔一〕吳注：益卿，即壽勳也。

　　〔二〕稿本寫作「青」

　　〔三〕吳注：良。

卷　三

　　光緒廿九年九月初一日　早發觀音鋪，冒雨而行。十里至飛龍關，有窄路似棧道，且左右樹木蕞雜，緊刮轎圍，覺險，幸寬路高多。下坡甚長，過高橋，所謂「高橋明月」，即在橋之右山石上，未見。詢之寶明府，亦未曾見過。十五里至石家礄又名「石家橋」。茶尖，備包子、渾飩，大嚼，已飽。走小路，因大路水沖。在田埂上至高處，下臨七縱河，極險，渡河兩次，船不甚大，幸水尚不狂。若走大路，過河一道。又十里至滎經縣，進東門試院作公館宿站，有鄧通鑄錢處石碣。共行程四十五里。鍾記「至滎經縣過長廊、浮橋，今無，僅有木板浮橋，亦二次渡河所過，離城尚遠。」會寶啟東大令，震，內府正白旗人，行三，四品銜，本任崇慶州知州。晚間，留委員在公館飯，恩、范、余、馬等在教未吃，啟東亦來陪，喜熱鬧也。紀典史、行三，名鉅湘，號敬齋，獻縣人，文達公為其本支太高祖。陳千總友柱均來見。王順因脖子長胳腱，著風大腫，不便行路，留於此處，給銀卅兩。陰，雨。

　　初二日　早發滎經縣，出西門，石路，尚易行。十里至鹿角壩，有練兵相送，一文生員統帶之，連日如此，逢過大鎮，均有團練兵迎送，未記。有顓頊帝故里牌坊。又五里至羊壩子，此處正路為河水沖斷，在半山開一新路，因雨後泥實屬難行，僅能泥滑土內容得一腳，左山右河，十數丈高崖，轎夫亦覺凜凜，幸無恙，然背令箭差役竟滾下，為旱路泥土所截，未入河，人與騾有無馬驛站，只得以騾代之。皆成泥糊矣。現由另路至河洗騾，人則無法，泥人騎淨騾而已，一笑。又沿河窄路及沿山澗水而行，其聲如雷，至此大瀑布、小瀑布，不一而足。山田稻賴之澆灌，然沿路永無干道。詢之寶大令，此處雨季收糧，水田胡豆等為小春，晚則稻，旱田早晚苞圫，北無旱田。至大通橋茶尖，地保備辦，賞之。復行，

尚上下石道上，澗水作聲如雷，河水遠矣。又十五里至黃泥堡，店房作公館宿站。此處清溪縣管，因大相嶺辦差太遠，故歸滎經，始則人情，繼變為例。共行程四十里，並昨日均不止四五十里，無可確實考據。委員云有「孝子回車」匾，似離九折阪相近故也。昨日尚有蟬聲，棉衣已上身，北方未有，此處寒蟬亦作聲耶，一笑。地瓜則無，偶亦有之。省城邛州，沿路皆有，蜀中以為美味，其實似嫩白薯。黃泥堡張把總肇全相迎，並來候，未見。晚間仍約寶啟東、恩、范、余委員同飯。昨夜雨，早陰細雨，午後晴熱。

初三日　早發黃泥堡，面別寶啟東大令，送青馬一匹。因此站看其腿不得力，恐途中受累，因送回。出堡即上山，五里至小關山，沿途瀑布甚多，溪聲震耳，路窄難行，過懸山下，上面滴水，樹石皆長莓苔，石上苔如小松樹者，即華廟所得小華山松，此處無人採取而已。走亂石一斷，即在溪中，若大雨必阻行旅，真無法可施矣。過兩道小鐵鎖橋，甚有趣。十五里至大關山店房中少歇，喝油茶。又廿里至長老寨凍雲庵早尖，清溪縣備。庵內關帝武侯因匆匆未瞻拜。供像。過九折阪，乃王陽畏途之處，實難走，九折竟五六尺為一折，肩輿殊難拐，一面山，又一面深澗。又十里盤至大相嶺，沿路扁礄數處，在山上以木板渡澗水，又有三大灣，路窄且長，雨雪不易行也。相嶺極高處，俗謂刺麻墳。在道左，縴夫等均不敢高聲，若誤為高聲，則風雨立至，張香濤〔一〕制軍督學川省時，不信，故令縴夫嚷之，果大風。〔二〕由此下嶺路過廿四盤，又名象鼻子。活石太多，轎竟放炮。又十里至盤腳店，又五里至清溪縣，北門店房作公館宿站，共行程六十五里。凡過相嶺，非雨即雪，或霧或風。今余過之，天氣清朗，群山皆在眼底，澗邊房間，均歷歷可數，不過已走之路，忽然生雲，全在腳下，亦奇觀也。署縣雷質亭大令，因腳傷未接，公館相見。名橡榮，陝西朝邑縣人，恩貢榜，雷棣榮〔三〕乃其令兄，伊行三，花翎同知銜，本任青神縣，人精明，頗善談。代理阜和右營都司馬虹橋、名紹麟，原漢州府人，現為打箭爐人，世襲雲騎尉，本任富林汛把總。任輯五秀才名玉瑞，本清溪縣人，行四，恭勤公門下士。送到梨膏、椒油，及黎椒、點心等件，只得收之。本店即其所開，特將先兄對屏掛之，有張朝庸對：「羊叔子輕裘暖帶，武鄉侯羽扇綸巾。」寫得好。晴，落日半陰晴。

初四日　接總督來文，奉有電旨，催往前進，旋復川督，初四日已抵清溪縣。早會雷質亭大令，痛談。因下站太近，係尖站，難改宿站，且昨日行李到甚晚，人馬皆乏，只得明日走整站，紅箱亦有摔壞者，須收拾。飯後閒踏至委員公館，相約至校場一踏，並到武廟一瞻，其對聯鄙俚不堪。因談及路過小土地

祠，高不及二尺，所刻石對：「其神雖在地，而德可配天。」恩惠臣所見有：「三才二老者，五行麼先生。」蓋切「土地」二字，俱堪噴飯矣。晚間，雷質亭大令復來，家常飯數盃，大談。早間，任輯五來看，面告伊家有花園，後詢得即在房後，不過半間房地方，可笑。半陰晴。

初五日　早發清溪縣，出西門，下極陡坡，過澗溝，雙木搭橋，非昔之長廊金定橋。上山坡高處回望縣城，乃在平山頂上，四圍皆山，無處守險，城如無城。自上山坡後，即順山腰路而行，或至澗底，亂石裏行。因今年雨水大，山半路新開者，未收拾者不計其數。轉灣處尤險，轎即懸於澗之空處，且早有小雨，幸未大，不然無法前進也。行卅里至富莊，俗名蠻子莊。尖站。又廿里至班鳩巖茶尖，將至宿站，有五里石板路，轎夫面有喜色，蓋一日皆險窄路，至此坦途不絕，為之一快。廿里至泥頭驛，店房作公館宿站，共行程七十里。宿站即在半山，日行群山內，紅葉白雲，頗饒佳趣。此處梨甚賤，橘子已有一樹半黃者，亦平生所未見。電局委辦王紹文大令、行一，名鎬，江寧六合人，同知銜，分省知縣，恩惠臣門生，年青穩練。陳時卿少尉、名思泉，江西新城人，六品銜，清溪分，詢其縣內監獄，云自典史駐此，本任管。署泰寧營泥頭汛外委王國本人甚老成，號在堂，丙子科武舉，前兵部差官，藍翎盡先千總，即清溪本縣人，公館店房，即其所開。均接，並來見。早雨，午後陰。

初六日　早發泥頭驛，沿山腰而行，幸臨陡澗有隔田地處，不至甚危險。十里至老君澗，又十里至高橋塘，又七里至三角坪，又名小腳坪，店房內公館尖站，仍為清溪縣屬。雷大令因傷足，曾送有三黃寶蠟丸，昨日復要，又送其兩付。昨日接見陳少尉，足亦有疾，大似摹仿其堂公，一笑。尖後，又上大山坡，並過大澗、浮橋數處，甚難行。廿里至伏龍寺茶尖，復上山行，兩旁皆野竹蓁棘，由路上直連高山，竟無際地，惟露石骨，及瀑布處亦大觀，然氣味有奇香，俱云瘴氣，非是，乃藥味也。十里至飛越嶺，極峰處有汛兵叩見。入塘汛出塘汛，皆有門，隨下嶺，甚難走，因在雲中，腳下石土俱濕，並非落雨，蓋濕雲所致。又十里至嶺腳，嶺半即有幹路。又三里，不止三里，似六七里。緣山行，亦險。至化林坪，都司署作公館宿站，共行程七十里。存注友都戎，名祥，丙戌進士，圓明園廟藍滿人，竟備飯，如州縣辦差，可感。里塘安插土司汪國珍三品頂戴。均見，千總以下均未見。今日之備非常，蓋一日非上即下，登頓萬分所致。昨日聞僕人云，過橋時，橋下有人抱幼孩站立，謂之「過官」，取其易養也。今日出泥頭驛，果橋下有男、婦多人，在水石中抱幼孩待過橋者，鄉愚。殊可憐也。半陰晴。

初七日　李姓如桂，行三，五品軍功。房內有恭勤公四屏，晚間酬謝四金，決意不收，只得以後再作道理。李號子丹，伊父曾進學，現在務農，家有卅餘口，並下人有五十餘人。早因雨，道路太險，存注友都戎再三挽留，只得早飯後，雨少住即行。出化林坪，下陡坡入深澗，過一木板橋，即上半山坡，寬不過一尺，且活沙朝外流，皆以為不可過，只得下轎，用兩人扶掖走過，然已成泥體矣，殊可笑。從此沿山而行，寬則四五尺，窄則二三尺，幸水漬少乾，惟內靠山崖樹枝，外臨山澗河水。高在百尺外，矮亦五六十尺，危險不可言狀，竟將轎襲回，前沿夫幸未大倒。行十五里，馬上坡暫停輿略歇。有小童五六歲，甚好，頗寒苦，給其一二十文，竟來磕頭，打問訊，殊有趣。又五里至龍壩鋪茶尖，沈邊應襲土司余應璽。三品頂翎十五六歲，道旁叩見，詢其讀何書，已讀《詩經》，甚好。尖後，遂行溪內，渡水、渡石多次，復上山，轉至佛耳崖，其險非常，復下輿走過，其土黑色，似有煤礦，下活石，路上懸崖亦活石，風雨即墜落，下臨瀘定河，水亦深且湧，前駐藏安仁山回差，即在此落一差弁，因而喪命。過崖後，下坡路略寬，以上十五里。至冷磧宿站，歸餘土司所管，借一李姓房住，共行卅五里。早雨，午陰，晚小雨。

初八日　早發冷磧，下坡走田壩上山，山腰路行十三里。至甘露寺停輿，見廟甚新，入山門，到牌樓，看殿在後，不便多延，未往看。復走山腰路十七里，至大壩塘茶尖，仍行山腰，蓋下即大渡水，皆繞河而行，是以高陡。又十里至安樂壩，其石路、土路皆有活沙，曲折而下，走田壩五里，順河而行，雖險路不甚高。沿河至瀘定橋巡檢署內作公館，有把總一員，昨日病故，此處歸古土司管，土司據云廿餘歲，病未來。夫馬、頭人叩見。署巡檢李紹衡名瑛，行一，河南祥府人。來見，共行程四十五里。半陰晴。

初九日　昨日戌刻，接爐廳來函，川督轉發外務部來電，乃川督密碼，未能譯，即給爐廳覆信，令其速電換洪字明碼。今日大烹壩尖站，午刻復接爐廳來函，已由省譯發明碼，仍係催速赴藏。今晨早發瀘定橋，過橋。橋係九道鐵鎖，上蓋木板，板五分薄，且露縫，若嚴緊，恐風鼓，兩頭皆有牌樓，且有鐵鎖，做闌兩條，豎以鐵條，尚不甚險，不過到橋邊微動。順山腰路而行，其窄盈尺，一日之中，此路甚多。尖站前尚有臨瀘水灘，其餘山半路，去河竟有千百丈外者。十五里至咱哩塘土司番地，雅州一帶即有木板房頂，壓以石塊，更有以松皮作遮簷，多有綠苔，甚古樸。此處更多，亦有似碉房者，遠看小窗甚多。又十里過小烹壩，又十里至大烹壩，店飯自作刀削麵，以熬菠菜拌之，甚有味。尖後十里至冷竹關，其下

坡陡直，上坡窄險，非可言傳。過深澗一長廊橋，然滿山皆仙人掌，土人呼「觀音掌」，冷竹關呼為「大悲山」。有木本如大盌粗細，上結仙桃，有採而賣者，外亦有刺，紅青色紅者好，不過一文錢一枚。俱有味，香甜似香瓜，然水多而嫩，似過之。又十五里至瓦司溝，店房作公館宿站，共行程六十里。房後有水聲，似風雨，即瓦司溝水，打箭爐所來也。此處即見番民，滿留髮，帶耳環，穿皮靴，其呆似口外蒙古。晴。

初十日　早發瓦司溝，走大石土路、山腰石土路，沿瓦司溝河即魚通河，水不甚深，伏流皆石塊，其聲聒耳。行五里，至頭道水，由山下垂瀑布一道，原有公館，去歲被水沖刷，瓦木無存，人家亦沖去六七家，可惜！前臨溪水，後臨瀑布，四圍皆山，面前平沙一斷，並刻下紅葉數株，真不易得也。昔年果親王、和太庵筆刻無存。過二道水、三道水，房間無恙，均相聯也。又廿里，亂石中行，或高或低山坡，至柳陽塘尖站。明正土司宣慰使甲宜齋叩見，卅餘歲，頭品頂翎，聞人甚本分。又十五里至沈坑塘，土坡下坡，照前魚過河，水聲如雷，有數處，將山半路皆振動，水作湖色，雪浪飛舞，亦奇觀也。又十五里，至爐城底塘。又五里至打箭爐城，進北門公館內宿站，共行六十里，或云六十五里。此處番人奇形怪狀，不過如番十分之一，已覺別致。陳治平協臺、名均山，湖南衡州人，行一，提督銜，記名總兵，阜和協。劉仁齋司馬、打箭爐同知，名廷恕，湖南善化人，行二，道員用，七十餘。辦爐茶委員蕭勵恒縣令、名家駿，江西萍鄉人，人本色老成。白友三遊戎名萬鎰，阜和營中軍都司，副將銜，四川人。均親接，並來會。千把諸君均未見。住爐法領事倪德隆、電局學生趙家瑞遣帖往迎，俱未見。晚發外務部覆電並錫督電。晴。

十一日　住爐城，會本廳劉司馬，痛談口外情形，頗為熟悉。聞此明正土司已保頭品頂戴，每至朝賀日禮畢，伊即升座，帶黃帽，插雉尾，似山大王意思，受賀，其頭人皆跪稟事件，甚可笑。委員到彼衙門偷看，竟有金頂房及金龍抱柱。陰，小雨。

十二日　給鍾義齊寫信，寄物，並蓉格得子，否作正室。給蓉格諭，如上，附鍾信。喬英甫道謝，託寄鍾信、周保臣信，託家書並喬信。適大雪，將公館西間壓塌，幸恩惠臣、馬竹君未在房內，將床鋪均打破，可危之至。燈後由劉仁齋借明正土司署棲止，其宣慰使甲宜齋，係姓甲未參，以一字作姓。人頗恭順，住其客廳，甚乾淨，且有琦侯 [四] 對聯，鍾午亭 [五] 先生橫披，外舅鶴汀先生橫披。陰，大雪。

十三日　早晨赴署內，經堂有喇叭多人在彼諷經，所供觀音蓮花長壽各佛，皆銅身，並兩壁畫像，似蒙古舉動。甲土司_{號靜亭}。旋來請安，回到住房，伊請到渠書房一看，內有書、有槍、有箭，院內活水，三面山圍，養各色鳥及獐鹿豹，且有龍晴魚、菊花，雖屬雜亂，然土司能如此，亦可謂雅人矣。又送奶茶等物，難卻之。晴。

十四日　早餐同委員諸君子，因馬軍門前送極好三賓酒，飲之，不意江少韓大醉，上樓後欲騎馬下之，乃萬無是理也，太可笑人。飯後又到經堂一看，甲靜亭又相陪，詢其署內曾經果親王、松文清公、_{筠，駐藏}。孫文靖公_{士毅，平廓}_{廂喀}。皆駐過。伊西席候選訓導彭明齋來拜，_{作哲，行四，天全州廩生，人頗精明}。晚間甲土司送席一桌，未免不安，又不好卻之。晴。

十五日　在城諸官均來叩喜，因此未見客。剌麻之聲，通城不絕，蓋係望日，信佛非常，邊地大概皆然，其愚不可及也。晚接劉仁齋處送到省內廷寄，有人奏欲開墾屯田、開礦等事，敘有餘之遲行似未切當。半陰晴。

十六日　早辰，回拜劉仁齋，晤面痛談。茶關委員蕭勵恒大令、_{家駿，江西}_人。官電委員王紹文大令、_{鎬，江寧人}。白友三都閫、_{萬鎰，華陽人，在教}。法主教倪德隆、訓導彭明齋、因協臺陳治平_{均山}已晉省，來回拜。將袍褂料、針黹等八包送土司甲宜齋，_{行三}。伊親身來敬謝，並帶伊胞弟甲龍光_{行四}。來敬見叩謝。飯後，至其書房看花，馬號看馬，到安居供己，_{剌麻廟名，在土署旁}。此處上供宗喀佛，左為達賴佛，右為班禪佛，蓋此處為黃教，以燃燈佛為主，土司諷經為紅教，以蓮花佛為主，其實皆宗喀所分，無分邪正。彭明齋來，又會談，方回住房。六人僨約委員等飯，因找馬竹君一談。半陰晴，風。

十七日　午飯後至經堂，看其已用泥捏成土司夫婦二人，一補褂頂帽，一頭上似鈿子，身穿大領藍衣卦珠，蓋番婦服色。詢之，以備後日送祟之用。_{前拜客，遇娶親者，亦有女人身穿大領衣掛珠，頭帶似朝帽，無頂，其下人亦大領，各色衣，亦頂朝帽，無頂，男人則本朝衣冠}。甲土司兄弟皆來請安，遂至其問案處，甚潔淨。彭明齋訓導亦來，痛談。晚間給周保臣致信，託其交家信，並喬英甫信。家信中將下月初九日可以動身，又續一篇，大雪搬家亦敘告，明日可發馬封寄保臣。晴。

十八日　午後，甲土司弟兄來，將其弟甲龍光所生一子一女帶來叩見，子年五歲，女年三歲，子秀女厚，生氣家亦福分不凡。來柬於廿日晚約飯，書名為明正土司甲木參瓊珀，與手本甲宜齋不同，想此為其番名也，並聞有跳鍋莊

之說，乃番樂，不知其如何。諸委員皆去赴伊齋，回時詢之，係漢饌，排場亦漢官派，非番人局面也。

十九日　早會劉仁齋司馬，痛談。英國牧師徐麗生同美國地學會學生內克司來，內克司欲隨同入藏，高以康欽差格所給爾之護照，實難認為保護，遂去。飯後，看本署剌麻送祟，頭戴黑皮草帽，頂甚高，上有孔雀翎繞一物如扇，身穿寬袖衣，皆繡與緙絲，前襟有枯婁作裙邊，後有水乃跳步紮，其餘皆帶藏帽，古樂齊奏，將泥捏紙剪各物，均送至北門外。晚間，馬竹君備菜同飯。晴，風。

二十日　飯後，劉仁齋送到裕子維鋼給外務部一電，[六]其中所敘，一味騰挪，並催余早到，殊為可笑。甲土司弟兄約看鍋莊，所謂鍋莊，乃熬茶之處，其男女皆歷鍋莊，有四十八處，非尊客不跳舞也。甚有意思。男十數人，女十數人，男則頭戴似朝帽，無頂，身穿各色大領衣，亦有金花者，腳有各色靴，亦有紅襪白鞋似靴者；女則梳辮盤於內，後有金圓餅，皆珠寶所鑲，據雲南山有女神，此神裝也。頭戴草帽，上安珠翠，身穿彩衣、彩裙，腳下花鞋靴均有，掛三二朝珠，皆珊瑚、松石等貴重職務，或云一身可值千金，不誣也。男女皆佩荷包、手巾，男則小刀、火鐮之類，女則銀針盒等物，甚有銀匙者，殊可笑。彼此歌舞，男則大跳，女則微跳，其歌總以感戴天恩及欽使隉官之詞，亦頌揚之意，惜乎不能知其所以然。席亦豐盛，因賞其男女哈達各一方，又加賞茶葉，主人弟兄尚知待謝，帶銀牌各一塊，皆圍於項上，更饒嫵也，一笑。半陰晴。

廿一日　午後，甲氏昆仲來，晚間鶴孫、竹君來談，因提川省從先笑話，不一而足。半陰晴，風。

廿二日　晚間土司兄弟攜其幼子而來。談及四維之山，各有山神，南山為女神，上有海子，寬廣廿里，有海馬、犀牛等物，樵採者每遇之，即警入水內，人亦不敢妄自傷之，其來久矣。湘梅諸君談及省城雙孝祠，有許多笑語，皆離奇光怪之事，真堪噴飯。晴，風。

廿三日　昨日亥刻，外務部來電，給裕大臣電，因害印人二名，英欲進兵。今午會土司兄弟，晚赴劉仁齋署約晚飯，座中茶關大令蕭勵恒，照磨廳徐兄鎬，早來拜，未會。並范湘梅，席中有魚一斷，通神重廿餘斤，名虎魚，本地謂之貓子魚。味甚佳。半陰晴。

二十四日　辰刻同恩惠臣、余鶴孫、吳小謹出南門，二十五里，或云卅里，或云十數里，皆非。至玉林宮，乃甲木參土司弟兄別墅。在其先塋下也。其塋地以土牆圍之，有碑碣，豎以番經布旛，各處皆然。其房間有過廳，正房有樓，

東西廂房亦整齊，係其父夢九土司甲木參齡慶漢名延齡。所修，為廬墓而設。正房外懸木刻一匾：「駐節爐關日，頻聞邊帥賢。承欽周甲子，廬墓又經年。盛世酬庸重，勳藩盡孝傳。聖朝多雨露，忠蓋荷恩全。」頭品頂戴提督銜，明正甲木九，宣慰司克盡厥職，事親至孝，去歲母白太夫人告終，現行廬墓禮，因詩以彰之。大清光緒戊子仲春月欽差烏斯使者察哈爾升書，蓋恭勤公筆。東北隅有溫泉流入牆內，並有涼泉，亦入牆內，隨便可酌，其涼溫克之，別處未有也。遂結廬作一木池，以備洗浴。飯後，因偕主客至其東獵場，平壩細草如茵，一溪在南圍之，水激石聲，輕重之音相雜，再南則橫山一帶，乃折多山，後面樹木細竹極盛，盡西則其始祖塋，地勢不易得也。北則一帶高山，草木亦盛，蓋與南山皆禁樵採，山西亦其塋地，別墅即在其下。在草壩看其兄弟演槍，兄則中牌二，弟皆過而未中，小瑾亦打兩槍，雖未中，均正路。弟隨馳劣馬，帶其伴當由山下馳於山上，或拾物於地下，或打槍而急馳，甚見其英武。復往東行，有雪山，萬年不化者在東北，正東亦有雪山。內有海子，水溢而下，在山溝作轉藏經綸數處，水濺石邊，皆成冰柱，因敲而食之，涼甚，甜甚。步至東南河邊，亦有溫泉一區，不過轎夫等可往而浴之，有硫磺氣，不如墅中無味也。乃弟養有獵犬廿餘，牽來放於北山，然夕陽西墜，不便久留。半日山圍中坐石上，立草上，談時事有之，談經濟亦有之。回墅後，其蠻幕彭明齋亦來，因痛飲，可謂極一日之歡矣。甲氏兄弟，兄係提督銜，明正宣慰使司甲木參瓊珀，漢名宜齋，號敬亭。弟係藍翎五品軍功，明正土舍甲木參恪旺，漢名龍光，號雲亭。其曾祖名甲木參沙克嘉，祖名甲木參多爾濟，似蒙古名。黑早，微雪，晴，風。

廿五日　起已辰正餘矣，遂至敬亭、雲亭屋內喝油茶、奶茶，其弟已放獵犬至南山深林茂草中，忽報犬聲大作，蓋遇獸即吠，其犬有值廿金者。因往觀之，久而又久，犬往西馳。聞有麂子跑下，獐之屬，不知是否此麂子。回時尚無消息，恐未必能得也。此山有鹿有獐，豹熊亦偶有之。主人備馬數匹，約往老玉林宮，因欲洗腳未去。惠臣、小瑾願去，因偕雲亭前往，回時云，其溫泉有三，在河內河邊俱有，然皆出於石上，亦奇。石上似鑿空而出。飯後，遂至其木池邊濯足，因天冷未敢大沐浴也。其水似華清宮，然清而無氣味，似差強，濯足後遂回。半路離城不過二里，到其家廟，供蓮花佛為尊。工程甚大，乃其先輩所修，四圍均有轉樓，少為徘徊，進城抵署，已落日矣。晴。

廿六日　會里塘糧務沈雲楣大令、希濂，湖州人，腳疾就醫。照磨徐松齡、鎬，浙江人。劉仁齋司馬便衣來，痛談，夷務甚為熟悉，惜年已七一，然精神尚強。陳鹿笙方伯因伊子大浩招搖，竟乃父以原品休致，子竟革職，可謂老年倒

運，毀於兒子之手，不值也。甲氏昆仲帶其幼子來，頗親近也。晴。

廿七日　午後過主人書房一看，所養豹子二個，將羊牽來，竟上羊身，銜住不放，其惡非常，如人遇之，不可思議矣。並弓箭彎刀及從前上賞者，並有蓮花佛一尊，據云能避刀槍水火，座下用人天靈骨所鑲，係護身佛式，皆看過，真外番中世家之物，均不易得。晴。

廿八日　午後甲氏昆仲來，痛談，二人皆有血性，可造之才也。會鹽茶大使劉雲生，_{名振衡，仁齋之世兄。}滿面煙氣，不甚了了也。晚接周保臣兩信，並電京報及《中外日報》。趙興來稟，家內平安，將外間房屋租與一攜眷曾姓裁縫，似得照應也。晴。

廿九日　午後甲氏弟兄來，送到職名收下，據云此處葡萄甚多，因送到黃葡萄乾，似京中，紫色者較肥，鶴孫送瑣瑣亦佳，然皮較厚，惜未能造酒，可與番民興利也。劉仁齋送來大麴酒等六色禮，只得收之，程儀壹百兩壁謝，所送委員等程儀及賞耗，再三不好卻也。晚間自到，又痛談。喬震生大令，_{乃多事不安分，鹿滋帥所賞識。}清帥欲撤其差使，甚是也。晴，風。

三十日　由范湘梅擬底致錫清弼制軍，略謂如練兵與其內地，不如土司得用，明正兩弟兄甚有血性，不過籌餉備械，以及派將佐土司之不足，尚須籌劃，其擬移官設官，亦須相因而至，尤須酌核。甲氏兄弟來，並小孩亦帶來，其蠻幕亦到，因其已人醉鄉，伊兄弟擋而去之，殊可笑。半陰晴，風。

【校勘記】

[一] 稿本原作「湘濤」。

[二] 吳注：按梅曾亮《從吾軒從征記事》云：「唐人記高仙芝征小勃律，其人能以術致妖霧淫雨。」章佳公《阿桂年譜》記征金川事，頗同。今此記言入打箭爐西行四十日，至恩達塘之瓦合山，金鼓聲立致風雨，豈荒徼絕域，人有怪徵，地氣亦殊，與蓋天高地下者，自然之氣也，而人氣之充塞，亦有以摩蕩而升降之。人物少則中虛，而上下之氣易合，陰陽發亂，不主，故常古聖人所以絕地天之通也，彼殊徼絕域者，太古之事亦如是而已，嗚呼！日闢，而日廣者，地也；日生而日眾者，人也，斯域也！千百年之後，必有良田疇、美竹石，好衣甘食如吳會中，而且以是書為妄語者，云云。紹按，梅伯言係大文學家，所言實有至理，夢琹所記，尚在爐城以內，已有此怪異之象，蓋地廣人稀之故也，惜不知從吾軒為何許人，若覓此書，必為研究藏事之一助。紹記。

[三] 稿本原作「榮棣榮」，應是筆誤。

[四] 吳注：善。

[五] 吳注：方。

[六] 吳注：裕鋼，由理藩院京察一等簡放四川雅州府，薦擢駐藏辦事大臣，善蒙文，在藏娶一藏女，故略通藏語。生一子，通藏文，然人頗木訥，頗似其父云，結記。

十月初一日　甲氏兄弟差告，打得盤羊一隻，未暇去看。致川督信，今日馬遞。晚間馬竹君過談，因諸委員為徐照磨約飯，止一人獨享全桌，然停滯，僅酒粥而已。早微雪，午晴，晚又雪。

初二日　甲氏兄弟來約，先至其書房略坐，因安居供巴有降神之說，可問休咎，屆時與諸位委員同往。在其佛樓，有一廿餘歲剌麻正坐，身穿彩衣，腳皮靴，帶弓箭，其降神時，頭頂一神帽甚重，有孔雀等毛及綾飄帶、旗旛等物，手按一刀，眾剌麻奏樂念咒，則神陽附身大吹氣，似義和拳景象。遂下坐，持茶一銅盂，先飲之，將盂遞余飲之，據云非欽差達賴才遞，餘人不能也。又以紅綾結江卡兒送余，外哈達一方，余以哈達還之。並有青稞一把。旋入座，甲敬亭代問藏事如何？答以番語，大概一路平安到藏，亦無難了之事，惟以賞善罰惡，遵大皇帝諭旨，且令到藏念《觀音經》《陀羅經》，自能辦理妥當。諸委員問後，便往後仰，乃神去矣，又似師巫之意。稍歇，復又降神如前，其手持鐵刀一把，刃甚厚，在脅下一別，則灣轉而過。又以哈達、江卡兒哈達圍之。送余，因送其銀錢五圓作香資。復看其剌麻所問各事訖，其神去亦如前，因已午後，遂回。聞有一神尚未降，蓋每月一次，均初二日，亦神道設教一端也。電報局給諸委員送來一品鍋點心，拿來大嚼。劉仁齋來痛談，並送詩兩首，面謝之。明日頭撥行李飭發。昨夜雪，今晴。

初三日　昨日降神，經甲敬亭弟兄親送到「夷」字一紙，有圖章，隨紅綾一縷，所譯漢字一紙，似七古，又似讖語，尚不十分支離，不過勸善懲惡大旨也。早經協戎署送到翅席，協戎赴省，聞係少爺特備送來。與諸委員大嚼。晚間協戎署特請湘梅，乃湖南同鄉故也。半陰晴。

初四日　甲氏兄弟來痛談，劉仁齋司馬送和詩，且送席璧謝。蕭勵恒大令送行詩，皆無暇再步，且武夫不敢與諸文人爭為筆墨事矣，一笑。燈後接保臣電，前寄家報及英甫信，已均交收，公館亦平安，甚慰。何心源來信，並送蘭花薰

煙兩瓶，無暇致函，託少韓代意。半陰晴。

　　初五日　甲氏兄弟來，遂至其書房院，看其新打盤羊一隻，角甚大，豹子見之，極力大咬，性使然也，將山羊牽來，始則因其跑，趕上咬之，山羊反追之，則往後躲避，不敢向前，俗傳虎不食醉人，不過此意。惟獐子甚奇，所遺乾糞，甲雲亭抓來，大眾聞之，並無臭味，竟作麝香氣，並云山中獵之，其遺糞總在一處，人易尋也。劉仁齋送到蒸小雞並角子甚佳。劉光榮來。接到寶啟東信一封，又任玉瑞信一封，問王順在榮經縣養病，所害實坎頭瘡症，甚可危也。半陰晴。

　　初六日　二起馱只，並江少韓、吳小瑾、馬竹君及筆貼式四人。午後啟程，因沿途牛馬不易，是以分三起而行，會管解靖西邊餉喇秀珊大令、名世俊，行三，甘肅霍州癸巳舉人，同知銜，人穩練，係回教。劉仁齋司馬，大談李蓮英，為康黨所最惡。晚間恩、余來飯，范為親戚所約，恩之鹹牛肉甚佳。給王順賞借銀廿兩，明日託喇大令帶往，由恩惠臣給寶啟東致信，謝照拂王順。陰，風。

　　初七日　午後赴各處辭行，至軍糧府轅門外，有畢姓者，名映濤，號蓮舟，雅州人，在此洋莊生意。請在此略停，於轎內照像，備爐城留此大官威儀，可示萬民，其實為鬧充其生意。餘客皆過拜，協臺未在，只好留片辭行。晤劉仁齋觀察，大談畢姓與其相識，因邀入署內，復坐其偏小院內又照一相，或藉此多印數張，以備其售賣，只恐無人肯要也，一笑。仁齋兄送到羊肉饅首，晚飯時大嚼。甲氏弟兄來，明日約飯。恩、余、范三君為軍糧府所約，回時又復夜談許久。陰，風，微落雪。

　　初八日　寫家一封，將收到趙興棠及閏姑娘出閣並照像，準於明日動身等語。給周保臣寫信，託其轉交，用馬封軍糧府飭遞。仁齋觀察送到香腸、鹵牛肉，甚佳。甲氏弟兄送到糌粑麵，並用綢綾袋盛之，且有匙子，銀兮銅兮不解。可謂盡心之至，外有雞腿、梨、石榴、鹹腿、片油，出金川，味極佳。盤羊豬皆有。外青馬一匹，獨角毛牛一匹，即無角牛，大尾似馬。以便沿途過山之用。蕭勵恒大令又送詩，乃和余贈劉仁齋原韻。晚間甲氏兄弟親來約飯，同恩惠臣、余鶴孫、范湘梅痛飲酒，主人令小孩六人唱曲，大似鍋莊聲調。陰，雪。

　　初九日　會劉仁齋，早來送行，復至城外洋教堂，眾官送行。並備早麵，早敬亭、雲亭俱來，並送至折多山宿站，復來見。午初刻餘，由土司公署出爐城南門，即至玉林宮路，看山下左邊，前走山下路所過木橋，再往上行，即甲氏先塋。山背後樹木叢雜，前後氣象均不凡，延至東山上結穴，真佳城也。總沿山

路前進，多有林木，下即河水，亦即城內水聲，咽石如雷鳴，似太洶猛。然所露石上，蓋雪為水所激，盡成冰柱，排比圍之，如帳前流疏，北方未曾見也。今日牽夫男女皆有，隋煬帝不能專美於前也，一笑。且馬名糧、多名糧亦男女不分，大有上古之風。出城後，畢先生又在甲氏家廟請停轎，覆照一相。行四十里，至折多塘宿站。店房無正面牆。晚用安仁山所送小桌自作摺疊椅，少有佳趣。甲氏兄弟來，帶賬房，真有口外意，即札溫泉旁。陰，大雪。

初十日　昨晚飯，在折多塘，乃軍糧府備矣，不可吃，黃芽韭尤好。此處亦有黃芽韭，與京同。惟夜間床後院即馬柵，馬或撞門，或哏窗，或相鬥，家人起來數次，天亦將明，殊可笑。早發折多塘，順山行，雪及山水，沿途難行，惟山中樹木頗多，似有可成大材者，惜無人修理，至山頂，路不險，然甚長，下山五里，至熱水塘茶尖，酬以柴貰，剌麻、俗人皆來謝。手打問訊，或豎二大指，並脫帽、伸舌以為大禮，婦人則來問訊而已，有一小妞頗秀，似江浙人，亦怪矣。至提茹塘，匆匆早食，已四點餘鐘，趕緊收拾而行，過河左小石橋三，路已不清，土司遣火把來，並點燈前進，天復下雪，白晝夜間共放炮五次，將左玻璃振破，幸落於轎外。至阿娘壩宿站，已二更餘矣，共行程九十里，按鍾記應一百四十里，待考。沿途看甲氏弟兄一切行李、賬房、獵狗，其跟人有腰間一杆旗者，大似山大王屬下。晚間住處，大有行營光景，其眾迎接土司，亦背槍，大有會哨情形。早陰，午晴，晚雪。

十一日　昨日頭人送禮，茶葉、酥油、馬料，或有雞子，皆不收，土人千百戶者亦如此，僅留其小袋馬料，賞以哈達、茶葉，俱欣然，尖站賞以洋元，後仿此不記。早發安良壩，又名阿娘壩。昨日所住明正土百戶房，即所謂雕房，係三層，下養牲畜，中住人，上堆什物，頂堆糧草，皆以碎片石砌之，沿路房間均如此，其梁木甚堅固，牆上皆有窗，似炮眼，為防賊也。行廿里至營官寨，俗謂關帝廟。茶尖，此處只有郭將軍廟，乃打箭爐郭將軍達之廟。神像甚惡，紫面，有牙二露於上唇外，甚奇。座下繫一羊，手持似荷花朵，不知何所本。茶尖後，以上均係平草壩，將到宿站又上山。順河沿行，見有田疇交錯處，山上亦多松，或謂口外不能種植，實未深考。又廿里至東俄洛店房宿站，共行程四十里，或云六十里，非是。因本處有關帝廟，遂謁之。廟甚窄，然番地供養不多見。同三委員至店北草壩上，看甲氏弟兄並其少少所住賬房，有中軍形、西洋房形、人字形，皆乾淨，大有行營景況。中軍並安布圍牆、布影壁，皆彩畫之。在彼痛談，吃果子，不意遇一異人，姓王，其父漢人，當兵。乃轉世剌麻仁尊班，又似巴音。敦胡土圖，年卅餘，靜定非常，

問余此行如何，據云路中平安，到藏先難後易，須有四五年耽閣，公館一切均好，委員皆問休咎，聞鶴孫俱慶，姑漫應之，渠微笑，以為故意考之，其實太夫人已故，太老爺現在，眾人為之蕭然，勸余多念《陀羅經》《觀音經》。甲氏弟兄隨後到公館一談。晴。

十二日　昨夜大雪，須過高日山，已迷路徑，土司半夜來信，派牛前往山路探途，謂之蹚雪，其實萬難前進，只得仍住東俄洛。閒往門外一看，番民番婦、剌麻服色之奇，真有不可思議者，有散髮如鬼者，有短髮加以牛毛辮者，上有白骨節穿之。均著大領衣、皮靴，此番民也。有大領衣服各色不同，腰間繫以紅帶，上鑲銅飾，且有佩帶針盒、小刀，若多玩物，頭盤髮辮，以料扳指為飾，此與上路不同，上路盤辮婦人，不盤辮為女子。或赤足，或著普魯靴，此番婦也。頭頂羊皮帽及狐狸帽，帶一後簾，大領服、皮靴及普魯靴，此剌麻也。姑子亦如之，然皆不穿袴子，如此冷天，可以算得結實之至。甲氏弟兄並小孩皆來，略談。半陰晴。

十三日　早發東俄洛塘，在山坳行走，因雪難行，廿里至山根子打早尖，不過土房數間而已。尖後隨上高日山，寬路牛拉牽，復有番男女幫之，尚易，惟將至山頂一斷較陡，過山即平壩，只山水溝甚多。復上山，則古松延潤而生，即靠路邊，路為左松右石所礙，雖棧道無此難行，然風景亦各省所未見也。至一流水處，略停輿，下山則雜樹林中而行，以上五十里。至臥龍石店房宿站，共行七十里，沿路古松有高數十丈者，大半掛蔦蘿，北方不易見。據甲氏弟兄云，香獐專食此物。惟山間道上所連根拔倒松樹不可以數計，皆可作棟樑材。詢之土人，謂之野松，其枝砍之燒柴，本則其朽於潤水，朽於土石上，殊可惜也。水可興利，大草壩可種田，自不待言，山中所產更棄之可惜，番人惟知打牲，並負苦力，養牛羊有利不能自興也。有地方之責者，不能一念之哉。河口汛外委惠富成，本姓回，西域人。在路接見，復至公館叩見，即辭回河口。晴，高日山上雪，乃例雪也。

十四日　夜間兩點鐘，在臥龍石塘奉到八月十八日拜發奏摺附片朱批，委員等來恭閱。後遂發臥龍石塘，沿山腰路而行，道不甚窄，惟有石處覺難走，順潤邊，幸岸不過高，四十五里，或云五十里。至八角樓店房尖站，有汛兵。沿途皆有跪接，未記。尖後仍順潤而行，復在山腰路，比早半日難走，亦有架木為路，不亞雲棧，且忽而北岸，忽而南岸，過木橋甚多，沿路松柏樺木遍山俱有，滴水山石數處，一處有梅花片黏石間水上，鍾記謂有桃杏梅，桃杏有，梅樹未見。見瀑布前小，在山中左邊，屋後大已。抵宿站不遠，行四十五里，或云四十里。至

河口外委惠富成公署宿站，富外委先接後來見，並送雞子、萊蔽等件，只得收之。曾有言，凡送酒席皆卻之，李刺麻忽送哈達、點心，亦送還之。共行九十里。委員來談，甲氏弟兄來談。晴。

十五日　換烏拉。晨起至河邊看番民所用皮船，以粗荆條豎編七八根，橫編六七根，長約八尺，寬約五尺，用生牛皮包之，遮過船沿，形如龜殼，用時放入水內，可坐四五人，在前坐者蕩槳而行，不用時將槳別入船內，一人負之可走，其輕捷非常，如用之軍中甚便也。遇甲氏弟兄，回到其寓內一坐，算辭行。飯後所用馬匹，崇喜土司方來，遂乘轎至河沿，渡雅龍江，又名若水。過河口對岸，又在土百戶內略坐，大眾分馬方行。上山腰，甲氏兄弟叩送，小孩於上船時叩送。仁尊巴敦亦在此送哈達，當即還之。所過之路，亦如雲棧，不過加寬。到宿站，前方有平壩，沿途草木除松柏不知名者多，樺皮樹木上暴皮如油紙，據云可燃燈用，石路太亂，河聲大吼，未免負此山中林下風景。行四十里，麻蓋中，又名麻蓋宗。宿站，人戶無多，房已占滿，拉纖者男則多帶布平帽，似京轎夫雨帽形，女則頭頂前二銀餅、後銀餅，皆有花鑲石，髮披於前後，前短後長，據云假髮，且有牛毛作者，乃里塘打辮也。晴。

十六日　天未明，掌燈即發麻蓋中。順山路，尚不險，漸行漸雪厚，乃前期多日所下，沿路松柏、青剛木甚多，雪上有圓蹄、有雙尖蹄獸跡，其為虎豹、獐鹿所行無疑。近數日祗見隨余行者有去人，總未見對路有來人，其荒野可知。行四十里，或云卅里，非。剪子灣塘尖站，所過穆里拉山，下坡其陡，已難行，將到尖站，漫雪坡更滑無比。尖後行波浪工山，皆滿雪，用毛牛人夫拉纖頗吃勁，幸上路皆平壩，似十月天氣，甚冷。下坡宿站又暖，有云入藏一日可備四時。下山有波浪工汛外委劉有福備茶尖，略坐。乃小破屋三間，為外委公署。鍾記謂波浪工汛臺站在山頂，今非。又過卓烘山，下坡尤陡，且摺疊多路，復行靠山臨河窄路一斷，遇小木橋四。行六十里，鍾記七十里，安仁山記五十里，似皆非。至西俄洛公館宿站，有公館其破萬難。共行一百里，里塘土司宣撫使四朗占對、十九歲，像甚好，頗軒昂。副土官朱洛宗吉村皆遠接，並來叩見，均跪回話，尚恭順，皆紅頂花翎，帽有花無纓。蟒袍而無褂，耳戴銀墜、大珊瑚環，不華不夷，甚可笑。此處婦女頭頂三道青寬條，尚綴銀飾四五，亦有昨日所看三塊者，復面作桃形，身背後帶若許琉璃五色珠，以線穿之甚長，拖於後，且掛小鈴作響以為美觀。晴。

十七日　天將明，即發西俄洛，登俄洛山。在松柏荆棘中行，大掛橋圍，

山下坡則雪積滿路，行五十里，或云六十、四十，皆非。至咱嗎拉洞蠻房樓上，早
尖。人家不過三四，與鍾記所說同。尖後登得勝山、破碉房、人頭灣、亂石窖、
翁哩拉山等處，皆大雪漫漫，路途滑險，然早間山中尚有松柏。午後所過，則
皆荒草，偶有松不多，似北路風景。將到宿站，在高山坡，下臨河水，肩輿不
能行，只得步行，雪冰滑險非常，余又皮靴底，幸劉巡捕、王永福將靴子脫
去，穿毛絨襪扶餘而過，可危亦可笑。然月夜雪光、燈光下，幸無人看其醜態
也，呵呵。行七十里，或云六十里，非。火竹卡把總楊保琳公署破房數間而已。宿
站，共行一百廿里。到宿站已十點鐘，既冷且餓，委員等相離住處太遠，未見。
呵凍書。晴。

十八日　早發火竹卡，昨夜墨匣、水煙袋無一不凍，今晨河內仍然活水，
日出後挾帶斷冰，與北方大不同也。沿路雪山，比昨日平壩多，較易行，卅里
至鮮達。下轎，吃點心，在塘兵房外坐石上，並溫茶喝，賞以銀洋一元，乃夫
婦二人，年均六十以外，前數日已為夾壩所搶，正在無食之時，得此甚樂，逢
人磕頭，並將火槍放一出，以為格外恭敬之意。又卅里，似有四十里。里塘糧務
公署宿站，房上、牆上均以地內羊皮蓋之，可謂起地皮矣，一笑。共行六十里，似有七十
里。此處在山懷內，高山上有里寺，甚雄偉。聞有剌麻三千餘眾，堪布昂翁滾噶，
因腿疾未到。傳號洛宗旺秀鐵棒向已松布等跪接於路，張守府世彥，號子英。跪接並來
見，專汛把總江文荃亦然。正副宣慰土司四朗占兌、朱洛宗吉村來見，並進禮
物，再三叩求，祇收其豹皮一張，從重賞之可也。瞻對亦來送禮，收其信並哈
達一方。加木樣呼圖克圖、甘肅西寧回覺寺剌麻佛，送哈達並銀四兩，皆送還。
遇江少韓、吳小瑾、馬竹君三委員，因夫馬未齊，須明日走。晚間軍糧府沈芝
楣大令因腳疾就醫，未在署。世兄送席一桌，因與眾委員享之。晴，山上有風。

十九日　今日因夫馬未齊，仍住里塘軍糧府。里寺堪布送禮，鐵棒亦送
禮，皆卻之。明正回差皆令其領賞而回。晚間會張子英守戎，託其代催夫馬，
應之而去，此人為番民所服，頗明白，有才情，武員中不易得也。詢其年歲，
同年同月，長余一日。陝西富平縣人。晴。

二十日　仍住里塘，令土司等至此領賞，復又催其夫馬，因大雪，應差蠻
家多難趕到，亦實情，擬雇齊，或後日可成行。此地來人多喘，果不虛，皆以
為水寒，余以為山中多溫泉，且離此七八里，名熱水塘，亦溫泉，此喘恐肺熱
所致，非寒逼也。昨晚恩、余、范三君少違和，倩余診之，均屬肺脈獨大，亦
一驗證。余鶴孫至里寺一看，其廟所佔地居十分之六，所供惟達賴剌麻，謂初

世達賴乃其地所生。最怪者為吳王殿，乃吳三桂也。軍糧府甚難做，少不合，僧俗即將公署用石擊之，其蠻性如此，剌麻尤不畏官，殊可惡也。午後至署西一看，正值番民宰殺牛羊發賣，其穢非常，有數小兒手持羊肉食之，詢之乃生物也。張子英送來一品鍋等，收之，並約劉巡捕等晚飯，自己復親到，談及此處田地曾作菜圃，焉有五穀不生之理，此論甚是。前有某太守曾開墾此處田地，走後交廟經理，後仍作廢，聞此地應歸廟內經理，不知然否？待考。聞離此不遠，在下站，曾將守備剝皮，乃寺中剌麻所為，後由韓提督來，竟未辨出所以然，幸里塘經劉仁齋、張子英將此處堪布因案捉拿正法，則各剌麻少覺警惕矣。晴。

二十一日　仍住里塘。糧務公署張守戎來，痛談。將馱只今日先發，為可緩氣，明日起程，免得雜亂也。守戎早送豆花兩盌，蓋自作，有省城風味。夫馬仍復不齊，經劉巡捕與其反覆說之，明日或可動身矣。蓋此事歸三大村剌麻寺所管，非常之混帳，屢次差事未有不大廢唇舌者。此地前後多出瓜子金，惟剌麻、番民準而後拾之，漢人則不准，亦有搭蓋牛毛賬房，拾金者須至廟內飲食物，然後拾之以納稅金。商賈無多，僅有陝西人開店在此者。剌麻亦有被堪布抄者，如欠廟內本銀利銀，則抄其家，蓋堪布三年卸事，必有九百金交代，非取抄產不可，真野蠻辦法也。剌麻均能以石子打人，發無不中，幸膽小，若以火槍震之，均皆逃跑，情形頗可惡也。晴。

二十二日　在里塘早尖。巳初，余起身，出塘不遠，即有番民、番婦於路左設香幾、椅子各一，番婦手擎托盤，內奶子一盌，白酒二杯，似餞行之意，因令賞之。本處弁兵跪送，里寺剌麻跪送。廿里外張子英守戎叩送，卅里土司叩送。至大橋過之，橋以木為，每夏令大水均能沖倒，往往失事。上大坡，在蠻房外茶尖，自未到里塘以前，即有土山多且不甚高，中必有平壩，今日所行路均如此，可惜田地竟為廢棄。蓋剌麻為政，不願開墾，恐漢人多，彼則難為所欲為矣。又卅里大半亂石路，至頭塘宿站，共行六十里。不過三間破屋，似牛馬棚，外豎一小匾，題作「頭塘行臺」，殊為可笑。此地平壩甚寬，除行臺尚有土屋數間，此外皆牛毛賬房，來人皆住之。幸安仁山都護送給藍裌賬房一架，甚好。惠臣、鶴孫居之，湘梅則另有賬房矣。晴。

二十三日　未到四點鐘即起，天有月，尚黑，發頭塘，行有十數里方明。雪下冰凌，加以亂石路，頗難走，即望道右有雪山四季不化者，或云三日內皆圍此雪山而行，亦奇景也。行五十里，安記卅里，非。至乾海子茶尖，將賬房搭在蠻房外，略坐，喝油茶，吃點心。又行卅五里，安記卅里，非。至拉爾塘早尖，

不過極穢，土房內作此一舉。尖後則行，松柏青剛楊柳樹形與北方大不同。內，四面皆山，中央一溪，水聲忽壯忽幽，與打箭爐前後風景無殊。又行廿五里，至剌麻堐宿站，共行一百十里，即住其樓上佛堂旁。惟上樓之梯，乃用中等木一根，將本木不過可容一腳，刻槽為之，殊難登上下也。路中曾遇一馬負糧走至山坡間滾鞍而下，幸無大傷，役人身背之物，尚不敢失，且須追馬，不過廿旬上下一女子，內地有是理乎。早微風，晴。

二十四日　點燈發剌麻堐。順山路尚不甚難走，行六十里至二頭灣塘早尖，破屋內歇息半時隨行。從此行於半山路，夾以石坎、松柏，樹內實在難走，中間遇有平草壩，有寬潤者，大半有瑪密堆，有石板刻經者，此路甚多，有布幡等類，路中或遇，山頂則無處不然。中路甚渴，在松林不知其名，停輿喝茶，離宿站七、八里路即點燈，並有火把來接。又行六十里至三壩塘宿站，共行一百廿里，此歸里塘，明日即歸巴塘。巴塘土司已遣人來叩迎，據云土司因腳疾未曾趕到，送諸物皆還之。晴。

二十五日　早發三壩塘，走石路平路皆有，過小雪山、三壩山，在山腰路行至松林口，穿樹林，其成材之木，皆委之於途到草壩上。巴塘宣撫土司羅進保叩接，蟒袍補褂，紅頂花翎，不似里塘打扮。在此備茶尖，余在此即早令廚役備早尖，在賬房內忽然來風，無食不灰塵，可發笑。據安仁山路程為四十里，似鍾記謂七十里，太過，略有五十里。壩左即有磚色石山，迤邐至宿站，或云此山夏日猿猴、鸚鵡甚多，冬日則往南行，避冷也。山上似無土，然柏樹甚旺，大同荊浩畫法，不易得也。尖後，忽行樹林內，忽行草壩上，可惜草壩不過擺瑪密堆，未有種田者。又行卅里至大朔塘，又名度朔塘，蓋指度朔山而言。民房作公館宿站，共行七十里，似有八十里，鍾記九十里，非。羅進寶復掛刀來叩見，因令之坐，談及彼之田賦，竟有稻田。應交打箭爐二千餘金，其剌麻權亦較重。支應夫馬，幸皆土司，不似里塘也。

二十六日　早發大朔塘，即入山溝而行，時已日出，因起身時縴夫要多茶葉，通事飭其無厭，彼則以石塊亂擲，巡捕當即捉住二人綁之，怕極，以為必死，餘人則逃，後責之，亦 [一] 不敢怨，惟有笑臉媚人求放而已，其胡塗直似八九歲小兒形狀。待過大朔山又招之而來，頗為盡心，拉縴並幫轎其累非常，睄之實可憐，待至山頂，群向轎磕頭打問訊，訴許多番語言，其伊等告知大人向來皆送至山頂，不往下送，一直到站，俱無上山路矣，余頷之，遂 [二] 欣欣然而去。復行數里，又向轎前磕頭打問訊，余以為來討賞也，問之，乃其頭人

以為半路逃跑，令其趕回對證，因告其頭人，實係送到山頂，余令其折回，非私逃也，始放之而去，蓋半路逃跑，亦其慣技也。行四十里至松林口，在轎內飲食二杯。又二十里至奔察木塘宿站，共八十里。巴塘署都司馬雲飛來見，即回，浙江嵊縣舉人，已保游擊，號壽梅。本擬宿小壩沖，天已申正餘，來人均未用早飯，腳力亦不支矣，今日所行之路，大半雪下冰凌，轎夫呼為凌路，即冰。或高山上，或大樹下，四五尺石塊擋路，四五尺圍徑大黃松橫路，可作棟樑材，皆劈之燒火，大幹則棄之，或行偏坡活沙，下臨深澗，或行於水石中，無橋樑，覺困頓非常。委員則趕至小壩沖，騎馬則快於肩輿矣。自入巴塘境，男番衣服無甚分別，頭上則前短髮，每兩旁留小辮二；女番衣灰色氆氌衣，似小襖，絳色裙，頭上梳無數小辮，總結一大辮，下以藍線接之，有兩小穗，皆以銅絲作箍，大似京車夫。晴，午後風。

二十七日　接蓉格來稟，四弟屋內五妞於今日出閣。早發奔察木塘，沿路冰雪、山石，大樹林甚難走，與昨日無異，且左臨山澗百千丈不等，竟有望不見底者。行四十里，鍾記四十五里，非。至長壩沖又名小壩沖。尖站，會糧務曹爵申，銘，花翎三品銜，直隸州知州知府用，浙江紹興府上虞縣附生，行五，世交。尖後天早，遂起身，沿途皆矮樹，有結紅豆、黃豆，如天竹豆大，其小葉樹亦有紅綠相掩映。有一種矮樹，形如刺松，在山坡上多。係粉紅色，甚怪，詢之以上各種，皆不知名。河岸而行，下邊水聲有如雷鳴，岸邊有累石者，有幫木者，大似棧道，只不如棧窄，高險則倍之。有鸚哥嘴者，轎子大難拐，以伕人多，抗之、拖之而過，轎之損壞，不能顧也。山中有鳥如鵝，黃白黑三色，據云番子死後，即以屍肉餵此，真有陰氣，非尋常鳥雀可比。又行卅里，鍾記五十五里，非。巴塘軍糧府作公館宿站，此地比里塘規模較大，亦稍乾淨，外面山水亦開展。副土司郭世祿花翎，亮藍頂，短襟馬褂。遠叩迎，正土司羅進寶近叩迎，本汛千總張紹彬、堪布敖阿仁清皆叩迎，曹糧務、馬都司皆來見。糧務送席，復送食物皆收之。都司送食物皆璧之，收魚一尾而已。晴。

廿八日　仍住巴塘公館。土司羅進寶、郭世祿來見，因令其趕催夫馬，據云調齊非初一日方可全到，萬不敢故意遲遲。曹爵申糧務便衣來談，為恭勤公門下士，並帶從前小像而來，此君以特旨直隸州，已過四五缺未補，在此已九年，上有七十餘老親，進退皆難，亦無法可設矣。此處天氣甚暖，不過京內九月半光景，滿室蒼蠅，殊覺可厭。晴。

廿九日　仍住巴塘糧務公府。將賞耗自土司、堪布，以次均皆發給並念

《陀羅經》《觀音經》，發給剌麻茶葉，回信各念千遍 [三]。此舉因仁尊巴敦所說，可解小人一切惡語，神道設教之意也。回差中協兵江雲龍與和尚打架，且聞其素多不安本分事，因責其六十馬棒，紮軍糧廳遞解回省，並紮中協。恩惠臣三君赴馬春梅都閫處約，曹五先生送來一品鍋，自享之。致川督信，今午後馬遞。晴。

　　三十日　仍住軍糧府。發家信一封，寄周保臣轉交，敘沿路平安。至里塘、巴塘，並途中大木作棄材，番男女打扮可笑。川省城太亂，惟有閉門過日子等語。昨日接廷寄，並香雨咨文條陳藏內三節摺底，今日覆文，並寄其一緘。午後因吃薄餅，不敢久坐，同惠臣、鶴孫至西首丁寧亭旁一看。復至東首關帝廟瞻仰，工程在此處可稱宏敞，兩層殿相聯，內有比干牌位，詢之為毛毛匠祖師，不知其何所本。在過廳對其戲臺飲茶，廟祝帶緌帽侍側，少時，用碟子陳黃柑五枚來獻。_{樹在其廟內，並折一枝帶葉拿回。}邊外風景，北省不能得也。復至北首，有名桑抱石，為巴塘一景，乃石上生桑，桑甚大，桑在上，石在下，似抱之，石似哈嘛形，旁刻「蟾影」二大字，_{嘉慶丁巳袁州辛文彬。}邊外石刻，只此僅見。回時遇小孩十數，以螺殼、_{最怪，甚長，正似馬蜂兒形。}水牛殼加以紅豆穿成，套於項上，以作兒戲，足見樸實，別無玩耍物也。男女皆來觀看，老者盡合掌念經，蓋見余以為有福，可除不祥也。晴。

【校勘記】

　　[一] 稿本原作「以」。

　　[二] 稿本原作「隨」。

　　[三] 稿本原作「編」。

　　十一月初一日　早發巴塘，路間都司、剌麻、千總、正土司敬送。先行山路，在金沙江左，並不險，過茶樹山，直無路，亂石偏土溝，胡走而已。行四十里，牛古渡民房內尖站，_{窗外臨江甚得景。}曹爵申直剌送此。尖後順江左路而行，或亂石，或偏坡，或活沙，均在山腰，有如棧道，幸不甚高，亦不如其窄，然左右雜樹掛損轎圍，竟無處可避。有一種帶刺樹，小葉與刺梅無異，詢之幫轎有過此路者，據云開黃花，其為刺梅無疑，不免掛衣，為人所罵，未免名花掃地矣。又行五十里，至竹笆籠外委署宿站，_{名曰署，其實番民樓上。}外委徐曜洪來見，副土司郭世祿來見，擬明日再送一站，攔不肯聽之。而已，路行山腰，見虎爪草甚多，因拾數枚，到宿站，用滾水泡之，果然反青，_{俗名湯湯青，與北}

邊無異。閒到江邊，與惠臣三君坐於沙灘上，適有番民乘皮船，令其背到一看，同河口無異，不過略大，船口鑲以木條，前窄後寬，似古之射侯，形較妥也。晴。

初二日　早發竹笆籠，即渡金沙江，上山過一塔門，一門上砌一塔，素未曾見。順山路而行，左臨江，江岸有粉紅花，極小，稱細弱，葉甚秀，惜不知名。右山崖，皆在刺梅叢樹中，仍掛轎圍，輿昨日無異。過一橋，水歸金沙江，徐外委在此跪送。此外委僅管渡船二隻，手下一兵無有。沿山以外係大路，內即三岩野番，與外番裝束相仿，不務正業，專以劫人為事，曾經夏軍門毓秀剿辦，僅與約不在巴塘劫人，其餘不管，殊可笑。此番劫去鴉片〔一〕煙，以為糖，食者無不死之，此時雖醬亦不敢嘗矣。行四十里，公拉碉房尖站，復上獨木梯，餘下梯時謂家人云，如駐藏長久，大可作賊，此與賊之所用蜈蚣梯，不相遠也，一笑。尖後，順江上山，窄路極高，與江離即轉右，復行不遠至鸚哥嘴，肩輿不能過，眾人抬杆方過。又遇大風，甚險，達格頂達格，番呼「核桃」有番房，且種山坡田，在轎內喝茶。憶過巴塘後五六里、十數里，或見番房，亦偶有引水田地，蓋有人戶，便有田畝，即有農具，不止專靠牧放，惜乎以上人戶少耳。行空子嶺山溝內，中有一水成冰，水仍伏流，兩旁極窄，松樹、青岡樹〔二〕極多。路忽左忽右，實覺登頓，出嶺草壩一斷甚寬平，即至宿站。又行四十五里，鍾記五十里，安記四十里，皆非。空子嶺公館亦碉房宿站，共行八十五里。二營官郭世祿來見，明日即回巴塘，殊覺應酬備至。因天早，登其房頂，頗可眺遠，有番女送到黑棗，蜀名橘柿子，核甚大，且乾，略算果子而已。大嚼，酬以棉線。晴，午山風。

初三日　自早發空子嶺，道即不險，草壩山坡或有窄路，外有砍伐〔三〕樹枝攔阻，下亦不覺陡，惟越走越高，覺涼，地勢使然。行卅里至莽里尖站，在碉房樓上。尖後亦草壩多，可惜擺瑪密堆甚多，開墾者少，自從巴塘以後，尚有田地，不似里塘歸刺麻，不准種田。又行廿里，或云十五里。至巴茅塘茶尖。江卡守備、察木多游擊遣官迎接，自備賬房，略坐。有備乾杏，食一枚似藏杏，有硬核，少差。尖後遂上嶺，即寧靜山，川滇藏分界處也。此處有石碣，現已不清，擬再重鐫之，惜界牌早已模糊。江卡守備劉榮魁、把總馮文仲、江卡土司能住、南燈寺刺麻甲噶卑柱，紅教廟有石佛。均叩迎，並到宿站來見。達賴佛譴人送馬一匹，留之。茶尖後紫土山甚多，蓋以黃色荒草，余謂此刺麻服色之先聲也。山上草壩甚大，亦荒廢。又行卅里，或云廿五里。共行八十里，或云七十里。至南墩塘公館年久失修宿站。守備送來食物，人人均有。呵

凍書。晴，山上有風。

初四日　早發南敦塘過古樹山，一路或松柏，或青岡〔四〕，滿山皆是，並有草壩，可惜俱棄之。此山在頂上，下行之許久，內有土兵迎接，必焚松枝，仍似古之煙墩之意。聞守備云，此土兵即土司管，每月三錢銀，無怪如此。見官伸舌，兩膊上下之以為禮，原所以防三崖野番，今則以老弱充數而已。行四十里，在草壩中古樹塘公館尖站，三委員亦在此候。忽來番男女五人，有持鼓者，似番僧念經物，長柄而小。有持鈴似鈴、似鈸非鈸者，大跳舞，口作頌詞，蓋以此為生，討賞以去，或云沿前路似此者頗多。尖後過普拉山，如早過之山，二山之水均不少，凡邊外亦如邊內，大半有山必有水，邊外皆置之無用，殊可歎也。又五十里，安記四十里，是。普拉公館宿站，共行九十里，八十里是準。此路多日，日換夫馬，忽來古樹番子，未等換，硬牽就走，攔之則拔刀相向，其野非常，因拿四人捆之。晴。

初五日　早發普拉，大半草壩，有數處山腰石路，不甚險。過夾擦頂，自支賬房茶尖，守備在此伺候，且備點心，乃黃糕，作白薯味，大新奇，以上卅里。又廿里至江卡公館宿站，安記六十里，非。普拉寺堪布剌麻過磴木叩迎，並來見，送禮，再三求收，收其乾粉數十束。千總馮文仲送乾魚等收之。將昨日所拿之人交劉瑞峰守備榮魁會同江卡土司能住辦理，原四人續查二人。旋據古樹將鬧事番子六人送到，守備即會土司，均為重責，並將為首者割耳示眾。割其一耳，釘於番官門上以示眾。聞此人素不安分，曾當夾霸，亦報應不爽也。卸任土司汪堆洛布亦遣傳號送禮，卻之，訪其素不安分，現在下站辦案。此地男番照舊，女番則群辮，且面上皆抹兒茶，加以酥油，有黑、有紅且黑者，竟如尉遲公者；或以紅黑色滿面點之，似麻子。上由頂加珊瑚豆至腰，皆紅色豆，一路穿之，大似蜈蚣。見番官女人頭戴似鸚哥架，極高，乃後藏打扮，俱難看。晴。

初六日　點燈即發江卡。沿途山水凍冰，雖難走，尚不險，過那拉岡，自下賬房茶尖。六十里至大壩塘尖站，公館屋甚矮，竟不得抬頭而走。劉瑞峰守戎、千總馮文仲同送至此。尖後，過梨樹山，不險，亂石多難行，且有偏坡不易行，越山至底，自下賬房茶尖。回看山路，在轎旁所來之路，有放野火燒山者，因有風，火勢頗大，其煙甚高，如此切近看燒山亦從來未有。復行山邊路，有在山背冰凝極多，不遠即須渡冰，若太晚覺非常難走。梨樹外委廖炳堃迎接，並宿站來見，且送食物。又六十里，至梨樹塘公館宿站。至公館，太陽離極高山有尺餘，共行一百廿里。晴，山上有風。

初七日　早發梨樹塘，過由拉山，道不算難走，惟山溝水多，田地亦多，有山田，有平田。番民平房沿路亦多，房上所曬穀草頗旺，誰謂口外不可耕種，且多醪泥？行四十里，地名高潤槽，自下賑房茶尖。又廿里至阿拉塘又名納爾塘。公館早尖，對門有剌麻寺，此公館宏闊非常。尖後，出門大草壩轉彎 [五] 時，竟有送酥茶、糌粑、鍋盔，有古風。且有送酒丫頭，蓋富家方有此舉。又卅里，鍾記四十里，是。過熱長山湯那又作「來」山，路甚難行，並有幾處窄路，或活沙，或偏土，或亂石，大似雲棧，幸不甚長。至石板溝公館宿站，共行一百里，安記九十里，非。房乃新修，裕子維德政也。梨樹外委廖炳墅送至阿拉塘，回石板溝署。把總季永茂迎接，並來見，送核桃等，收之。晴，山風。

初八日　早發石板溝，走昨日來路一斷，以下偏坡路甚多，幸無大險處。數日內所見紫石，有細者似可作硯材，惜邊外無人識也。行卅里，錫穆拉自下賑房茶尖。又行廿里紮口隘，自下賑房飯尖，食熬餅，蓋中間並無房屋，皆在野地故，委員等人多，不易備宿站。時方食早飯，過阿足山，偏路、石路、冰雪路俱有，若大冰雪似不易行。又行十五里，至阿足塘公館宿站，鍾記八十里，安記七十里，似皆非。有關帝廟在公館內，敬謁。同惠臣三君至門外閒踏，此處換夫馬，故早到，得此閒空也。男番頭上有帶紅箍者，乃三岩打辦，女番則前留短髮，與上路為稍異耳。阿足外委劉國清、署昂地把總兼乍丫通事劉玉升、乍丫副倉儲巴奪吉將存、仲譯江巴辭稱叩接紮口隘，並宿站來見。劉外委送點心、醎菜等，副倉儲巴送釋迦佛一尊，收之。回差有箱支被竊，值十四金，令運箱番賠之，並責之，交番官會同外委辦理。晴。

初九日　早發阿足塘，道不甚難走，沿肯達河而行，各山水歸河，不免凌路太多，過河涉冰，比尋常河面加寬，或云夏日水狂頗難渡。過河即上山，土道不覺高，亦不險，下山即夾巴溝，自下賑房早尖。守備李玉亭迎接在此，其應駐乍丫，此處為三崖野番出沒，時常劫人，聞本處番子不免勾結，其情深為可惡。以上行五十里。尖後，道亦易行，大半草壩。又廿五里，至洛加宗公館宿站，共行七十五里。鍾記九十里，非，約八十里為是。乍丫正倉儲巴慶饒致美叩迎，並來見，送釋迦佛一尊，並柿餅、麻花，似餑餑卓子 [六] 一席，再三求收，難卻。副倉儲巴納汪饒登叩迎，亦來見。李守備送席，收。伊旋回乍丫汛，明日再見也。晴。

初十日　早發洛加宗，沿山路至大浮橋，自下賑房茶尖，近橋有窄路一斷，共行卅里強。半路見白楊樹多株水內，[七] 山外左一處平番房，又一處平

番房，且有兩層者，如夏日頗得景，睹此未免動我鄉思，方識清福非易修到也。尖後，來往過河多處，順山而行，有石壁一處，道不過一尺，下為陡崖，臨雅雀溝，河水聲淙淙，頗險，復行窄路。又過大浮橋，過甕奔河。遠望房間多碉樓，即宿站乍丫，行卅里弱。住守備公署，此處原有公館，少破，李柱臣守戎再三讓之，不好卻。李柱臣名玉亭，已保游擊。伊兄名玉山，已故，亦係游擊。伊父曾任溫州府，四川人。旋送菜，收之。又送鸚哥一架，猴子一枚，壁謝。乍丫把總蘇起良亦叩迎，並來見，正、副倉儲巴、仲譯均來見，又代胡圖土送戴冠釋迦佛一尊。達賴遣堪布二名進京，均紅頂，來叩見。飯後因吃餅同三委員至公館外閒踏，至布棍寺剌麻廟一遊，煙袋塘名麻棍寺，麻者，母也；布者，子也。賞其洋一元而已，又有求佛施，二元了之，惟瞻對有修大廟者，施八元亦不嫌少。邊外洋元三錢七分。晴。

十一日　早發乍丫，多在田內行，若春夏則道難走矣。行廿里至粗泥早尖，食熬薄餅，蓋昨日所剩，守備、倉儲巴送至此。尖後行偏坡路一斷，甚險，遂過昂地山，雖不甚峻，然路甚長，有一斷山坡路，行之許久，幸寬平。轉過山陰，有積雪，頗難行，山頂大風，下時路窄陡非常，且有積雪處，多人扶持尚不易行。下山復又上山，直頭無路，不過牛行小徑，其實山下有路，不過多凌而已，較此路易行多多矣，因大罵轎夫後行山崖無路，逼其下之，亦竟無恙，其習氣真可惡萬狀。又行五十里至大水溝，自下賬房茶尖，署昂地把總劉玉升來謁。又十里至昂地，民房作公館宿站。此地有行臺，因前任駐藏大臣慶寶軒〔八〕病故此地。公館未敢備，殊可笑。共行八十里強，鍾記九十里，非。劉把總送來羊肉、鹹菜等物，卻不過，收之。聞延忠愘公茂過肯達河，時值大水，用蠻民牛四十餘隻將上游截住，趕緊下游抬轎底過之，其險不可思議。聞安仁山〔九〕出藏時，有小娃子十二齡上下，過雪深處落下，至今無著。此路中之險，不可不知。晴，山上大風。

十二日　早發昂地，走平田，過山路，十五里至噶噶尒〔十〕早尖，不過九點鐘，用粥鍋盔，在蠻房外自下賬房。尖後，過蠻房數處，皆依山臨水，平田、山田俱有，樂土也。入山口，蠻房有老樹靠水，頗得山間雅趣，惜乎居人神頭鬼臉，太殺風景。王卡山雖不甚高，偏路、石砂路皆有，不易行。內有兩路，委員所走左路內活沙一斷，下臨深澗，人馬均難立足，道且窄，尤險，余行右路差強。下時坡極陡，亦有活沙，幸人多，肩輿為眾人扛下，非輿夫之力。過松林山一斷，右有蠻莊一處，在山半，頗得景。又四十里至老龍溝，自下賬房茶尖。聞塘兵云，此處黃教剌麻廟佛像均石長成，因步行往看，係石上略俱形

影，仍係鐫刻者。行田壩中，至山溝亂石實難走，亦名鸚哥嘴。復上山腰，上有大石下垂，下支木架，蓋木板加石片，由中而行，似穿石洞，木架下即溫泉所出之水作響，順深山澗而行，轉一塔，又順山腰路下，即平田、平壩，或云開平壩，路不過十數年。鍾記山溝高岸，其下一百餘丈，澗河乃舊路也。過大浮橋，有蠻莊，兩邊石路極窄，穿之而過。又十五里至王卡塘公館宿站，東南有白蠻房一處，即前駐藏大臣文仲瀛〔海〕病故於彼，彼時無公館。共行七十里強，安記八十里，鍾記六十里，非。連日縴夫作蠻歌，有通其語者，非歌，乃念觀音經，以明保佑之意。晚時前歌者，今有胡琴，三女二男一小娃，歌而舞，亦有節奏，夜間山間亦有歌者，大小聲相續而起，蓋本地蠻曲，月下得此，且在邊地，另有別味也。晴。

十三日　早發王卡塘，一日均屬平路，在王卡河又名「巴貢河」，番語「索屈」。左岸而行。十五里至吉利寺，自下賬房茶尖。左旁有剌麻廟，楊樹一片以牆圍之，右岸大山一座，形如靈芝，松樹甚多，後有大石，前有土壩，左有山凹，四面群山圍繞，形勢極好，佳城。番民惜無用，沿途所過山莊，靠山臨水，加一楊柳，不啻內地極好山居，乃所住者皆囚首垢面之輩，未免為山靈減色。尖後過木浮橋，順右岸而行，道亦平。又十餘里至三道橋，自下賬房茶尖。轎夫喝粥、吃肉、吃鍋盔，皆營中所備，多日均如此，循舊例也。自到邊外，只分路之左右，實難定四方，如公館坐西南向東北者居多，亦有相反者，總無正房。此處有新修剌麻廟，名章巴寺，因往一看，係黃教，供石佛，據云生成，其實亦有雕琢痕，故神其說也。靠河過橋，又在左岸而行，其廟後多楊柳，夏日必好。又行廿五里，至巴貢塘公館宿站，共行五十里。飯後，至惠臣、鶴孫湘梅所住蠻房一看，復至河沿閒踏，鶴孫、湘梅揀石子為戲，亦一樂也。晚間聞廚房燒煤，蓋沿路自昂地煤山甚多，倉儲巴禁採，惑於風水之說。察木多遣希本達結達結柱昆，繫紅頂，人頗謹審。叩迎，正倉儲巴送觀音像一尊，收之。晴。

十四日　早發巴貢塘，順河而行三四里即見河由峽出，遂上巴貢山，路雖寬，石多，下山流沙且陡，殊難走。卅五里必喜龍早尖，在山陰，鹹菜成冰，幸攜燒酒飲之，乃自下賬房。其名為巴貢山，然不止一山。至山半復上山，乃窟窿山，俗名火焰山，附會《西遊記》而來，其實石峰萬柄朝天，乃形似，然南北山皆見過，實無此奇形怪狀，同行人無不讚美之。「窟窿」二字，係一山名。二十五里至山中，半路遇小溪，已成冰，尋水皆無，自下賬房，益卑長阿茶尖，從此偏沙路多。又廿里仍名窟窿山，蓋山根子。察木多游擊周篤村名占彪，四川嶽池人，相雄偉。備賬房

茶尖，來叩迎並晤談，到宿站，復見又談。自此尖後。山不高，則水多，左右過河多次，皆行淩上，太滑。又廿里包墩塘公館宿站，共行一百里弱，似八十餘里，然難行。數日來男婦番僧相隨者多，乃入藏朝山者，有女人梳兩辮者，乃德格土司來應差，亦有朝山者，本處則雙耳環，均銀砆藍。極大，套於耳，耳眼不足掛也，男人仍照舊。晴，風。

十五日　早發包墩塘，出公館即走半山，路高險，幸道寬，卅里至噶西壩茶尖。輿夫楊麻子以為乾稀，以山為乾，以水為稀。又云，可惜無粥無餅。所誤與所盼，殊可笑。尖後復上山，半路有極窄處，有架木處，大似雲棧，惟過山有活沙路，甚覺險。又行卅里，至猛卜公館宿站，館乃九月間新修得，共行六十里，鍾記七十里，非。察木多糧務謝掞庭大令名文藻，陽湖人，直隸州用，為謝仲英堂弟。來見，並送席，收之。今日所行之路，均在山溝內沿山腰，過冰水溝亦不少，殊覺悶氣。早飯後至山半惠臣、鶴孫處一談，湘梅尤在山下另住。回時遇程副巡捕，以嗆酒令本地人跳鍋莊，與明正土司處大同小異，有拉手時所歌，未悉何詞，聲音實太平景象，非鄭衛之比，因賞以茶二罾。晴。

十六日　早發猛卜。出公館不遠，即上猛卜山，其路亂石，直似無徑可尋，不過人多，將肩輿拉上。下坡一斷平壩活沙，順山腰路下嶺時，左右倒拐，似相嶺廿四盤，不過略短耳。廿五里宜母壩茶尖，察木多祝鳌寺備，遣副倉儲巴往迎，設立賬房，極整齊，備清茶、奶茶、油茶、人參、果餑餑桌四張，殊可笑。略坐即行，又五里至依堆民房茶尖，千總穆朝德備在樓上，甚潔淨，蓋房東之經堂，送土儀〔十一〕，卻之，賞之。復行山路，左臨河，路傍風景絕佳，有一土山，疑立碑多件，近視之，乃自長石壁所成，且有蠻房數處，安置得景，莫謂〔十二〕番民無計算也。河中有立石一方，形頗不俗，可謂中流砥柱，轉山下後，即望察木多形勢甚多，上層剌麻廟，中下衙署公館、民房，東為四川河，西為雲南河，兩水相抱，群山圍繞，中出土山，若斷若續，即其地也。惟走閻王　路窄，活沙多，殊為危險。橋在廟後，須大轉灣，似太多，事後詢知，岳威信公當日所定，蓋橋在前面，於風水有礙，當不止僅出剌麻，不得不然耳。以上行卅里。土城內察木多公館宿站，共行六十里，以爐廳到藏地，此地才過半。糧務謝掞庭、遊府周篤村均來見，送食物，送鼓炮手，均收之。千總穆朝德、把總王定邦、外委徐國奉亦來見，並叩迎。副倉儲巴四郎彭錯送各物，卻之，收馬料。正倉儲巴格桑雲登恭勤公曹保大剌麻，現因半身不遂，未來。代送皮革，卻之。大呼圖未襲遺栽業。送長壽佛，黃馬一匹；二呼圖錫瓦拉、三呼圖嘉拉克、

四呼圖_{未襲遺裁業}。總倉儲巴達罕達，五呼圖甲拉祝戩送觀音三尊，收之，余皆卻之。江少韓三君亦在此相遇，晚飯後與惠臣、鶴孫、竹君步月圍城一踏，尚不如王府大，不過名為城。晴。

十七日　寄家信一封交周保臣，略敘路中平安。住牛糞房，天晚才換大毛，王順如回省，不必令其在寓居住。今日適遇生辰，江少韓三君在此小住，亦為此舉，六君子、劉巡捕備明日早面，晚飯已難卻之，不意軍糧府、遊府並千把外委皆知之，隨後大剌麻、五胡圖克圖、倉儲巴等亦知之。最怪者，陝省客民在此貿易者，一併皆來送壽帳、壽禮，_{有收者，有卻者，另記之}。真正無理取鬧。遊府送戲一臺，即本處兵丁所奏，不意所奏者並不能唱，坐而歌之則可，登臺非所慣，於是回差，諸兵願效勞，乃勇往直前，或應登場而未登場，或不應登場而已登場。復拉下之，或應左而右，應右而左，或唱至半曲而忘，或開口亦唱不出，真聞千古未有之奇，搗六合未見之亂。剌麻送男女鍋莊加於戲內，戲止則鍋莊上，男則圓音，女則尖音，可裂金石，誠揭鼓洗穢，燈後即止。約六君子晚飯，將馬介堂所送洋酒痛飲，余大醉，不醒人事矣。余謂洋酒回差，戲從今不敢領教矣。晴，晚風。

十八日　夜間酒醉，昏不知人，三更後，則肝疾大作，嘔吐後稍清，左肋大痛，可謂自作孽矣。一日未敢出屋，諸君來看，有見、有未見者，外間仍唱戲、跳鍋莊。午間，在外屋遙望鍋莊尚可支持，燈後復又作痛，一日不過喝粥一盌，可發一笑。軍糧府、遊府約來晚飯，亦未見，請諸位委員相陪。晴，晚風。

十九日　少愈，仍兩肋作痛，昨服舒肝丸，今服四君子丸，遊府、大剌麻仍欲送鍋莊送戲，力卻之。晚約軍糧府、遊府、千把外委及倉儲巴、剌麻並陝西客民等吃飯，頗為喜悅，亦沿途一樂境也。江少韓等三君午後啟程前進。晴，晚風，長雲，因風退。

二十日　本擬今日起身，因病擬歇兩日，仍服四君子丸，清減大半，兩肋仍脹痛。午飯後，出土城，繞北面開步，其祝釐寺形勢非常莊嚴。昨遣劉巡捕至寺略為周旋，據云大剌麻所居，其氣象可比親郡王府。復繞之東南面，隔河草壩一片不小，再東南山上亦有草壩，雖云不大，如屯兵作中軍，可與寺踞之山相等，其下眾兵駐紮，頗得地勢。復至其城隍廟一看，有像與內地無異，其無常鬼塑得有神氣，有雞爪鬼亦有神氣，此惟川省有，別省未見。進南門回公館，寺內前送黃馬換青馬，復將達賴所送之黑馬、明正土司所送青馬換其黃

馬，伊甚樂從，似兩匹換一匹，尚不為過也。晴。

　　二十一日　仍住察木多。將各項賞耗發給祝釐寺，祝釐寺送行豬、羊、米麵等物，極力卻之，不行，只好將羊作為長生。回憶余賤辰，諸人殺羊相贈，曾告以念《陀羅》《觀音》等經，或有告以並念《長壽經》，一面殺羊，一面念經，已覺可笑。今忽此羊作為長生，何彼羊不幸，而此羊大幸也，可發一笑。午後，會謝掞庭糧務文藻、周篤村遊府占彪文武所談，兩不相合，各有私見也。代故把總王定國請幫貼，應俟到藏，再為酌核。外間看馬，同惠臣、鶴孫出土圍，至東南壩上看雲南橋，由南轉東看河道，至關帝廟瞻謁，工程在邊外已甚好，匾額極多，略坐。回時看分馬，有馴良，有鬧手者，頗有趣。晴。

　　廿二日　早發察木多，來時沿四川河走四川壩，今越山上由東轉北順西路下，廟之規模甚大，亦整齊，下由雲南河右岸而行，對面雲南壩極長。行廿里至小恩達茶尖，副倉儲巴四朗彭錯跪送，並聲明正倉儲巴未能親送，敬送觀音佛一尊，收之。又十里俄洛橋，自下賬房早尖，路過倉儲巴柳林，非常好形勢，天下名山僧占多，不獨內地為然也。尖後過俄洛橋，四十里浪蕩溝公館宿站，所行之路總在河邊，險處雖有，尚不長。糧務送至此，明日即可回署矣。千總、外委送過祝釐寺山上，即回。晴。

　　廿三日　早發浪蕩溝，別糧務即行入山溝，道不難走。廿里至過腳塘，即在塘兵房內尖站，賞之。因昨晚受炭氣覺頭痛，作噁心，僅喝粥而已。尖後，即入樹林，山溝松柏、樺木極多，巉岩峻嶺之下水道眾多，無山不有泉，夏日恐難行走。然田地有土，皆開墾，似非惰民，不過少教化耳。越過腳山，山路頗長，幸平路多，石路少，惟偏橋、小木橋多，出山時一路活石漫坡，且陡而直下，若遇大雪實在不易行。茶尖前所出山口及山內所行之路，皆可入畫，不意蠻荒有此佳境。出山口時，有瓦色石皆峭立，上長松樹，兼以紅、黃各石，雖古之皴法不能到也。又四十五里幹麻坭，自下賬房茶尖。遂下坡走草壩，山上皆松柏樹。又十五里納貢又名拉貢。塘公館宿站，共行八十里，鍾記一百里，非是。行李到，有番民與紮軍功等擲石，拔刀相罵，交頭人痛責之。晴，午後風。

　　廿四日　早發納貢塘，五里上下過大溫泉，遠望熱氣如炊煙。如數迭瀑布，其水甚旺，搭浮橋接田壩，外有柏樹圍繞，樹外即河，山上亦多柏樹，沿路石皆上水山紋，亦似隨柏樹形景。過大浮橋，有山半石路上下一斷。行廿五里至婆羅壩茶尖，沿途山嶺均多松柏，下乃畎疇交錯，蠻莊十數處，俱擇地得宜。尖後走山冰一大斷，即入松林而行，復又走亂石路，在山溝內，如遇大雨則無

路可行，是以山上有路，聞甚險。又廿五里恩達寨公館宿站，共行五十里，鍾記七十里，安記六十里，皆非。午亭先生 [十三] 所記乃夏日，於所記冬日，行山上山下，大相懸殊，故不同也。周游擊送至此，明日可以回署，外委周文偉本任，乃隨差外委馬得功。叩接並來見，人甚軟弱，頭人名甲擬白馬。又狡猾。夫馬燈後尚未齊，巡捕催，游擊催，始略有頭緒，內五旗胡圖土、正倉儲巴阿布桑儲、副倉儲巴策縈八客學哇、胡圖土遣差臘如惻忍，均叩接並來見，送如來佛三尊，收之，餘物賞還，尚有窮布喀魯拉魯，亦應支應夫馬。內五旗八客學哇窮布喀魯拉魯，皆歸藏內永安寺管。早飯後，至惠臣諸位番房閒談，復又同三君回公館用晚飯。遊府送席，收之，照素常也。晴，午後風。

廿五日　早發恩達寨，周游擊叩送，時寅正，用火把照路，行幾斷冰凌甚長，實難行。廿里方天明，過恩達塘，上山，有兵丁迎送，外委周文偉亦送至此。天甚冷，重裘並不覺暖。又四十里牛糞溝山澗早尖，喝燒酒三杯始暖過。又廿五里乾海子，自下賬房茶尖。路右見一死剌麻，不過二旬上下，衣服脫落在旁，右膀、右肋已為雕鴉啄去露骨，目睹實為神傷。後詢得係尼姑，其愚可憐。有知之者，即隨此次頭撥進藏朝山之人，因大風所咽而亡。尖後即行五色石土山內，其山形大有勢派，平壩亦多，惜無人種。又十里大河壩，又名耗子洞。碩板多千總王占路四川人。備茶尖迎接宿站，亦來見，遂回。尖後見右路一山下河中土多，松樹上石四圍中似有灰土。峭壁中一門向外，如蓋房，則大有意思。沿路石塊，似太湖，竟有各色者，太湖無有也。群山如在眼底，且對面山亦多大松樹，右下即是大河。又廿五里至瓦合塘，敬謁敕對翊化廟、關帝、瓦合將軍前行禮，王千總在此伺候，有塘兵，略坐即行。一路均在松柏雜樹內而行，下至半山，即用火把。又廿里至瓦合寨，蠻房作公館宿站，共行程一百四十里，鍾、安記一百八十里，非。或云如遇雪遇風，雖說二百里亦可，且時常傷人。余此次既無雪，有風亦甚小，上天垂佑，不敢以為易事，仍從尋常里數為是。晴，山上風冷。

廿六日　早發瓦合寨，此處石山、土山生樹生草，山無美不備，田地亦多開墾。行二里余路過小橋，下即溫泉，有熱氣，遂上山，西邊皆松柏，如行園亭內。至山頂，有平壩甚大，無種植者，殊可惜。樹木成材者皆棄之，想亦呼為野松。復上山，則子孫石堆起，外面多光平，細審小石中，竟有透亮者，內地不多見。山上路旁小刺松，形如磨盤，不過尺餘，甚有趣。惟瑪密堆頗礙正路，殊可厭。路旁洛隆宗番官郎基辭理三品頂戴，蓄髮，有長耳墜，大領紅馬褂，怪物也。叩迎，並早尖處叩見，共行四十里。麻彌寨自下賬房尖站，早冷，午後熱。尖後即上

麻彌山，均係太小松樹圍之，下看所行道路一線，幸上看不十分覺之，惟陡處多，窄處亦有，翻山後下坡太直，且有活石砂，兼以山泉泥路，實在難行。轎有抬杆處，直無路可尋。下山後，在出口達山根處停輿歇息，余謂不獨轎夫累，坐轎者亦累矣。遂又行山坡路，忽又見大河，順右岸而行，近河沙土作紅灰色，蓋有鐵礦使然，今日山石各色不一，不止五色，亦一奇也。連日番房上綁橫豎木，大似闌干，蓋為曬草而設。番男女仍上路打扮，黑紅面女妝尤多，可笑。過大浮橋，中路搖動大，似鐵鎖橋。行四十里至嘉玉橋公館宿站，惟下山難行耳。共行八十里，安記九十里，非是。王占路千總曾隨恭勤公當差來見，係特在此伺候，恐夫馬討氣也。晴。

　　廿七日　早發嘉玉橋，即上畢奔山，一氣亂石路，幸道路尚寬，過山頭少窄，山邊行亦窄，大似雲棧。過鸚哥嘴甚險，過山澗，橋亦險。又行山邊窄路，復至山頂平壩，停輿燒茶，略用點心。覺險與長，出邊後無出其右者，不意從此下山，甚於上山之路，窄路、寬路非石即砂，竟有陡坡如直崖，並無彎 [十四] 曲，且係活砂，曾未經過，轎子抬杆十數次，人困馬乏，可謂極矣。行五十里峽龍溝早尖，因唐兒橋上不用心，且話語支吾，責其馬棒二十。尖後行，山溝中水邊高低寬窄路，路右大石壁一斷，刻保泰詩一首。水溢，路旁多冰凌，又是難走，另一氣象。惟一山在左，有長橫水簾一丈餘寬，或凝如白玉，或如水晶，仍清水下流，頗有趣。幫轎傳銘謂能照下方好，俗人亦有此興會，難得也。到宿站不遠始有平路，四山亦矮矣。又四十里至洛隆宗頗大，有剌麻廟在山上。公館宿站，共行九十里，鍾記九十五里，安記一百里，非。王千總來見，番官郎基辦理敬迎，亦住山上，與廟皆白牆。復來見，送禮，收馬料，賞之。晴。

　　廿八日　早發洛隆宗，四圍矮土，山田地不少，順坡路田內而行，與昨日大相徑庭，大半平坦直路。行廿里致中，自下賬房茶尖。轎夫在此地大嚼，自剪子灣以後，時有塘兵備鍋餅、羊肉並粥，循例也。又卅里，鐵瓦塘早尖，自下賬房因大風不能坐，對面有破土房一間，移於內吃飯，其冷非常。飯後覺胸腹作痛，似有停滯在內，加以風寒新食，大不適。晚飯後與惠臣、鶴孫大談，方見好。又行廿里，至紫陀寺剌麻廟公館宿站，共行七十里。公館即在廟內，此廟乃第穆胡圖土下院，洛隆宗番官郎基辦理叩送五里而回，碩板多番官奪德罷來此叩迎，本紫陀寺。剌麻番官差管家勤則洛桑亦叩迎。茶尖、早尖兩處塘兵送蘿 [十五] 卜，收之，賞之。晴，大風。

　　廿九日　早發紫陀寺，路多平坦，田畝開墾俱傍左右兩山，山亦不高，達

拉河臨右岸而行，待到宿站，名多出河，邊外山必臨水或出泉，真與川省無異。卅里穿心店另有番名早尖，在蠻房前，地勢甚佳，賞之。尖後總旁河行走，有一斷山腰路頗窄，且多活沙，覺難走。又廿五里或云卅里，亦不差。至碩板多，營官另有住房相聯，住房臨公館，尚寬闊，共行五十里。王占路叩迎並見，送到墨騾一匹，再三求收，萬難辭卻，只得應其借用，俟到藏再還。番官奪德罷亦來見，伊住公館西北隅。達賴剌麻差乃心巴扎巴將策來迎，送來書信、哈達、果木、點心、米麵，並白馬一匹，照例收之。乃心巴扎巴將策送小匣點心，亦收之。噶嚕大頭人丹真汪堆送物退回，收小狐皮一張。晴，大風晚住。

【校勘記】

〔一〕 稿本原作「雅片」。

〔二〕 稿本原作「青剛樹」。

〔三〕 稿本原作「坎」。

〔四〕 稿本原作「青剛」。

〔五〕 稿本原作「灣」。

〔六〕 即「餑餑桌子」。清代至民國年間有在人死後停靈期間，由家人置備或親友饋送「餑餑桌子」以為供祭之品。用一高二尺左右的紅漆木桌覆以桌圍，上放大盤，將花糕、七星餅之類麵點「餑餑」層疊於內。「餑餑桌子」為滿族治喪習俗的祭品。

〔七〕 稿本此處作「共行卅里強，將半路見白楊樹多株水內。」

〔八〕 吳注：慶善。

〔九〕 吳注：安成。

〔十〕 尒，「爾」古字。此處正文保留原字。

〔十一〕 稿本原作「土宜」。

〔十二〕 稿本原作「為」。

〔十三〕 吳注：鍾方。

〔十四〕 稿本原作「灣」。

〔十五〕 稿本原作「羅」。

十二月初一日　連日所見男番皆披髮於左右，頭前剪髮一斷，後有小辮。如無辮者，乃般密娃，別一種也。早發碩板多，順山溝行，道尚寬，上山後穿松柏而行四十里，此處四山皆松柏。般密剌麻寺下平壩自下賬房早尖。塘兵剌麻送

小菜，收之，余未收，賞之。尖後順山行，或窄路，或寬路，路甚長，共七個山頭，始下山。在松林旁山溪平壩停輿喝茶，地名棨拉山根。復上亂石路，下去納拉哈，下賑房備茶尖，未停輿。過山溪，又上山，至山頂，風甚大，下山多平壩大路。又五十里八里郎公館宿站，共行九十里，鍾記一百里，安記一百廿里，非。此處房間無多，前有河橋，四面皆山，形勢尚佳，早千總番官叩送輿旁，千總仍欲遠送，力阻之。晴，午後大風。

初二日　早發巴里郎，大半平坡路，沿山柏樹多極，高矮不一，其狀之古雅，匪可言傳，所謂樹不中材方入畫，信然。過朔馬拉山，即俗呼賽瓦合山也。行五十里著馬郎早尖，邊壩外委馬憲章敬迎，旋稟辭。尖後仍行平坡路多，共前後轉九個山頭，亦有極窄活砂，山坡下面臨河，終日沿河行，不過離有遠近，在右徑一山如床鋪，皆倒落之形，甚奇。將至宿站，兩極大摺疊石山，壁立千仞，中夾一河，幸有冰窄路半土，可通行人。語言問答作甕聲，其陡其不寬可見。又行卅里至拉孜塘公館宿站，館尚寬，人戶無多，共行八十里強，鍾記一百一十里，安記亦如之，非。賽瓦合山陡險處雖不多，山勢甚長，亦不算小，且遇大風，四川人皆以為難過，其實不過北方之尋常風也。公館北山即來路所行，左右壁上半懸修一廟，正看無路可上，蓋由後山溝上下，大有趣。晴，大風。

初三日　昨日所見番女，均將髮辮分為二，後面垂之，又是一種打扮，且手戴海螺，披下整圈作鐲。所謂「死後此物陰間可以照亮」，殊為可笑。今晨早發拉孜塘，行上山路，不遠平壩當前，下即過河，即是亂石路，上下皆難，名必達拉山，俗呼拉孜山，待似下山，又走山半，石路活砂，窄徑陡直，無處不難行。下山平壩不遠，共行廿里強，或云卅里，不知。瓦石蹊又名大石包。自下賑房早尖，尖後過平壩，又上亂石路，沿河而行，亦有山半路。又卅里，邊壩外委馬憲章叩迎並來見，送小雞等收之，賞之。剌麻寺鐵棒叩迎，並來見，一名羅真，一名存迫，舊番官格桑俱來見，賞之。連日雲起，有風吹散，深感天恩。宿站公館，院落甚寬闊，又來跳弦子數番民，賞之。共行五十里，鍾記六十里，安記七十里，不知前道甚難。晴，大風。

初四日　早發邊壩，此處夫馬頗討氣，幸有乃先巴外委交其後路催之，剌麻所佔各處無不山峰得勢，田地亦甚多。路在田中，或行石路，過潤橋甚高，河水不凍，似天氣矮即暖。行卅七里，甲拉剌麻寺小破屋屋以石砌平頂，呼為欽差大人尖站公館，其實茅廁耳。尖站。寺以鼓樂相迎送，此察木多第三胡圖土下院。大剌麻教汪益喜、鐵棒教汪屈躬皆叩見。尖後行山腰，路甚長，復行偏窄路，

突見河內有一碎石山獨立，轎下坡，宛轉而過。右手即此山，上有一石極大，作葫蘆形，下以碎石承之，不定何日墜下，其危萬分。過河可走極窄路，幫轎不能扶，不遠到宿站。又行廿三里，至丹達塘公館宿站，共行六十里。公館窄小，破爛非常，未到前先謁丹達神廟行禮，內供正為蓮花佛神位，本朝人，作古衣冠，亦非。居左似不典。丹達頭人並叩迎見。晴，微風。

初五日　點火把即發丹達塘，不遠上丹達山，始上坡，中轉角路，繼下坡路，過河復上山，有大草壩，有偏坡路，遂至閻王　。上有積雪，無路可尋，沿山腰而走，雪又甚滑，下即漫坡，臨河危險萬狀。下山過河後，停輿用茶。復上山偏坡路，又至積雪路，乃至鐵門坎，第二輿夫滑倒，幸人多扶起，以為丹達極峰。過瑪密堆，翻山下坡，乃極陡，活砂路甚長，前有坎冰番民在此，賞之，迤邐而下。又行山坡路，共七十里，鍾記六十。咱拉松兵房內早尖，與昨日名色相同，比差強。尖後下山，走冰路甚多，遂入山峽，澗水極多，沿山腰窄道行走。矮樹掛圍，且多石橋，其難行不在前半日以下，峽中瀑布極多，竟有如屋大洞瀑布，由內而出，其小者垂數丈、數十丈不一。更有石洞或半山、或山底，多有煙薰痕跡，曾有居人在彼，然形勢觀之，恐野獸在所難免。出山溝，過河，上大陡坡，即點火把。又過平壩坡三，共行五十里，至浪吉宗公館宿站，共行程一百廿里。丹達乃邊外名山，載入祀典，是真難行之路。據諸回差云，此次為極順，雖有風，不大，往往不能免大風冰雪，乃四時所不化也。晴，山上有風。

初六日　早發浪吉宗，走平壩路不多，即上山腰路有比棧路險處，且因早間微雪，滑道尤多，寬窄高矮雖無翻山之名，卻有翻山之實。行卅里卡堆，自下賬房早尖，此處原無尖站，因昨日太累且今日路難走，不得不少為歇息。尖後復上山，中路或沿邊下即田壩。田內臨河，有半山番僧廟，甚闊。途中多有蠻柵子，其形以二木架一橫，匾木上刻番字，與瑪密堆堆、瑪密旗旗相等，不過佛號而已。下山有平壩一大斷，墾田無多，然可墾者甚廣。又行廿里，大窩塘公館宿站，又來打鼓唱曲數人，最怪者有蒼髮老尼姑率領，身穿氆氌花褂襯，真可笑人。午後至塘前後一遊，山上有松樹，山頭有積雪，下邊河水甚清。晴，早微雪。

初七日　早發大窩塘，沿途與昨天無異，順轄曲河而行，其水甚清，下見石子，溜頗急。行十五里至吉嶺，自下賬房早尖。惠臣三君亦趕到，同地坐吃熬餅。來路有剌麻寺，連日多見蠻房田地，蓋土山多之故，此處平壩對面一

山，松樹極盛，乃四面無依，亦屬奇觀。尖後行山腰險路，亦有樹林，或亂石路，樹中多樺木，有極粗極高者，所行之路，惟活石砂處太難行。中見平壩，於此停輿飲茶，山景甚好。轎夫不能立腳，隨走隨溜，下臨高崖，崖下大河未免危險。過大浮橋二，第二過橋即上山，且兩橋皆活動。聞從前文都護碩出藏至阿南多，遇河水漲發，住十二日，由第二橋山上開一新路，用人背負而過，行李亦背負而過，其難可知。又行四十五里，至阿南多番房作公館宿站，房主人雖不通漢語，人像貌舉動皆精明，有一小女十二歲，似京內小孩，亦怪事也。見其以石鑿鍋，甚可愛。聞燉肉極好，藏中惟達賴有之，用廿藏錢一錢一個。買其大小兩個，以備藏用，似達賴不得專美於前矣，一笑。晴。

初八日　早發阿南多，先走平壩入山溝，過橋後，即順山腰路而行一日。所走之路無美不備。有鸚哥嘴高險非常，其窄路、活砂路自不待言，惟穿樹林，且多亂石，外臨深澗，忽高低忽，左右輿中俛仰斜靠，未免難過覺量。鍾午亭先生謂此站自阿難多至甲貢，實藏崎嶇險惡難走之路，非虛語也。行五十里至窩蘭卡，自下賑房早尖，廚役老莊備臘八粥，其實棗兒粥而已，殊可笑。又四十里甲貢塘公館宿站，共行九十里，署拉里汛把總何國泰、新委拉里汛把總馬元均叩迎，並來見，即回，以便察看道路。甲貢塘形勢頗佳，正北有流沙成雙魚形，四圍皆山，四正俱大，四隅均小，兩水會流出巽，似察木多局面。惜公館坐西北向東南，未得其法。連接藏內信，今接趙潼，公事難。半陰晴，晚雪。

初九日　早發甲貢道，與昨日無異，雪不過寸餘，路徑與土同化，尚不十分難走。行卅五里仁多壩，自下賑房早尖，飯後即起風。尖後行十餘里，又見陣雪，山中出凍雲，雪不甚大，從未經此景。又行卅五里多硐公館宿站，此處久無公館，乃今年新修，轎夫等仍住牛毛賑房，共行程七十里，或云八十里，非。拉里汛外委吳玉恩叩迎，並來見，送到羊一、豬一，乃璧之，再三懇求，且已宰，無法，只得收之。曾在恭勤兄手內當差，格外酬應，可發一笑。甲貢公館內房上有匾，乃「神護行人」，為崇扶三舅兄所書，係山神廟內之件，此時廟已倒壞，回時已無矣。早晴，午後陰，風雪，晚晴，月。

初十日　早發多硐，即沿活沙坡行，轉石路甚長，過弩弓拉山，上下亂石，直謂之無路，且下時加以雪冰。有番民持斧，亦不過徒有其名，實難求其有益，賞之。行海子邊，水皆成冰，靠山而走。行五十里至乾海子，自下賑房早尖，可惡賑房紮至如此遠路，到時已未初矣。尖後，非亂石路，即活沙路，加以冰雪路，一日無正當平壩之地，實屬難行，加以寒風，頗覺不適。又行卅五里，

過河至擦竹卡公館宿站，共行九十里，鍾記八十里，非。此站祇有公館新修，人戶無多，此外皆牛毛賬房，拉里糧務彭子周大令名元翰，行二，獻縣人，直隸州用，戊戌會榜，人麻木。迎至此，並來見，送菜蔬等物，收之。詢藏事，則含渾其辭，蓋在裕子維處教讀，兼理前藏糧務。晴，午後風。

十一日　早發察竹卡，大半平路多。行三四里，左手山下有紅石坡一片，水不凝，且有氣，詢之，溫泉也。無怪飲一帶之水，人多喘，惟結冰有甚長處，亦有山泉不大，容易過處，後見平壩一大斷，雖有石包，僅堪耕種。行卅里旗子坡，自下賬房早尖，即有卅六族原岳威信公鍾琪所留番莊，謂之三六村，通漢語。百戶百長叩見。尖後赴旗子坡山，始亂石路，繼土路，復走平壩，山邊沙路頗易行，又在冰上渡多次。又卅里至拉里，軍糧府作公館宿站，共行六十里，糧務彭二先生、文山門生，曾在板廠胡同處館。把總馬元、外委吳玉恩、拉里寺在山上。奉京剌麻羅桑等，均來見。糧務送菜收之，程規卻之，三六村送皮張卻之，外委送洋梨收之。剌麻寺內即番官巴塔濟現在藏，遣傳號因登叩見。此處公館尚整齊，晚間彭二先生來談。微晴，陰風。

十二日　早發拉里，過橋上山坡，有石砌門三，無人在其下行走，因土積門已矮下，沿石腳路非常難行。或沿河，或山腰皆不易行。廿里至拉里山根子，自下賬房早尖。尖後即上拉里山，始上陡坡，繼乃漫坡，皆算易上，又上山頂，路陡直非常，加以冰雪，牛馬滾下，乃係常事。聞安仁山都護五月過此，山頂冰凌甚厚，鋪毯攬扶而下，委員中尚有滾下，將臉手捧破，其險可知。過山頂，即活沙窄路，直坡蹼過，均係下坡路，大半偏沙至山底，此危險不讓丹達，幸無雪、無風，萬幸也。又行山溝路一斷，共行四十里。倭咱塘公館宿站，共行程六十里，或云七十里，如有風雪，正不止此數。此站房間無多，好處為番寺所佔，剌麻送禮皆卻之，賞之。近站番婦多兩辮，頭頂紅圈，亦有後垂一飄帶，均綴珊瑚、松石等物，紅圈，藏內皆如此打扮。半陰晴。

十三日。早發倭咱塘，番名阿咱塘。下陡坡，過山腰路，過橋，如不過橋，可走山陽，此路差矣。左山右河，山背陰，其冷非常，轎上玻璃皆凍。順倭咱海子而行，其寬有二三，長有廿餘里，海子冰裂，其音似剌麻經號箭，大有梵音，亦邊外一奇聞。此中有獨角獸，曾出見，並聞道光年間有賫折某君，或云姓馬，夜間奔馳，忽見水上有兩燈，光甚巨，某君即拜之，後官至總鎮，跟隨馬夫則嚇死矣。行廿里海子邊蓋聞海子通五六站之工布巴桑，曾有人在此失去牛毛毯一塊，後於巴桑漾上得之，雖有山隔之，必水深，地下通之。茶尖，此後方見太陽。又廿里

綮登壩早尖，隨起大風，路有石沙，不甚險。又四十里，山灣塘公館宿站，共行程九十里弱，<small>不過八十五里。</small>此站皆土石牆，上蓋木板，房屋人戶無多。湘梅在公館右住，惠臣、鶴孫隔河居住，餘人僅免牛毛帳而已。早有寒霜，草木皆綴之，地亦微白，非雪也。早晴，午風，晚陰。

十四日　早發山灣塘，過河不遠即上瓦子山，適夜間有雪，早間未住，上轎後即住，山路因新雪尚不難走。順山腰路有亂石處、偏坡處，皆不甚險，惟道太長，覺費力。至山頂，見一石如塔形，在路左獨立，頗奇。瑪密堆旁即翻山，亦名鐵門坎。下坡極陡，復走山腰路。又下坡至平壩瓦子山根，自下賬房早尖，江達外委馬宗繼、番官洛布王機、達賴佛差辦理夫馬號頭丹真彭錯在此叩迎。尖後，路途較易走，臨至宿站，有亂石路一斷。又行廿里，常多塘公館宿站，共行程七十里，此站公館乃新修，從前只有塘房一間，人戶無多，如今尚有房棲止。惟轎班住牛毛賬房，字識譚作楨隨安大臣五月間出藏，過瓦子山，冰雪滿道，跌至十三跤，此次一跤未跌，下山後向山三揖，樂甚。此仰承天恩，實深感激，此後惟鹿馬嶺一山而已。早雪，午微晴復陰，晚又雪。

十五日。早發常多塘，平壩地多樹木，石路亦不少，左山上有石臘一柱，長於山崖，非常形似，眾人皆以為奇，蓋口外無多景致，可為典要，故驚而神之。行卅里洞古壩，自下賬房早尖，離賬房不遠來路右手有一山，不甚大，在群山之中獨立成形，上蓋番僧廟，殊為可惜。尖後，復行松柏中亂石路，並冰上及小木橋，過雕房數座，以石砌之，皆齊整，乃多年陳工，已無人居住。詢之，為昔年岳威信公所造。沿河<small>名釀鳩河。</small>行山腰路，頗難走，對河平壩一大斷，有住戶廟宇，與察木多、雲南壩相似，可惜無人開墾。到住站，行平壩一斷，有開墾處止無多，不至必不長糧食。又行卅里凝多塘，新修公館宿站，共行程六十里。因腿痛，踏至惠臣、鶴孫所住蠻房一看，湘梅亦來，遂至各處一踏，前為一帶水繞，四圍皆山，極好區處。晚間聞各糧緯夫跳鍋莊，朦朧月下，真邊外悲壯之聲，令人興感。時住時下，微雪，陰一日。

十六日　早發凝多塘，路雖不險，大半穿樹林而行，青岡樹尤多，樾木亦復不少。沿澗岸而行，有鑿山路極窄，幸不長，空壩甚不少，竟無人耕種，僅有破牆房已無存，在旁開墾地畝。行四十里，王壩沖早尖，裕子維遣巡捕二名、戈什哈八名到此來接。尖後，仍穿樹林，樹較少，又十里乾樹子停輿飲茶。又廿里江達軍糧署作公館宿站，房甚破，此塘均係板房。<small>近河，夏日街路難行，住戶不少。</small>共行程七十里，<small>或云八十里不到。</small>江少韓三君在此相候，晚間同飯，並至其

蠻房一看。彭子周糧務來晤，馬宗繼外委、江達番官洛布汪機、達賴傳號辭稱泥嗎、江達所屬覺母番官扎巴運橇、則格署番官金巴登諸、租拉署番官彭錯，均來見。風不大，半陰晴。

十七日　發家信一封，略敘沿路平安。山已過，離藏不過七八站。委員已先走，余明日行，並有藏中來稟敘說情形未必實。總督處亦稟，恐以訛傳訛，家中莫信，並眾人皆盼家信寄等語。江少韓三君已行，飯後恩惠臣三君亦行。擬廿三日先到藏，擬廿四日午刻進藏，廿六日辰刻接印。以便找衣服示甕闊也。彭子周來談，遂發賞眾番官及湯打拉三徭等。晴，大風晚住，甚冷。

十八日　早發江達，不上二里即見路右一垂石，下一石洞，不知內何用，想必為刺麻所佔。遂上山腰，路係石崖鑿成，僅容一轎，內山石，外陡崖，臨河攔大木數根，大似行於園亭。石山上加一欄杆，甚奇，靠山大石甚多，且有極大不多見者，均刻佛像或阿彌陀佛番字，並以五色描之。入樹林路下石塊旁青岡樹，及荊棘，轎圍大受傷。行卅里曲廠，自下賬房早尖，四圍山皆長青岡木，山景甚佳。尖後，沿河沿山亦有平壩路。又卅里至順達公館宿站，共行程六十里。無事閒踏，見兩小豬形似老鼠，淡灰色，極可笑。蓋口外豬多小耳長毛者，不似豬形也。連日見番男有梳碎辮，有整辮者；番女則雙辮加一紅圈，上綴珊瑚、松石等物，或中頂又加一絳色帽，帽形似番僧較小，衣上加以皮褂襴，兩腋不縫，中留一大領，由頭上套下，前後襟可隨便用之，並云下雨雪則毛向外穿之，腰繫一帶，四圍合四塊鉗花鐵板，前如兩塊扣帶，有鑽子如馬肚帶，左右兩活板均有鐵環，與飄帶、荷包環無異，後有一鐵活板與左右相同，無環。後與左右皆可前可後，此與國朝朝帶或相似耶？曾記徐陰老打聽朝帶，京內竟無知者。晴。

十九日　早發順達，行二三里即過鸚哥嘴，緊挨河邊，幸有木棍作柵，並不覺險，此皆番民之力也。行卅里至雄多，自下賬房早尖。沿路河冰、澗冰甚多，屢涉之未已。尖後，平壩頗多。又行卅五里，峽包轎內茶尖，因賬房所下甚遠，痛罵之，殊無人心也。又行卅五里，鹿馬嶺塘公館宿站，公館窄小無比，已東倒西歪。余笑謂：「三間東倒西歪屋，一群前奔後走人。」由前日咳嗽尚未見好，署前藏糧務彭子周晚過訪，未見。今日山間所見樺木甚多，昨日有賣樺木盌者不佳，聞藏中有葡萄根者甚好。公館後平列三四山，皆黃土色，上長矮樹，紅黑相間，極有趣。紅者似刺松，黑者或云開白花結紅豆，似山楂核，其味甜酸，藏中小兒多買食之，想即溫桲也。晴，風時不大。

二十日　早發鹿馬嶺塘，靠山根走，多少平壩，俱未開墾。行廿里，鹿馬嶺山根子早尖，自下賬房，因嗽只好吃白粥，所行均係山陰，甚寒。尖後，沿山根慢慢上土坡，無高陰處，不過沿河間有亂石路，大半寬漫易行。俗傳由打箭爐至鹿馬嶺為七十二座山嶺。又廿五里，第二瑪密堆共三處。旁停輿飲茶，始微雪，繼大雪，幸皆下坡路，且平坦。又廿五里，堆達山根亦下賬房。塘兵備茶尖，討賞而已，輿夫則大嚼。尖後，過鳥鼠同穴，鳥則黑灰白三色，形比麻雀，身瘦尾長。鼠則目大而黑，尾短身灰色，比尋常鼠略大且肥。大山甚長，所行平壩上穴亦不少，然出關後所過已有幾處，不過無如此之多。又二十里堆達塘，關帝廟廂房作公館宿站。本有公館，命塘兵修，蓋屋內僅容一床，不能住，歷任改於此處，殊為可笑。雪已住，屋內冷，而炭盆無熱氣，墨盒上凍。蓋聞此嶺無日不風，今因雪無風，亦幸也。共行程九十里，不差。陰，微晴，雪。

二十一日　早發堆達塘，大半平路。行卅里如陀橋，自下賬房早尖，中軍守備馬友龍叩迎。尖後仍平路，不過漫水多，凌路長。又行卅里弱，烏斯江公館茶尖，此處平壩尚有種田者。又二十里大石包，自下賬房茶尖。又二十里強，仁進里公館宿站，共行程一百里，或云一百一十里，不對。本正站應烏斯江宿，因趕路，故在此宿。自下賬房茶尖，後路左曾過一山，皆大石，由山壁下，有在河內，有在河岸，其石在山者，仍有欲墜之勢，經其下者未免太險。烏斯江番官基獲因入藏，遣人迎如陀橋，墨竹工番官紮登親迎，仁進里行館守備送席，照章收之。晴，午後風。

二十二日　早發仁進里，或順山邊，或過大壩，均係平路。卅五里吉桑，自下賬房早尖，歸番民伺候，賞之。旁有剌麻廟，前藏中軍張傑土遊府叩迎，並來公館謁見。名祥和，副將銜，雲南人。尖後，路仍平坦。又十二里壇罐窰，遊府備茶尖，因宿站近，未下轎。又十三里墨竹工，番官柳林內公館宿站，共行程六十里。此處外有圍短牆一道，前後多楊樹，四面山環之，藏河在其前面，引水牆內過之。晴。

二十三日　早發墨竹工，尚點燈，終日沿藏河、順山邊而行，路或高或矮，或寬或窄，亂石路無多，不過沙石難行，其餘均為平坦。行卅里，自下賬房甲馬早尖，甚冷。又卅里拉摩茶尖，在番房旁，房甚整齊，仍自下賬房。離此二里有剌麻寺，連日見蠻莊頗多，蓋土山可以在下耕種所致。又卅里站達茶尖，乃糧務備，夷情亦在此相迎。夷情章京榮百齡郎中，名椿，人甚老成，扎魯特氏，京旗人，五十五歲。印房筆帖式，漢字房、夷字房書吏亦來見。達賴並派人管夫馬相

迎，紅示亦在此標發，照舊章也。又卅里德慶公館宿站，共行程一百廿里，_其實不過一百一十里。公館甚寬闊，惟來路有一山獨立，上有破房作廢，已無人住，詢之，乃從前番官住宅，甚奇。沿途藏河深可愛，水極清，下為石子底，山乃如北方，大半童山，不生樹木矣。晴。

二十四日　點火把，由德慶起程，半路火把未有接續者，幸月色甚佳，石子路而行。天氣覺冷，遙望布達拉山，即在面前，然尚在六十里外，四圍群山，或土、或石，皆似山脈獨朝布達拉山，亦奇事也。行卅里蔡王早尖，何稚逸太守_{光燮}等接見。尖後，復行平壩及石子路，用皮殼船渡過藏河，有生以來，初次乘坐，然頗穩，轎亦用此渡過，有木船一隻，用縴來往，作四方形，其笨非常，渡後步行。在岸路右公爵_{一為達賴之兄，一為前達賴之任。}均寶石頂，並番官下賬房備茶尖，略坐。又十五里，工布堂駐藏辦事大臣裕子維_鋼在野地向天跪請聖安，到賬房少坐。裕云，在外舅鶴汀先生處曾讀書，見過，余實不記憶。沿途均係遞紅批並白綢子，廓爾喀等人叩接，遂謁布達拉山正中殿聖容前行九叩禮，係在布達拉山上，臺階多級，並走油滑石子漫路，頗喘。其廟工程大極，曾過琉璃橋，經迭落牆看下面八功德水亭，並見一四方大石幢。又五里，下山回署，在儀門外行三叩禮。晚約委員等飯，糧務備，共行程六十里，自出京至此一萬九百餘里才完。晴，微風。

二十五日　午後赴西署拜裕子維都護，因忌辰未乘輿，即由儀門外步踏前往。旋承送洋米、麵二物，比此處米麵強多。會署糧務彭子周，過洋務局找惠臣閒談。晴，午後風。

二十六日　辰刻，將印信請至本署，先望闕謝恩行三跪九叩禮，拜印行三跪九叩禮。文武各員朝上三揖，還之，入座。守千把以下及番官行禮，退入宅，各項人等道喜。遂至關帝廟行九叩禮，文昌帝君前行九叩禮，並荷神、龍神、丹達神、瓦合將軍前行六叩禮，馬神前行六叩禮，藥王前六叩禮，灶王前行六叩禮。退入，即會裕子維都護談公事，談道，承送《三教同源》二本。榮夷情來開印、用印，法頗覺新奇，俟整頓。晚約委員來談。晴，午風。

二十七日　昨日寫家信一封，內敘到藏接印日期，並沿途平安詢問余家朱家有喜身弱用否服藥？王順已回川否？昌格已到都司任等語。午刻謝恩摺，川藏沿途、藏印近日情形一摺同拜發。家信亦由摺差帶省，此照向章辦理，內地則不應也。午後，會趙怡堂縣丞_澄因前任派往邊地充當文案委員，頒有木質戳記，現因告病來銷戳記。現值邊防吃緊，如此油滑殊可惡，痛申飭之，伊亦無

辭以對，竟至哭泣，可憐也，乃其師何光燮所害。晴。

二十八日　辰刻，赴磨盤山關帝廟、大昭萬歲牌、如來佛、三光武侯廟、文昌閣、蕭曹廟行禮。回拜糧廳、遊府、前任駐藏。到署巳刻，不算路遠。晴。

二十九日　辰刻，赴扎什城關帝廟並風雲雷雨神、觀音閣、財神廟、自來未入祀典，為民祈福，或亦有說，見有壽泉匾。雙忠祠、本朝衣冠。龍王廟、座前有一石龍象。丹達山神廟，並孚佑帝君前行禮，回署己巳正矣。接巴稅司來函，五百里，廿三日由亞東關，辰時吉瑪塘，未時格林底，未時三刻奪達。廿四日、未時二刻帕底。廿五日、申時堆朗、廿六日、丑時噶拉，午時康瑪，戌時奶宜。廿七日、子時江孜，寅時穀喜，巳時春堆，申時宜效，亥時　卡。廿八日、寅時白地，巳時巴孜，未時曲水，亥時業黨。廿九日，丑時西底。以上略記地名，其來函有電碼一紙。裕大臣有奉旨，因規避交部議處，並催余到邊。何光燮來，亦持此旨相告，因怨裕大臣無才多疑等語，諸委員聞之，皆為不平，公道自在天壤也。喉左忽作痛。晴，風。

三十日　有來辭歲諸客，皆未見。晚間約隨來委員在外屋吃飯，因喉痛試飲黃酒，亦不見如何。署內各廟委劉文通巡捕行香。晴。

光緒三十年歲次甲辰正月初一日　卯刻赴扎什城、早望布達拉山多霧，或云障氣。萬壽宮、關帝廟、城隍廟、大招如來前行禮，回署。丹達廟未去，路過。關帝、文昌、藥王、馬王、瓦合丹達神、衙神、龍神、灶神前行禮，未走，先在各處送來長壽、如來、觀音佛前行禮。回署後，堂前望空給祠堂行六叩禮，先祖前行六叩禮，先嚴前行三叩禮。約諸隨員吃煮餑餑。午後，赴布達拉山聖容前、磨盤山關帝廟行禮。給夷情、糧廳、遊府親拜年，因子維差帖賀年，亦差帖。晚約眾委員飯，痛飲。晴，半陰，夾風霧。

初二日　彼之正朔與內地不同，遇好日則以兩日算一日，如過黑道日，則此日不用，故元旦偶有趕前後，非一定也。今日為番民初一日，過年布達拉山擺筵，未去，旋送藏香、躲布等，收之，番官皆來行禮，未見。本署湯役皆係番女，有三人，項上均掛哈達一方。手托木盌一隻，上將糌粑堆起，旁有蘇油一片，中插麵，捏似長形旗，五色花亦麵為之，前後左右插麥穗紅、千穗穀，並提醮酒也。一壺，各處送人，以為新年敬人之意，見余磕一頭，詢之，勿庸備賞，此新年彼處鄉風如此也。有小孩或女人，用兩人對拉一繩，繩上拴石塊、鐵片等，上下轉之，令小孩在繩當中躍之，謂之跳繩，新年之戲也。聞此處殺豬用狗捉之，捉得必銜其耳，俟倒，人以刀宰之，血即與狗吃，人不食也。半陰晴，小風。

初三日　委員諸人皆乘馬赴布達拉山看飛繩，每歲均有此舉。據俗論，因

修此山殿宇窗櫺未合式，值第幾輩達賴有道行，早知之，未明言，俟工竣，乃罰工人年年飛繩。何道行，以人命作兒戲，且不早告之，亦陰險非常，恐無稽之談也。今之充此役者，係後藏人，乃當日工役之後也。適大風，諸人皆策馬而回，並未看見，反不如在家之一見。余在樓上用千里眼觀之，係在半山房上西南角，拴一牛皮繩，有細看者乃四根。直至半山下，石柣綁之，人在房上，先大聲頌祝辭，然後頭下腳上用兩皮墊於胸腹間，撒手並兩腿分開，附於繩上飛下，其形甚玄，仗素日在水上架繩時習之，不然，未敢猛試也。待後看飛繩完，男女皆歌舞而回，已入醉鄉矣，殊可笑。晚鶴孫、小瑾來談。晴，午大風，晚住。

初四日　未刻，至羅布嶺岡四圍山繞，平壩起修殿宇。拜達賴剌麻。先至其正殿，在旁高座，自夷情以下上首地座。先用油茶，次用糖飯，再用油炸各物並乾果品，復用油茶。起座乘轎至西邊小門，進內見有馬匹若干，及達狗、洋狗甚多，上石梯至其便殿。從人皆未隨入，只有羅藏娃安姓導入，達賴座稍高，面東，余面北，均矮座，亦送油茶、糖飯。初見彼此遞哈達，坐談良久，皆邊務情形，彼此送鼻煙，前未有。送余如來佛一尊，又哈達一方，並其自食點心，復遣人來謝步，前未有也。其像頗佳，大耳目豎，眉帶曲，牙白而齊，有鬚甚黑，有微麻，最怪額有一佛珠，乃生成也。晴，微風。

初五日。午前，鐵棒剌麻兩正兩副，並管柴一人，湯役、阿達二人，小娃子剌麻二十人，皆來參謁，送藏香兩束，意在討賞而已。因今日為攢招安位，每年總在正月，無定日，不過初聞藏內現有二萬餘剌麻，達賴派鐵棒管束，漢人由夷情糧務、遊府奉檄管束。每年鐵棒奉差後，須交達賴五千餘金，自去歲達賴捐免此款，從此鐵棒可以不去訛詐，善政也。達賴並諭，如有訛詐，即治以穿白衣，益發遣之意。掌燈，何光燮來，痛談。晚飯後諸委員來談。晴，微風。

初六日。巳刻，傳洋務局漢印房夷字、廓喀各房書吏等考試，寫聖訓一則並履歷，尚有能寫者，並考一英文字識，即擬定，以備出榜，共有四十餘人，取廿餘人。掌燈，會前任裕大臣，擬後日啟程到洋務局與諸委員閒談。晴。

初七日　日落前，裕子維都護在西院無事，因往送行，所談不過回京納福語，殊可笑。攜來內存稿並應繳朱批三件，代印文一件。晴。

初八日　辰刻，至工布堂下賑房，送裕子維都護，眾委員亦送此，未帶代請聖安，因其有規避私罪交部議處，到京不應具折也。舊委員仍留藏，派洋務局巡檢楊桐岡起鳳、生員吳少松祖鼎送蔡里。聞何知府光燮竟未送。晚至洋務局

閒談。晴，晚霧。

初九日　寫家信寄省，略謂過年後上下人口平安。此處年下規矩如送醯之流，並刻下攢招，並見達賴甚相得，並送來各項禮物，已答之。如裕子維到省，可斟酌請見與否，並節賞家人省平銀一百兩金，王順卅、趙與廿五、老李十幾、廿十幾，俱可。餘下作女家人之賞。聞朱太太已有來往，甚善。等語。午後到洋務局一談，覺咽喉痛，火之致也。半陰晴，晚陰。

初十日　喉痛未愈，因食肉粥，在屋內未敢出院中，時有氣味，蓋天旱且街道污穢所致。買湖縐兩匹，每匹一百卅藏錢。送湘梅江古學，番語「太太」。蓋路中見面行大禮，至此方具賀儀。鶴孫、少韓皆來談公務。燈後，榮兄來用印。晴，申時大風，旋住。

十一日　委恩惠臣代理前藏糧務，來謝。本彭子周代理，渠任拉里又代理此處，相隔甚遠，殊不便也。晚至洋務局，去與諸君閒談。聞何守光燮又欲告病回省，真進退無據，實不成宦場中局面矣。眾書辦叩謝，俱未見。半陰晴，晚風。

十二日　看寶童兒買絳藍小呢，甚佳，京中多不見此貨，此處尚有從前風味。連日仍喉痛，午飯後且倦而欲睡，因至西大院看馬。到江少韓屋內閒談。半陰晴，燈後大風。

十三日　午後至馬號一看，遇惠臣，登馬棚，看牆外番子有醉而跳者，蓋此時已有至柳林耍者，殊可笑。飯後到洋務局一談。晴，亥刻風。

十四日　午後，約眾委員至後院，將地毯鋪於西南隅楊柳樹下，此院甚寬大，包過兩署後面，北方尚有餘地，牆外離琉璃橋不遠，可望過往人，柳樹亦不少，水泉四，冰已開化。令廚役將鴨十數隻趨而浴水，羊數頭亦趨之，因馬蘭極盛，今食之。諸人一面看遠山，一面閒談。忽有大雁六七落於泉上，真堪入畫，此景不易得也，惟烏鴉與鵰鳥無所可取，小鳥鳴於楊柳間，則又饒佳趣。回時，聞槍聲大作，乃大招送祟，並跳步紮於署東平壩上，可謂雅俗共賞矣。半陰晴。

十五日　辰刻，恭謁磨盤山關帝廟，行香回署。各廟行香禮畢。武營送「禧」字一方，上有「福祿壽」三小字，用鞭炮著送於內院，乃循舊規也，賞藏錢一百元。委員巡捕各處皆有，或三四十元、或二十元，大似打抽豐，未免可笑。晚至吳小瑾房內閒談。晴，晚起雲。

十六日　今日為番屬燈節。酉正二刻嘎廈通事來請，由署乘八人亮轎，轎

前後綁蓮花燈八盞，夜間坐亮轎已奇，轎上綁燈尤奇。靠背後有壽星燈一大架，外有扇燈及手提紅布燈，熱鬧非常。至大招，圍招均有酥油作成，似塔，以麵、以金、以綢緞堆之，名畫佛，達賴所設，最大難似塔形，不過一面。或有廟內，或有世家，均節節排之，並捏各尊佛像，並有活動者乃如木偶人也，殊近兒戲。其酥油菩薩極白極細，來時蠻丫頭呼寶子為酥油菩薩，今始知之。前面點酥油燈，設座位，擺點心等。每至一處，由通事跪報某人請安。倉儲巴嘎夏等預備。先至番僧、番官設立賬房略坐後，至漢官所設賬房略坐，沿巷皆綮，人不准過往，俟余過則不禁矣。其鐵棒刺麻番兵、漢兵均在此彈壓，戌初二刻余方回署。晴，晚起雲。

十七日　余鶴孫送給金剛子朝珠一卦一百枚，京中所見不過荷包豆而已，此處價甚廉。自買回，絨係灰色，可作坎肩，亦京中近日所不見。午到後院一遊，見黃鴨一對，極有趣。晴。

十八日　晚間過西院，范湘梅約飯。新覓廚役甚佳，座中恩惠臣、余鶴孫、江少韓、吳小瑾、楊桐岡、吳少嵩皆洋務局諸君子，吳少嵩因飲馬軍門所送洋酒大醉，未終席逃去大嘔，殊可笑。打箭爐所照小像送到，照像人畢蓮洲，名映濤，雅州府雅安縣人。湘梅送玻璃印盒一件。晴。

十九日　巳刻，開印大吉，其禮節與接印時無異。午後覺甚涼，至後院一看，泉水已發，滿地汪洋，細考之，乃牆外流入臭水，殊不雅。然處此地無如何也，幸一對黃鴨未去。晚間因糧務送到例席，約洋務局諸君來同食。晴，風。

二十日　午後至後院一遊，復至東院看惠臣所買青馬，似西路，不過稍小，價四十四金不為貴。此處猞猁皮、狼皮皆賤，一張僅十八、九藏錢，貴者不過廿枚。紅木亦賤，兵丁內有手藝者，藉此甚可漁利，惜無人講究，難銷售也。晚飯後鶴孫來上房一談。晴。

廿一日　有友人問余此「簿領為樂」圖章出於何典，因告以孔帖曰：「王播天性勤吏職，每視簿領紛積於前，人所不堪，播反用為樂。」見《淵鑒類函‧政術部‧簿書二》午後至後院一遊，水皆滿地，看野鴨、家鳧如浴，一羊在岸邊食草，甚有趣。諸委員同余登樓眺遠，近將北牕、東牕安玻璃，南牕亦安之，擬為閒適之所。前日何守光燮來未見，今日諸委員見到。余鶴孫屋內閒談，小瑾、竹君亦在座。晴，有雲未滿。

二十二日　樓上略為收拾，將畫掛起，與鶴孫閒談，後小瑾復至，又談。午後竟未下樓，俟西院洋操結方下。晚至洋務局，眾委員討論公事，達賴忽來夷文，乃轉行三大寺稟，遂令夷字房字識略將其情節說之，待明日再譯。晴，

午後大風。

二十三日　午後至正樓上閒坐，因大風而下。未落日前，番官由布達拉山前繞琉璃橋南佩弓箭騎馬而過，蓋點馬兼訓教番兵而回也。馬以彩綢結於頭，有一高櫷在門鬃上，已可笑。將馬尾縈成一團，以彩綢罩之為美觀，尤可笑。見署外東南有蠻丫頭種地，一人持鐵鍬起土，一人以繩拴於把上，拉之，一鐵鍬用兩人使之，笨極。聞此處男女皆如此用法，真見所未見。買替子，鐵打的，只有花紋，可買番字，多作人名，即蠻圖章也。一藏錢一枚，並買紫膠。晴，風。

二十四日　午後，過洋務局一談，吳少嵩移於內，恩惠臣已赴前藏糧務新任矣。眾人晚間皆往道喜，聞已備席相約，且有影戲，蓋營中所送，即各兵丁演唱，希冀頌賞而已。早見馬全義都司縈赴靖西，特傳誠之諸事用心。劉巡捕送來洋鏡一具，可作帽鏡置之小桌，形甚奇古，座下兩雁可裝針黹。詢其價，不過二金餘，照價付之。買得水膠二枚，作雙魚形，久不見此物矣。半陰晴，早飛微雪。

二十五日　午後，同鶴孫登樓一望，因散招送崇，看其旗旛緩緩而來，不意風起，將臭土刮上，其味萬難，鶴孫不禁為之大嘔。因下樓至馬號，登馬棚一看，即在牆外縈草一堆，先來旗旛乃新奠池巴，打黃傘，係為黃教之祖，後又見旗旛，有步隊馬隊，皆盔甲弓箭，馬亦穿甲，大有古風。紅傘下為降神刺麻，復有馬隊一千餘，在後擁護，屆時降神者望草堆射箭，遂用火點著，步隊左右在署外放槍，似連環而非連環。先在署右安炮四尊，至此則朝牛頭山施四炮，皆未打著，黑牛毛賬房蓋於山頂略下，曾安此賬房意欲打之，奈三炮皆低，一炮不知歸於何處。詢其為何單打牛頭山？據云眾山皆朝布達拉山，獨此不朝，是以擊之。人與山嘔氣，真開千古未有之奇。打完後，兵丁散，火堆滅，男女亂跑而去，禮成。晚至鶴孫屋一談。晴，微風。

二十六日　午後，約何太守光燮到署，將其歷辦各事及種種行為當面痛申飭之，渠竟無辭以對，惟認錯而已。晚會諸委員在鶴孫屋內，痛談。半陰晴，微雪，四山遠處有雪。

二十七日　飭科房查達賴刺麻，名阿旺羅布藏吐丹甲錯濟寨汪曲卻勒朗結，十七字。班禪額爾德尼，名羅布藏稱勒吐布丹曲結宜瑪格勒朗結，十六字。早間接來文，由軍機處知照，兵部轉驛遞，仰承恩賞「福」字一方，藍辮花大荷包一對，小荷包二對，銀錢兩個，銀錁四個，藕粉七斤，掛麵廿把，荔支三斤，南棗七斤，白蓮子七斤，奶餅十斤，百合粉三斤，此為半分。幫辦大臣桂

香南，吃食相同，幫辦藍辮大荷包一對，小荷包一對，銀錢二個，銀鏢二個，無「福」字，小荷包、銀鏢均少一對。致達賴剌麻信件，彼處竟無識漢字者，明日須由夷字房往譯之。晚間至鶴孫屋內閒談，楊桐崗亦在座，聞番子圍棋有極好者。半陰晴。

二十八日　昨日今日番官看跑馬，不過夷情、糧務、遊府去彈壓，雖請本大臣，未有去者。午後至洋務局一談，令程巡捕至羅布嶺岡帶夷字房將信譯給達賴佛看視。晚至鶴孫處談，惠臣亦來。半陰晴。

二十九日　午後，訪江少韓，一談。馬竹君將《顏字帖》拿出一看，楊桐崗送來奶桃二個，其形大茶盞光景，皮似雪笒，內作白色，出哲猛雄，性最熱。據云活佛下生即食此物，味如人乳，故以奶桃呼之。然日子多則乾，不能吃，惟以擦鬚，可令其亮，似可不必也。晚找鶴孫談，竹君亦在座。落日前聞槍聲隆隆，詢之，乃小招燒草堆咒洋人，殊為可笑。半陰晴。

卅日　午後，過洋務局一談，何光爕太守稟覆，前領病假期內款項，情願繳還。晚找鶴孫談，馬竹君亦在座，因談印色有艾絨，有燈草，總以黃色為上，四川麻油與朱標皆為上好的，可用。半陰晴。

二月初一日　辰刻，赴大招萬歲牌前行禮，如來佛前有行禮有不行禮者，且不行禮者多。因從不行禮。至呂祖廟行禮。遂回拜榮夷情、恩糧務。回署，各神位前行禮。午正一刻二分日蝕初虧，署內大堂外向南行九叩禮，夷情問帶翎支否？告以官場中雖無青褂未有摘翎者，可不掛手巾。未初三刻八分蝕甚，復行九叩禮，不掛手巾，申初一刻三分復圓。又行九叩禮，帶手巾，然有最怪者，站班諸人皆請安道喜，不知喜從何來？令人發笑。如省內朝賀，必有坐班，此地亦仿而行之，未免不典，應俟一年後一切怪事，均應改革。晴，風。

初二日　晚間至西院，恩惠臣約飯。座中皆同署洋務局諸君子，少嵩、竹君俱醉，惟少韓雖經角酒，並未大醉，盡歡而散。早間買得深香色袍料一件，淺藍袍料、馬掛料各一件，貴者五十元一方，賤者三十元一方，真正小尼有五尺寬，並四尺寬者，本處呼為片子，一方即以面寬計算，番民不論尺也。又買珊瑚珠，大小不一，五掛合卅兩銀，大約在三千粒上下。又買香爐一個，十二藏錢，田德拿來。晴。

初三日　辰刻，恭謁文昌宮，春季太牢，其禮節雖讀祝，其簡略非常。午刻，拜發福字、銀錢、食物等件恩賞折，並諮桂大臣荷包、食物等件，給那琴軒尚書 [一] 致信，祈轉寄英國署欽差熹納理、翻繹戈頌、梅爾思，俄國署欽差

柏蘭蘇、翻繹羅達臣、貝勒成闊，總稅務司赫樂賓、宮保德信函。接李糧務^夢送到任禮，洋鐘、白麵等件，此君著名愛錢，收之。半陰晴。

初四日　田德今日巳刻娶一蠻丫頭，其禮節與送親之可笑，真不可思議。午後寫家信一封，略敘署內人口均好。因紙扎差寄往，若等初十日走，寫初九日發。並寄去佛三尊、相片二件、小帽一頂作樣，要玫瑰、木樨、松子，餘物莫帶，靴鞋尤不用帶，褲襖亦有人作，此處皮貨如硝得，準寄往，珊瑚、金子、真珠價太昂，且不易得等語。晚間惠臣來，至鶴孫屋內痛談，小瑾亦在座。晴。

初五日　午後，登樓看書，覺甚靜，因風覺涼，至馬號看馬。到少韓屋內一談，竹君亦在座。晚飯後到鶴孫屋內閒談。接巴爾來信，催赴關，並替李夢弼說話。晴，風。

初六日　辰刻，恭謁文昌廟、蕭曹相國祠〔在文昌廟內。〕、武侯祠、三光神〔武侯祠內。〕、傳拉二公祠，春祭。接李夢弼來稟，敘邊務情形，與巴爾信件似是而非，真正小人伎倆，不值一笑。從前裕大臣所用之人實在難，其負天恩一語，恐百喙無辭矣。午後登樓，晚至鶴孫處一談，因言及自打箭爐以下，男女無別，女人更不知恥，實非人之意料所及。晴。

初七日　午後登樓，忽起大風，然天不甚涼，廚役後院種蔥，地土頗濕，亦覺怪事。申刻，計泉亦娶一蠻丫頭，仍係騎馬，前有傘處，乃打一白布帥旗形，上畫太極圖，乃為避邪而設，俟到時，有念吉祥歌者，大似剌麻經。送親皆係女人，到此必要喝酒，喝之不已，則醜態畢露，竟歌舞而去，殊為可笑。且拜堂則丫頭一人向糌粑、酥油、酒鹽等類一托盤磕頭，又向其男人磕一頭，男人則站而受之。地下坐一日，吃食亦地座，頗似古禮。王永福兩小女帶來一看，一十歲，一五歲，乃番子打扮，竟不通漢語矣。晴，風。

初八日　辰刻，恭謁龍王廟、財神廟、觀音閣、丹達神、呂祖、^{丹達廟內。}瓦合神^{丹達廟內。}春祭。備函，遣馬元赴靖西致巴稅務司，明日行。馬全驤辭行赴後藏，初十日走。喀喇沙爾土爾扈特漢王母氏福晉色哩特伯勒喝丹，^{此乃手}版，所書殊可笑，本藏呼福晉，為青海女王，伊子乃剌麻，因朝佛到此，施捨甚當。來請馬牌回伊犁，驗其原牌，係將軍所發。此時人數已有先回者，告以屆時回，伊必發給馬牌，送來海騮馬一匹，再三卻之，決意不肯拉回，只得賞其來人二金。然馬尚大，兩肋根根皆見。銀案亦打本地，謂之十歲口，真堪大笑。因看馬，至江少韓屋內一談。晚飯後到洋務局一談，小瑾、鶴孫、少嵩、桐岡皆在座，湘梅則收拾公信。晴。

初九日　到吳小瑾屋內，登樓看書，鶴孫到樓一談。在馬圈看洗馬，新得馬蝨子甚多，蓋瘦之過也。看硝皮子，其所用之刀刃朝下，甚大，上安木月牙，架於胸前，其笨萬狀。詢之蔣瑞田，據云非此不可，不然無此手勁也。晚飯後至鶴孫處一談，惠臣、湘梅在座，紙扎差叩辭，明日行。晴。

初十日　辰刻，赴扎什城關帝廟太牢，行三獻禮，大概與內地同，不過煩文有太過處。觀音閣在關帝廟後殿，惟一怪事。觀音頭上戴一鳳冠，此從來未有者，因告糧廳即去之。風雲雷雨四神，在關帝廟東配殿之南。赴城隍廟，均春祭。午後登樓，會惠臣、鶴孫、桐岡至馬號一看，忽於衛隊兵得一小猴，上穿小衣一襲，暫留於號內。俟有人找，或令其牽回，或給其價，均無不可。晚到少韓處一談。半陰晴。

十一日　午後，至少韓處，將外務部鈔案並地圖，及諸人說帖並批摺二分，均交其入內存簿。看滔井賞其四元藏錢，此井自恭勤公開挖後，至今未動，淤泥迨不可問。從前水甚佳，下水苦而澀，雖煮飯皆不可用。晚至鶴孫屋閒談，小瑾在座，何光燮現賣衣服等件，作招牌也。晴。

十二日　午後登樓，會鶴孫、湘梅、惠臣皆痛談。達賴處遣人約通事，因令程林與通事前往，接其覆信一函，內有佩服之語，頗為近理，並令尋茶菊，惜所帶茶菊均已黴變，只得包其一包帶回，蓋其意在親近也。晚至鶴孫處閒談，少韓、竹君、小瑾俱在座。半陰晴。

十三日　午後登樓，會鶴孫、惠臣，因廓爾喀匯款，遞有稟帖一紙，無處不想周密，廓夷實在有人，唐古忒未免危矣。小瑾、鶴孫遇我閒談。日落前曾至少韓處談，並晤竹君。晴。

十四日　至少韓屋內，會恩惠臣，將廓爾喀賞物交糧務寄往。午後登樓，湘梅送奏底閱看。晚至鶴孫屋內閒談，竹君在座，因品洋煙。晴。

十五日　辰刻，磨盤山武廟行香，署內各廟行香。向來朔望有堂期，今日免。午後登樓，湘梅來商酌公事，忽起大風旋住。晚至少韓處閒談，竹君在座。天覺熱，始換灰鼠一套。昨日十文藏錢買皮子、小玉煙壺一枚，可笑。晴，風。

十六日　辰刻，磨盤山武廟春祭，諸委員俱到。午後登樓，湘梅商酌公事，深談，諸位委員亦登樓，因前次買得一羊，忽為水草漲壞，遂宰之。上下大吃全羊，惟馬竹君未到，因係回教，非念彼教經殺之，不敢用，亦太滯而無理。詢之，魚蝦不念經亦可用也，殊可笑。晴。

十七日　早至鶴孫處閒談，昨接印督查賀函，並經由稅司遞來漢、英兩

文，皆明晰得體。午後登樓，晚飯後到竹君屋內閒談。接達賴來文，據三大寺轉稟，尚無違悖字句，令夷字房教習李光宇念其一通，述說一遍，俟明日再行譯出漢文辦理。令王永福將各院督同烏拉柳樹栽種本院，亦在甬路南種得兩棵，係屬垂楊，蓋此處惟楊柳易活，楊樹上結之物，似桑椹，不知作何究竟。曾到後園，因菜園放水，又復汪洋一片。前由鶴孫代買倒剩酥茶銀鑲口銅罐一個，已作紅木架。係經劉光榮兵丁手，乃曾習小器作。今移得馬蘭一墩，捨此並無別花，甚可笑。半陰晴。

十八日　午後登樓，接達賴來函，邊事緊急，仍以開仗為事，當即作函覆之，力勸其不可輕舉妄動。晚間倩少韓書之，明日翻出送往。薩迦佛送到如來佛祖像一尊，並大面珠及丸藥片子等件收之，賞之。《衛藏識略》內載，薩迦寺在後藏，有剌麻，即元帝師八思巴，後為紅帽之宗，其教剌麻娶妻育子，有後則不進室，始登法座。所送大面珠名容保追對籽丸，又名車堆勒布，小珠加堆勒布，極小珠對籽勒布。銅鑄係如來佛一尊，面印觀音佛二尊，一正像一變像，又印文殊佛一尊。晚到少韓處，竹君在座。復到鶴孫處，小瑾在座，湘梅來送信底。晴。

十九日　在馬棚上看城隍神出巡，由署前過，遣總巡捕恭代行禮，有扮十二屬相抗架者，有靈官土地乘馬前行者，鼓樂執事全。午後至馬號，擬於署東砌兩字紙樓。令番匠打墊下面鐵條，其笨不可言，傳四人來此，一處未完，殊可笑。借到青海王福晉蒙古包一架，欲傚造以備赴邊之用，其笨亦與番匠所造心思無二。至少嵩處一談，湘梅、小瑾在座。登樓後，達賴處送給信件，旋接覆信，尚無違理字句，惟一味主戰，殊不度德不量力，再三喻解，萬不少悟，真無可如何。接前路來稟，聞番兵已死多人，所謂「驅世人而戰之」，令人萬分難安，與義和拳匪無異也。晚飯後至鶴孫處閒談，伊由西院來，因所住之藏丫頭均入醉鄉。伊謂之鴉陣夕陽，甚為雅切，亦何謔也？半陰晴，風，早飛雪，晚濃陰。

二十日　早起，地土頗潤，蓋夜雨，山上見微雪。到鶴孫處談，小瑾在座。午後登樓，大風，四山雲起，復下雪，微晴，又陰。晚飯後至少韓處談，竹君在座。回時雨雪交加，覺天氣甚潤，乃多日未見雨，雪之過。連日聞有炮聲，係達賴所演欲令剌麻打仗，不知其護法靈否？且令各寺念經咒洋人，直不值一笑。此與庚子義和拳可前後相映，余謂仍有拳匪，加以聯軍到京，雖令李文忠鴻章辦理，諒亦束手無策也，奈何？薩迦廟所送三佛，五元錢價買一龕敬貯之，龕係銅鑲松石。半陰晴，雨雪。

二十一日　午後登樓，見雪紛紜，忽夾以雷聲，在京內必以為奇。以登樓為題奏五律一：「登樓望原野，雷雪繞諸峰。綠柳垂千縷，白雲生萬重。人難辨清濁，天竟渾春冬。借問龐然客，何追蓮社蹤。」因聽西院笑語喧嘩，當命童持往請諸君和之，遂笑聲頓止。余謂韻頗難押，恐急得要哭矣，諸君皆為之莞爾。晚鶴孫、小瑾、湘梅俱到屋內來談，湘梅、少嵩、竹君，並巡捕程林、和章均到，自當首推湘梅。陰，微晴，雷雪。

二十二日　午後登樓，覺天氣較熱。諸和詩者紛紛投贈，有極可笑，不但無可解處，甚即平仄尚未調者。適鶴孫在樓，大笑而已，今日來者，自以鶴孫為第一。晚至其屋內閒談，楊桐岡、吳小瑾、馬竹君均在座，因談及詩中笑話，有非意料所及者，因大為取笑。晴。

二十三日　巳刻，正廓爾喀頭目噶巴丹、<small>如內地千總。</small>且底巴哈都熱、<small>四十三歲。</small>名卡底熱且底熱、<small>如世家非世家，不應書此六字。</small>的者如字識、瑪朗的扒底、<small>四十歲。</small>并蘇必達熱、<small>乃管兵者。</small>撲底瑪朗他巴<small>四十七歲。</small>俱來見。其噶巴丹人，甚精明，面貌身材皆好。因唐古忒去英國交戰，實屬無理取鬧，請駐藏大臣一切含容，莫要見罪，要極力保護。伊果敢王現有信字到藏，故來回明，因令其譯出漢字呈遞，伊等遵諭而去。午後登樓，因馬元由前路回，接榮英員照會回頭。晚間擬得致外務部代奏之電，到少韓處斟酌，明日即可用瑪字發至打箭爐，再由電達京部。晴。

廿四日　未刻升大堂，眾官參堂三揖，番官剌麻缺擬正陪，均來驗看補放，均以擬正補之。退堂，眾官復三揖。登樓，巡捕馮翊通並郭什哈，由洋營遞照會，回洋官相待甚優，可惡番子剌麻執迷不悟，殊堪痛恨。晚飯後，至少韓處閒談，竹君在座。接到達賴來文，傳譯字房譯之，不知又有何說，須明日再看。早陰，晴。

廿五日　早間因夜雪，四山晶瑩，加以濃雲未退，遂登樓一望，惟布達拉山為獨立最矮者，其山腰黃房以上，殿宇以下，亦有淡雲蔚起，不愧為藏中名山，其生氣非尋常土阜可比也。達賴昨日轉行三大寺來文已譯出，至鶴孫屋內一看，話語之間，已覺柔和，比以前之傲睨之氣大差，俟緩復之。復登樓，則窗外看豬而已。晚飯後，湘梅、鶴孫俱來談，程巡捕和湘梅詩，並鶴孫亦拿詩來看，皆略更數字，似可質諸原唱者。然番邊武備，漢邊文修，亦可笑也。微陰，晴。

廿六日　<small>聞達賴令薩迦寺念經送妖，可以咒死洋人，前打仗死傷多人，皆因信降神者垂</small>

仲之語，名護法，刻下喪去多人，恨之者謂，護法不知藏於何處？想均藏於夜壺後矣，真正可笑可歎！早至鶴孫屋閒談。午後登樓，前偵探馬元、馮瑜均來謝賞。廓爾喀噶巴丹將其國果敢王致達賴信件譯出，於昨日送來，頗有道理，惜達賴不信，實無如何。今日赴嘎廈處說之，其辯事人亦以達賴為不是，應許必將其言代達，未知肯聽與否？因噶巴丹人甚明白且恭順，賞其銀牌、哈達、袍褂料，頗知感激。晚飯後至少韓處一談，竹君、鶴孫、桐岡俱在座。晴，午後微雪，晚風。

　　二十七日　早至鶴孫屋內談。外間皆有不服達賴之語，生意人尤為關切。因找三大寺剌麻談，其不備夫馬，亦所著急，然達賴一人作主，下邊絕不敢對彼說之，不過背後非之，此人已成獨夫矣。午後登樓，見微雪，旋即見太陽，內地只有夏間雨中有如此景象，雪中未曾見也。晚飯後，小瑾、鶴孫來談，歷來醫生、巫家、收生婆，其可惡非常，其種種出醜亦非常，因而大笑。晴，半陰，雪。

　　二十八日　早晚至鶴孫房內閒談，因談及腐氣先生竟有將兒孫害死者，並有所行各事，傳為同鄉話柄者，不覺大笑。真正讀書不通，亦足以害事，非虛語也。午後登樓，練永祥看菜園者，為郭什哈練永祺之弟。送到盆松盆花，賞之。花有金盞，同內地，本地呼為燈琖花，並有月月紅，其根葉似蒿艾，花四瓣，朵不大如秋海棠，並有白色，其根葉花瓣亦如之，嗅有微香，甚清。番地得此，亦足稱點綴矣。前由署內所得杏花數枝，係東院所種，並有石榴樹一株，所謂石榴樹待開花驗之，乃花紅樹，詢之，永無果。並住房前兩株柏樹，其形似掃帚菜，亦折一二枝同插瓶內，甚可玩。余鶴孫又覓得桃花數枝插瓶，已有內地風味，今並得此花，余以為花木雖不多種，惜乎種者少，不以為貴，故不易得也。晴。

　　二十九日　湘梅接巴塘糧務曹爵申〔銘〕函，有桂都護正月十九日啟節之語。接馬全驥都司來稟，英人已到江孜，因擬諮達賴，明日即可譯交矣。早到後院閒踏，因收拾北牆，因至草壩一看，鶴孫亦隨來，同至西邊張家菜園，其中養各色花木，並有籠烏，在番家可謂雅極。回時風霰，仍由牆缺而進。午飯後登樓，至馬號棚上看散小招，江巴林亦焚草堆，與小招同，記載中有打牛魔王之說，即係今日。後詢之，乃趕魯貢加布，蓋此人為藏中地主，曾與某輩達賴鬥法，故今時有一扮達賴者，此人必窮無賴，然後扮之。一扮魯貢加布者，在大招前賭，色子用骨為之，極大。達賴所用六面皆紅，魯貢加布所用六面皆黑，達賴自無不勝者，遂因其敗，趕出藏河對岸，俟明日掛大佛，則前行過南山住七日而回，蓋當日驅逐日，彼不肯驟行。第二日見布達拉山有與山齊大佛，故不敢爭而去

之，乃此地一掌故也，惟扮魯貢加布者，沿途皆周恤之，如得銅錢，可作銀錢買物，無人敢不售，其形面作半黑半白，翻穿羊皮襖，手持牛尾一、木棒一，如棒打人著身，一年必大喪氣，故番子怕極，是捨財者捨財，賣物者賣物，不敢違也。然亦生發之大道，其喪氣未必驗也。燒草堆、射箭、念經等事，與大招無異。至少韓處略坐，晚飯後至洋務局，惠臣、湘梅、鶴孫、少嵩、小瑾均來談。半陰晴，下雹。

　　卅日　張家花園送到花，內有洋扁豆，不足為奇，有抱中花，未曾見過，其形葉似秋海棠，花極碎，中空，外有小花圍之，粉色〔二〕。早間登樓，看達賴晾寶。由大招擺，執事先似旛，後各色傘，前有白牛一隻，後有活象一隻，有音樂相導。復有執事並紙象數隻，又後面執事並四金剛，寶即夾於各項之內，十二小孩花衣隨行。眾剌麻、番官亦隨行至布達拉山，繞過，回大招，將寶仍藏招內，遂在布達拉掛大佛二卷，甚長。所謂寶者，乃御賜各件也。午後，傳僧官署噶布倫降巴丹增、俗官署噶布倫策丹汪曲面諭：洋人已到江孜，番兵所傷甚多。刻下，或達賴，或本大臣到彼，以免前進，並有文書知照達賴。洋人有兩禮拜之說，趕緊復回，不容緩也。到洋務局一談。晚飯後至鶴孫屋內閒談，小瑾、桐岡在座。昨夜雪，今半陰晴。

【校勘記】

〔一〕 吳注：桐。

〔二〕 稿本原作「紛色」，疑筆誤。

卷 四

光緒三十年三月初一日至五月二十九日

三月初一日　辰刻，恭謁大招萬歲牌前行禮，<small>此次在樓上，因下有剌麻不便。</small>
丹達廟、呂祖前行禮，回署，各神前行禮。遂有散小招，剌麻鐵棒寺銷差，賞
之。登樓，因身體不適，蓋因回署後滿身皆汗，換衣所致。因步踏至南面柳林，
過林即藏河，一看。旋至柴低柳林閒座，即遣人至署，約湘梅、鶴孫，適惠臣
亦來，在彼閒耍。有纏頭二人在彼下圍棋，<small>惜棋不甚高。</small>不令其去，亦可謂格外
點綴矣。晚約三君便飯，大醉。與鶴孫痛談，睡時已子初餘矣。半陰晴，落日
大風。

初二日　午後，至東院看新作蒙古包，以便赴邊之用，遂到洋務局略談。
申刻，達賴約至羅布嶺崗商酌邊務，其聰明狡猾，匪可言喻。臨行又送吃食並
觀音佛一尊，大哈達一塊。晚飯已七點鐘，後約眾委員面告，商議一切。晴，
風。

初三日　午後登樓，遣馮瑜給榮賀鵬［一］送照會，即行派程林給達賴剌麻
送信。晚飯後到鶴孫處閒談，惠臣、桐岡、小瑾在座，聞達賴、眾番皆有怨言，
故致信均為道及，亦其自取之也，可奈何？<small>聞大招前必糞溺，如此污穢者，恐如來佛
因地淨而去，真不值一笑。</small>半陰晴。

初四日　昨日致達賴一信，今日覆函話極宛轉，然不認錯，亦可謂狡猾
矣。接榮英員照會，即行達賴，須俟傳大眾，方有覆文。午後登樓。晚飯後找
江少韓閒談，竹君、小瑾在座。晴。

初五日　到鶴孫處談，同赴東院看蒙古包，裏外圍均作得，支起頗佳，此
種生活，番地反不讓內地。登樓，李都司送洋毯、大麴酒等物，收之，四川宦
習也。張統領送菜數籩，因明日請諸委員不便前往，故有此舉。晚飯後，至洋

務局閒談，倩桐岡看平安脈，據云兩尺不弱，惟肺脈有浮熱，無礙也。大風，晴。

初六日　借鶴孫無錫丁福保所纂《衛生學問答》，係去歲新出，重西醫輕中醫，然皆有所取，似不可偏廢。傳都司李福林來見。登樓，於昨日即聞四圍梵音，詢其所以，乃求保佑者，殊為可笑。晚找竹君談，因合署委員等為張統領祥和所約，待江少韓回詢之，吳少嵩已入醉鄉矣。天時可穿兩棉，早暖，午時晚間稍涼，晴。

初七日　相傳佈達拉山掛大佛後，萬無大風，今日之風比往日更大，不知何解，想平日不過神其說耳。大招前已開溝，臭極。早至鶴孫處談，湘梅來商議公事。午後登樓，湘梅來，擬就覆英員照會，達賴尚無回音，各寺仍諷經送鬼，薩迦廟間有放妖之說。所謂放妖，乃剌麻所扮，衣黑衣帶鬼臉，一扮歪嘴子，一扮公公頭，送至草堆處。將草堆焚化，兩剌麻仍回寺。大意妖之魂可至洋營，將洋人魔死。更為不典，其愚蠢，不可思議。晚飯後復至對鶴孫處閒談，惠臣、小瑾在座。

初八日　番官等今日換季。晚間，達賴剌麻遣人送油茶道喜，賞之。循向章也。連日接班禪額爾德尼來諮，以英人到江孜，請問應如何？前曾覆文，令其自守，不可妄動，想覆文尚未接到耶？早至鶴孫處談。登樓。惠臣來擬約飯，蓋赴邊有信，向有此舉也。半陰晴，申刻極大風。

初九日　遣人給達籍道換季喜。接打箭鑪來函，送到外部電旨知照，因催程副印到察木多。並函云，桂尚無啟節之信，俄、日現在旅順相持，尚無某敗某勝的音。至後院一看，又放進臭水多少。登樓，至馬號一看。晚飯後，至少韓處閒談，竹君、桐岡、小瑾在座。聞桐岡云，雲南出各色銅，有兩銅其色茶葛，未見。多半造觀音像，遇雨則生水，天晴則止。銀白銅其色真如銀，見過，大半器皿。風磨銅其色如金，亦器皿。紅銅似胭脂，生銅解京，尚有烏銅、班銅、余銅尤奇。鶴孫借來照片，有咯里咯達，惟人物甚好。晴，斷續一日風。

初十日　早到鶴孫屋內商酌公事。午後登樓，惠臣來，擬於對署柳林內十三日一聚。范湘梅送油炸檜麵，似太死。楊桐岡送奶皮。下樓馬號一看。晚飯後又至鶴孫屋閒談，惠臣、桐岡在座，飯前曾至小瑾屋略談。半陰晴。

十一日　接榮英員來文，即知照達賴，並敘及余於十八日赴江孜，據送文程巡捕面回，伊處須傳三大寺稟覆，再行覆文。登樓，並至馬號前閒踏。晚飯後至少韓處，竹君在座，因談及初登仕版，諸君子笑話不一而足，其中，教官尤為可笑。竹君說，安徽有教官捧茶盌者，二次稟見上司，袖茶盌相賠。余在

京聽曾怡莊說，四川有教官見制軍補褂乃其兒媳所作，前為三羊^陽開泰，後為六合_{鹿鶴}同春。少韓說，又有四川人赴別省服官，身為佐雜，至司道官廳遇臬臺先問姓氏，後問官階，知為臬憲，即往外走，正遇藩臺，又不知為誰，令其莫進屋，內有大家活在此，蓋川省稱「大官」之土語也。晴。

十二日　早傳總堪布噶布倫降養丹增、策丹汪曲，並商上大中譯三大寺堪布等面諭，於十八日預備夫馬，究竟如何？令明日具結呈上。登樓，湘梅來談公事，諸委員論紮赴江孜備差。委員楊恢、伊父聚賢送來綢緞、氈片、茶葉等物，不倫不類，蓋皆云南家鄉之物，殊為可笑，不好退回，只得以後有以報之而已。晚飯後，至鶴孫屋內閒談，惠臣、湘梅、少韓、少嵩、桐岡均在座。旋據達賴送到覆文，甚厚，令譯字房教習李光宇明日譯出再看。半陰晴。

十三日　接達賴回文，甚不成文，夫馬亦未有覆信，真正自尋苦惱，實無法再說，特先令馬竹君拿去斟酌，以便挽回一分是一分而已。登樓，湘梅、惠臣皆到，惠臣約對署柳林內晚飯，座中張吉士遊府、范湘梅、余鶴孫、江少韓、吳小瑾、楊桐岡、吳少嵩，不意少嵩醉不可解。步踏來往，回時少嵩竟臥道，大為可笑。至署到鶴孫處談，桐岡、小瑾亦來。陰，晴，風。

十四日　早至鶴孫處，晤湘梅商酌公務，給馬全驤都司寫信，覆達賴知照，覆榮英員照會。午後登樓。晚飯後，至少韓處閒談，竹君在座。因緊要公務，令其書寫，明日即遣馮瑜往南路去。今日各寺又送鬼，真為可笑。半陰晴。

十五日　辰刻，恭謁磨盤山關帝廟行香，回署。各神位前行香，磨盤山廟內大殿前左右花紅、桃樹各一株，花盛開，署內紅花已謝，恐未必作果，杏樹亦然，地氣使之也。午後登樓，湘梅回公事，至馬號一遊。晚找鶴孫閒談，因談及各項盜案，真有不可思議者。半陰晴。

十六日　接班禪來文，頗明道理，且甚恭順，達賴仍調募敢死番僧，以備再決一戰，真胡塗無比。聞三大寺僧眾二萬餘人，止有十數人應募者，實不值一笑。登樓，早至鶴孫處談，湘梅、少韓在座。晚至少韓處閒談，竹君在座，大談玉器，將都中香竹薰煙並料壺送給湘梅、少韓、鶴孫、竹君各一份，皆甚樂，蓋外省未見過此種煙也。陰，三月春陰正養花，惜無花，略晴。

十七日　午後登樓，楊聚賢從九鍾傑送到燒豬、菜蔬等，蓋明日約委員諸人吃飯，本外官禮也。聞達賴處，由總堪布降養丹增議論約噶布倫三大寺，須請大臣至江孜方好，不然番兵無有戰勝之理，似覺稍明，惟番性無常，未敢深信。湘梅至樓談公事，因黑教寺公務，將署噶布倫等記大過三次。晚至鶴孫處

談，因雨後覺天氣甚涼，須棉衣三件方合適〔二〕。微晴，在未刻以後風雨雷霰齊下。

十八日　午後登樓，又見有焚草堆送鬼，如此執迷不悟，可歎又可恨！遣程林帶通事詢達賴，可否前去先阻洋人？晚間見覆文，所說之語，皆隔靴搔癢。至竹君處閒談，因各委員為楊聚賢所約，惟竹君在署故也。回房後約湘梅、鶴孫來，小瑾亦到，擬明日先發外務部一電。半陰晴。

十九日　寄家信一封，由電報差轉交打箭爐寄省，交周保臣處致送。內敘家中省中想均好，桂大人尚無起身日期，王順如大好，可稟明同來。已接去年十二月十九日家書，前次我生日不收禮，甚是。刻下洋人已到江孜，離此七站，想不日到藏，漢官必無事，恐番子、僧俗吃虧，萬不可聽省中謠言等語。早間登樓，飯後復登樓，湘梅來商公事。惠臣來閒談，少韓、竹君亦為公事而來。發外務部電，擬覆達賴文書。至馬號看馬，青海女王所送海騮大馬，今始備出，走甚快，不在黑馬以下。晚飯後到鶴孫處，談鬼並果報，聞達賴有欲逃跑之說，不知真假，然來文仍是氣象萬千。半陰晴。

二十日　早至鶴孫處略談，看其作糧餉處號衣，用灰色呢片，頗講究。午後登樓，惠臣來閒談，代少嵩面約廿四日晚飯，問在何處，告以在洋務局，千萬莫備多菜，即湖南家鄉菜數簋可已。晚飯後馬號一遊。至少韓處一談，竹君在座。馮瑜由南路回，聞事機甚順，湘梅、鶴孫、小瑾，均來房內略談。風，晴。

二十一日　接家書一封，得悉平安，正月因無雨，竟乾燥，穿至棉袷，俟大風大雨，復又穿皮衣服。並寄蓉格，給其親娘一封信亦寄來，頗知愧悔，四妞、五妞已出嫁，給與誰家，並未敘明，殊為可笑。四弟於三月間得一女，名雙格。小八八照相一紙，同為寄來，甚有趣。午後登樓，落數點雨，起極大風，復見日近山，又有出雲處，真口外天時，與內地迥別也。接鍾文叔信，至省併到家送銀四十兩，實為關照，誼不容辭也。半陰晴，小雨極大風。

二十二日　聞達賴今日可有覆文，然候至一日未見也，總堪布傳至彼處已兩日矣，不知所議何事。午後登樓，聽北面梵音與槍聲齊奏，詢之，為薩迦寺放妖。蓋以妖可以往治洋人，不過焚草堆，小兒隨之大嚷大鬧，不知與洋人何干，真可憐可笑以至如此！到馬號看馬，兩猴子相鬥，頗有趣。吳少嵩親身來約明日晚飯。燈後，鶴孫過房內閒談，因及鬼神之事，令人莫測也。半陰晴。

二十三日　早接吏部來文，裕子維議以照規避例革職，係私罪無可再說

矣。此君原呆氣可哂，然心地較勝於安仁山都護，所謂有幸有不幸而已。午後登樓，聞達賴又調八百蠻兵，明日可到，真正冤人不淺。赴洋務局吳少嵩約晚飯，座中榮夷情、張統領、恩糧務、范湘梅、吳小瑾、江少韓、余鶴孫，因另一席約巡捕等，倩楊桐岡代陪。晴，風。

二十四日　接馬全驤都司來稟，番兵在江孜七站。將洋營大劫，番兵三千餘人，榮英員未受傷，巴爾稅務司所帶印兵傷二人。然躲卡子塘書來稟，有洋兵已到，將番兵打敗，所住噶布倫及大二番兵均逃走等語。躲卡子離此五站，恐小路另有洋兵繞過，並聞駐帕克里洋兵亦有前來之信，則番兵前後受敵，大有不便。且如此作仇，藏內生靈，難免大為吃虧，真令人焦灼萬分，或劫數應如此耶？非人力所能挽回耶？文字唇舌，皆達賴置而不理，可奈何！午後登樓，早在鶴孫房內商酌公事，擬派毛騰蛟、馮瑜給李都司送餉二百金，馬牌已備，不知山上替子肯打否？蓋前路番子已紮住，來往行人不准無山上替子隨便行走。晚至少韓處一談，小瑾、竹君在座。陰，晴，風，過午大風，有小雨點。

廿五日　早至鶴孫處談，小瑾在座。午後登樓，惠臣來，因代理糧員擬改署理，渠辭之，自不便相強矣。竹君來送公事，略談，下樓。少韓早間送到達賴以次輩分清冊，由譯字房譯出者，頗為可笑，須大收拾方可。晚飯後復找鶴孫談，提及各處鬧鬼，有極奇極可怕之事，真陰陽所界，令人不可思議。半陰晴，風。

廿六日　西菜園來換花，有龍嘴花兩盆，係草本未開者，似千葉石榴，已開者似扁豆花，紫紅色，其餘仍紅白，月月紅。聞有番官乃印度人，公然將洋營劫取，此人因英國將其全家害死，是以大出力以報讎。刻下達賴派去剌麻二千餘，仍令此人帶往，不審果能得力否？午後登樓，忽聞藏河邊人聲嘈雜，詢之乃番兵拿獲奸細四五人為靖西番子，新隨洋人曾害番官者，且有剌麻在內，又云係假充者。眾丫頭皆往看，因唾唾之，並撩衣向其辱之，殊可笑。且聞康有為隨洋人來此，不知是真否，恐謠傳也。少韓云，楊委員曾到獨吉嶺，見有康對聯在廣東會館。此人曾到藏地，亦未可知。晚飯後找少韓閒談，竹君在座。曾閒步科房一看，內有餘祖「岳景旭莊公輝」一匾，因令程林搨之。余鶴孫代予求關帝籤是此日，[三] 予代達賴剌麻占牙牌數，[四] 亦在此日。半陰晴，風。

廿七日　聞有番兵五百開赴前路，並聞三大寺及各寺剌麻告奮勇者約有二千人。午後登樓，見柳林中人去者甚多，皆以為番兵得勝高興閒耍者。至馬號一遊，因昨日有雨，四山均雪，天不甚涼，想高處與低處不同故也。晚飯後

找鶴孫處一談，小瑾在座，浪卡子塘書回藏。聞洋人有折回之說，然番子逃走不少，家敗人亡，不知凡幾。劫數應如此耶，可歎。晴，微陰。

廿八日　遣馮瑜、毛騰蛟往南路給馬全驥都司送餉銀，聞洋人有退去之說，未知確否。午後登樓，柳林中及樹下皆有乘涼者，棉衣尚未去身，然天已覺燥，四山雪仍未化。至馬號一看，蔣瑞田已將皮子硝出多張，未見如北方者。毛太薄。究竟天時不至極寒，有婦人賣跕牛尾為番家耕牛名。蠅刷，留兩把，乃整尾中穿一木棍，內地不多見也。晚飯後約竹君到鶴孫屋內商酌，下月初三日約諸人吃全羊。竹君係教門，非其辦理，伊不能吃也。湘梅亦來談。曾至大招一看，所供佛甚多，似有俗傳，難為典要，得詩數首來示，甚清峭，桐岡亦來談。晴，風不大。晴。

廿九日　早間，湘梅來痛談。午後登樓，薩迦佛寺又大放槍炮，料非送鬼，即是放妖，各柳林中男女仍是嬉戲歌舞，可謂粉飾太平，無憂無慮，殊難得也。閒踏到馬號看猴子，回遇吳少嵩，聞外間傳言，達賴又派刺麻兵二千上下，每兵火槍、腰刀各一，番銀四兩，合內地銀二兩四錢。兵皆辭而不往，不知又作何道理，真令人氣悶！晚至鶴孫房閒談，提及國事以後如何，殊有智者無從著手處可奈何。半陰晴，風。

【校勘記】

　　［一］榮賀鵬，即榮赫鵬。

　　［二］稿本原作「合式」。

　　［三］吳注：余鶴孫赴磨盤山聖帝廟代予求得一籤，問藏事如何，蓋藏中於此廟
　　　　　曾見旁侍周將軍所持刀上見鮮血，不知何故，恐非佳兆。籤曰：「百千人面
　　　　　虎狼心，賴汝干戈亂始平。得勝回時秋漸老，虎頭城裏喜相尋。

　　［四］吳注：乃得中下、中下、下下。

四月初一日　辰刻，恭謁大招萬歲牌前行禮，丹達廟、呂祖前行禮，回署。各神前行禮，站香班。除地方官，有楊子範恢、趙怡堂潼接馬全驥都司來稟，江孜竟有番兵一萬餘，恐洋人要大吃虧，然番兵雖多，可操必勝之券，未敢信也。午後登樓，至後院看地勢，前院牛耳、大黃甚多，後院少。馬蘭一片已開花，比北邊較大，間以黃花。水中野鴨、黃鴨、家梟，游泳其中，邊外風景，亦可樂矣。可支賬房兩架在柳陰內外，令康尼打掃，諒可不至太污穢足矣。晚找少韓閒談，竹君在座，聞雷聲始回房。半陰晴，風。

初二日　早在鶴孫處，湘梅拿詩來，並吳少嵩亦有詩，然比湘梅詩差，限於天兮，不能強也。同鶴孫、湘梅至後院看賑房，余所作蒙古包亦支在內，共三架。登樓並至馬號，原請竹君調度一切，伊將阿洪找來宰羊，非此不吃，未免可笑。晚至鶴孫處談，小瑾、桐岡在座，聞惠臣大病，乃風溫所致。晴，微陰。

初三日　巳刻，約榮伯齡、張言士、恩惠臣、范湘梅、余鶴孫、江少韓、吳小瑾、馬竹君、楊桐岡、吳少嵩、楊子範，在後院吃全羊，其武弁諸人，令巡捕劉化臣招呼，約竹君提調一切，教門中均可得食。少嵩大醉，搭而去之。晚間復約鶴孫、湘梅、桐岡、少韓、惠臣、竹君喝粥，用點心，余亦略醉。前奏到任日期，並裕大臣奏報交卸各摺，晚間恭奉批回。至子初余方睡。晴，風。

初四日　飯後至鶴孫房內談。午後登樓，惠臣來，聽外面傳言，有番僧與漢人為難之語，只好聽之而已。湘梅亦到樓一談，起極大風，將塵土刮起，滿院皆是。詢之本地人，此常事也。晚飯後復至鶴孫處談，惠臣在座，因及八旗，舊俗仍以乳名呼兄弟，其南省鶴孫雲亦然，尚有古意，南北相同也。晴，極大風，亦四圍生雲。

初五日　早至鶴孫處談。午後登樓覺熱，早晚涼，袷尼衣可穿，不用棉衣似可，然風一大，恐又涼矣。覆達賴文，令程林並通事送往無回信，此次實難與深較，只好敷衍暫作目前之計而已。晚間，彼處遣總堪布之弟某赴後藏，特來稟辭。此人亦係世家，二品頂戴，充四品，官倉儲巴而已。晚至東院一遊，燈後忽聞馬號有放爆竹之聲，詢之，乃蘿頭匠金八兒娶女人之喜也。此人甚呆，必有人在中愚弄之，以為日後笑柄也。晴，風。

初六日　早辰梳辮，問金八，其女人黑早已去，晚間復回，可謂自去自來，梁上燕矣，一笑。同鶴孫至馬號一遊，因指八兒之屋，謂之金屋，可惜無阿嬌可貯，不過收一泥蛋而已，鶴孫大笑。午後登樓。從前日起，作大小一二百字，可略熟筆路。晚飯後找少韓閒談，竹君在座，因及其受姓之始，伊本西域人，原無姓，自唐朝賜之，以其始祖馬某即以馬為姓，當時所賜係「馬達哈薩」四字，以外皆後來入教之人，非西域土著者。晴，風，有雲。

初七日　借鶴孫曾惠敏公﹝一﹞《使西日記》，閱訖，此書頗有見的，當日所論，後皆應驗。蓋各國交涉有不得不然之勢。達時務者，未嘗不可閱歷採訪得之。惟詳細不如薛叔耘﹝二﹞星使《出使英法日比日記》﹝三﹞。飯後到鶴孫屋內，遇桐岡，痛談。雲南省收復，全賴楊軍門憲反正，不然惟岑襄勤敏英亦束

手無策。軍門為水蟒精，似神其說，然兩遇關帝，殊可信也。登樓下時至馬號一遊。晚飯後復到鶴孫處閒談，小瑾在座，談川省各案，真有奇者。晴，風，昨夜有雪，天氣甚涼。

初八日　午後，過鶴孫處談，惠臣亦來。登樓下時，馬號內閒踏，看猴子極能喝水，內地以為猴子不令其飲水，乃恐其長大，非不會喝水也。晚飯後找少韓，將滿漢謝恩摺並在京請病假各摺案錄一本，以作記載。竹君在座，談及遇武弁其套褲穿兩色者，一絳一綠，以為一笑。曾與馬介堂軍門談及，軍門雲不足奇也。蓋雲南打杜文秀時，家鄉武營均如此裝束，且有兩色袴子者，為與賊有分別，彼時衣帽大概相同也，此亦一掌故。晴，有雲。

初九日　畢蚌寺送來白牡丹四枝，根蒂作黑色，似墨牡丹。分給湘梅、鶴孫各一枝，邊外能見此花，覺甚新奇。西菜園送來龍頭花、即龍嘴花。竹節花，深紅色，小朵，似梅花，瓣五出。寶相花粉色，並深紅色，香不甚濃，本地呼為刺梅花，非是。登樓，申刻刺麻送鬼，其旗幡鼓樂，馬步兵焚草堆，均照常，惟護法系兩人，委員並家人俱往看。一騎馬，如戲內捉妖王道士打辦；一騎象，頂盔貫甲，手持弓箭往空射之，不意一幼孩運低，將箭落下中左耳後，不知如何，真開千古未有之奇。燒草堆後，隨起風並有雨，可謂天怒天泣矣。晚飯後找鶴孫閒談，惠臣亦在座，彼此歎氣而已。昨日馬都司來稟奏，洋人斷番兵水道，洋人不過五百上下，番人萬五千餘，相持不能如何，恐洋兵續至，必為大不了之局。晴，陰，風雨。

初十日　早湘梅來談，鶴孫亦來。所得牡丹均萎，或瓶新耶？不可解。午後登樓，見山起雲，昨夜南山見雪，今昨日俱聞雷聲，氣候與內地異也。下樓至馬號一看，因微雨而回。晚飯後至鶴孫處閒談。

十一日　早到鶴孫屋內談，湘梅來，作青海女王七古一章，頗有趣。午後登樓，微雨有雹，昨夜大雨有雷，四山見雪。下樓閒踏，至東南柳林穿進，到藏河邊一望。復回柳林，遇演跳鉞斧者，有鼓有管，其聲幽雅，似大樂，又似崑曲，可謂今日之樂猶古之樂，禮失而求諸野，樂又何不然哉！一笑。由正南回署，晚飯後找鶴孫談，小瑾在座。晴，風，雷雹，雨。

十二日　早至洋務局，湘梅、少嵩在座，聞達賴所調各番兵，現有在藏駐紮者，皆不許在欽差衙門前後左右行走，尚屬知禮，惟街市上已關門閉戶掩紫扉，恐其搶掠也。何苦如此，所謂愚人自擾之，可奈何？闔署委員巡捕及僕人等俱赴前面柳林，為新得額外王永福之約，內有跳弦子之舉，皆入醉鄉而回，

可發一笑。午後登樓，晚間大喝酒，乃永福所送也。飯後接各文，內有軍機處夾板木牌皮包各一分，內御筆花押包匣鑰匙各八分。晴，風。

十三日　早江少韓來將報匣拿來一看，係皮子所作，有銅洋鎖二、鑰匙八把，大小不一，蓋恐路上開看。隨黃綾鑰匙袋八個，每匣內黃綢墊兩個，其御筆封每匣二條，黃紙上各作一草書「警」字，相傳純廟御筆刻出印朱字。午後登樓，湘梅來商酌公事，下樓。飯後同鶴孫馬號一踏，上房看走馬者，未得見已歸去矣。到少韓處閒談，竹君在座，謂其家鄉有僧人善藝花木，曾見小盆內有荷花數朵，荷葉數枝。詢之，乃用蓮子將下面火燒之，將人髮塞入數莖，以泥種之，水漫之，惟一盆內種數十粒或十數粒，蓋有出有不出者，未知北方能驗否也。晴，風，將落日有微雨。

十四日　早至鶴孫處，約湘梅來議公事，惠臣、小瑾亦來。馮瑜、毛騰蛟由南路回，在江孜番兵不下萬人，圍洋人五百，竟不能下。聞榮赫鵬、韋領事已去，巴爾困在五百人內，是否？不敢驟信，蓋番子之話多有不實之處，並聞洋人馬總兵現大病，項下長瘡，未知果否？午後登樓，湘梅來刪改公牘，覆達賴尺牘，覆桂香雨。下樓至馬號一踏。今日諸委員等皆至西署，乃田德、計泉因娶丫頭，諸君均有賜與，故特備一席，請巡捕相陪，叩謝之意也。半陰晴，日落微雨。

十五日　辰刻，恭謁磨盤山武聖廟行香，站班除地方各員、楊子範，到趙怡堂署內上手版，回署，各神廟行香。今日係布達拉山龍王堂點酥燈，沿途去人甚多，署外牆壁上掛佛像者甚多，蓋乞錢而設也。聞龍王堂周圍皆水，須坐皮船方可到，竟有丫頭上船時船已離岸，乃爬在水內，於是大眾為之大笑。湘梅因惠臣約策馬而往，不意馬跑墜騎，將膀臂受傷，亦為所笑，北京所謂起開者是也。午後登樓，陣雨遂晴，下樓至馬號。同鶴孫遇少嵩、小瑾立談。晚飯後到鶴孫屋內閒談。半陰晴，雨。

十六日　湘梅早來，幸未落馬受傷，仍約往看，此馬係銀合銀鬃毛，於署外並圈內馬同試之，乃大差矣。此馬項太軟，勒如不勒，不可留也。飯後登樓，惠臣來談。下樓至馬號一遊，所豢羊隻均剪毛。聞左廚云，後院水內有野鴨伏窩，竟出小野鴨若干頭，亦頗有趣。早至洋務局略談，晚至吳小瑾稍談。晚飯後找鶴孫，適桐岡在座。旋收文，接爐廳賓桌，前二十三日收北京來電，特致聞。並無緊要言語，惟巴爾有並無商議之權。惠臣昨夜因牆上作響，以為蠍子，此地蠍子甚多。令家人照之未有，俟臥床後，又聽作響，自起後照之，仍無有，乃安然高

臥矣，似睡未睡之間，忽覺被外有物，極力用手撚之，方知為自己鬍子，乃大痛。蓋留鬚未過百日也，竟忘之，無不絕倒此事也。半陰晴，晚風，小雨。

十七日　拉薩索巴烏拉來修裹院花臺，種桃樹一小棵在東。用青草坯由外邊起來，周圍砌之，草仍活可長，並有小黃花極雅，內地所無，非到關外不易見也，余謂之起地皮。眾人皆笑之，其草坯根連甚固，非刀不能割也。外院樹亦用此物換之，年例也。賞其二十元，頗樂而去。用六元錢買土罐二個，外以紫膠罩之，可以貯水，置於新栽柳樹旁，頗有小意，所謂聊以自娛而已。早在鶴孫處談，湘梅、小瑾在座。午後上樓，下樓後同鶴孫、巡捕等南門外一踏，見半天有青氣一道，上接白雲，由正北到東南，低下似虹，形略曲。晚飯後復找鶴孫談，後院黃鴉孵九隻小鴉，老左得之，令其仍放水內。晴，風。

十八日　買得小杏樹一棵，廿元，可配小桃樹。壓馬去撈小魚四頭，放入水罐內，能否養活，殊難定也。委員等赴西院，為縈軍功所請。早湘梅來商公事。午後上樓，鶴孫來比珠子，蓋南請新光，北請陣光，大不同也。至洋務局，因惠臣買大馬一匹，價銀八十元，其瘦至極處，然價太廉，比羊價不過多二三十元，暫留於此，如永額仍可送還，真可一笑。晚飯後到後院一看，縈夷情已飭人搭賬房，水坑內兩黃鴨帶九小鴨在內，極為有趣。半陰晴，風。

十九日　色拉寺尼牙切音。來，送白芍藥四枝，瓣下作紫色，與前牡丹相彷，或邊外此種花應如此，抑另有一種，非內地所有耶。午後上樓，晴風，昨夜大雨，今早微雨，旋晴，此處風光也。申刻，縈柏齡夷情約晚飯，本擬在後院，因雨草皆濕不得過去，遂在堂屋東間。座中范湘梅、余鶴孫、恩惠臣、吳少嵩、楊桐岡、吳小瑾，有楊子範因病早去，另找廚役，甚好，亦可吃，散時亥初矣。雨，晴，風。

二十日　早少韓來，送到《藏印來往照會》訂為一本，留存以便翻閱，並找筆帖式惠倫寫清字、斌泰寫漢字摺扇一柄，現已書就，代為送還。午後登樓，馬全驥來稟，洋人有添兵之說，番兵雖多，人心渙散，帶兵者各懷意見，恐難見功。下樓後至馬號一看，似馬多得腹痛之病，水土使然也。晚飯後到鶴孫處一談。晴。

二十一日　給壽昌寫回信，雨信隨廿六日摺差帶，已同家信面交鶴孫。略敘刻下英番交戰情形，及其得缺甚喜，令其勒習弓馬，操守為要。京內房子暫可典去，以後回贖可矣。其四五妹出閣係何人家？其省內託照應，俟打聽再說。姨太太有喜，大媳婦孩子們好。給壽蓉寫回信，略敘接伊信知後悔甚是，從此要強，

旁小人話不必聽。四五姐出閣給何家？將一切開來。四叔又得一女名雙兒，給道喜問好，姨太太有喜之語。番洋交仗，大似拳匪等語。午後上樓，下樓時至南門外一看，撿白石數塊，以備放花盆內。鶴孫、劉化臣為計泉所約，對面柳林原為請江古學之舉。晚飯後至鶴孫屋內，找來跳弦子文場三人，一弦子一胡琴，一二鼓子，後又加一笛，並有一皮串鈴，其音霏霏，慢則甚雅，快則無謂，始則一有鬍子舞，可大笑。後有湯役喜樂、髭竹麻跳舞，均賞之。晴，晚風。

廿二日　早晚皆與鶴孫談，晚遇桐岡。午後登樓，因昨夜、今晨皆有雨，夜大晨小，四山皆見雪，布達拉山後雲甚濃，頗堪入畫。下樓至馬號一看，刻下已無乾草，惟葦葉鍘而喂之，邊外食物人已缺，況牲畜乎。樓上曾晤惠臣，談及營務事實廢弛久矣，非一時所能挽回。早雨，午晴。

二十三日　寫家信一封，隨廿六日摺差帶，今日將壽昌等兩信皆交鶴孫，致信喬英甫轉寄。略敘前月寄家信兩封，此處天時甚涼，下雨山上有雪。王順搬至宅內甚好，壽蓉知後悔聞錦格已病殤，曾給壽蓉寫信未提此話。省內如寫京信，可提可不提，壽昌已給其寫回信，四五姐出閣，不知誰家，得雙姐，四老爺又添一不了事。刻下洋番交仗之事，多少笑話等語。午後上樓，早由王星明拉來一黃馬，甚有趣，有半小走，因路上一紅馬一白馬不見甚好，以兩匹換其一匹，伊頗願意。惠臣大馬，實難調理，即遣人送還。下樓看之，兩青馬、兩黃馬，內海騮一近黃色。一黑馬、一黑騾，足可敷用矣。晚飯後找少韓一談，竹君在座，痛說河神，竹君亦曾瞻仰過。晴，微風。

二十四日　早找鶴孫談，午後同鶴孫策馬至腔子嶺岡。惠臣約，有吳少嵩在座。此為柳林中第一，廠廳甚大，院落亦不小，且有女座。廠廳看房子人，有樓有群房，前廳並有跟役房間。廳前有池，引水入，極清，樹株亦多。復至院外，不遠即臨藏河，水甚湧，因在河岸閒座，忽來載革皮船，二隻相連，遠映對岸山林，直忘其邊外風景，惟河岸邊有瑪彌堆前兩莖草，各開花一瓣，作葵色。據云毒大極，無人敢動，僅知其鬧，人不知名，或云即野三七。回時折得黃刺梅一枝，係草本據云可結紅豆，恐非刺梅，又小藍花名疵麻，似翠雀。折得一枝，皆插得小瓶內，均係小綠碎葉，甚有趣。晚飯後找鶴孫談，惠臣在座，談及川省官場笑話，真令人不能不大樂。晴。

二十五日　早起覺不適，昨日乘騎回，滿身汗，想換衣太驟所致。午後上樓，江少韓將奏摺包齊送看，復又將報匣裝好送看。下樓，看後院康尼兒拔草，將所種菜畦，旁有小井，汲水灌之。至馬號閒踏。晚飯後找鶴孫一談。午前，

並到洋務局晤湘梅商公事，聞番兵又走若干，在江孜番兵到萬，洋人不過六百，番子竟逃走傷亡已去三千人矣，真正劫數，奈何。晴。

二十六日　巳刻，具衣冠望闕九叩，拜發萬壽賀摺此處無賀表。一件、安摺二件、正清漢摺一件、漢附片一件，係用報匣，此初次由軍機處發來恭用也。午後登樓，下樓後至馬圈一看。晚飯後到南門一遊，遇有漢丁為母病朝後藏焚草香，因告以找醫生看，要開單，即在衙內取藥，僅燒香無益也。晴，晚微陰。

二十七日　接家信一件，又由李振勳信得家信一件。省內均屬平安，明正土司甲氏弟兄到省，至公館並送有對象，當即還禮，甚是也。巳刻楊桐岡約西院，叫來跳弦子文場，仍是前次三人，多一年青纏頭，其丫頭中降巴卓馬，自恭勤公在此，即來伺候過。跳舞為第一，年已四十餘，其實三十上下。此不止為第二，僅能與降巴卓馬對舞。四朗卓馬為第三，年不過二十上下，似比此不止，略有本。後來一云云，後改名媚柳，為劉成捕所納。此地為上等人物，係漢人，伊父本不令其出來，因聲望找者甚多，故不得已也。早面後，桐岡、作梅兩江古學，桐岡江古學本地人，作梅江古學爐廳人，王永福江古學紡廳人，田德、計全兩丫頭本地人，均先叩見。前來讓醋，不容不喝，喝三口以當三盌，番禮也。晚飯後，少遲即回，賞跳弦者百元。此處柳林不過閒遊之地，如京內陶然亭、高廟之流，京內以為荒唐之事，殊可笑。不知跳弦子乃取樂之道，其實亦並非均是歌妓，甚有子弟管斟酒者，未免笑之。大約所謂酒房子者，凡略知體面人不往。女人生大瘰，謂之有金子，此地語，非蜀語也。晴。

二十八日　早至鶴孫處談，楊桐岡來復談。午後上樓，因夜雨頗潤，下樓至馬號一看。晚飯仍到鶴孫處談。昨日江古學丫頭等叩見，各送其洋綢半匹，此邊外禮也，殊不可解。在內地恐無是說，隨鄉入鄉而已，一笑。鶴孫代買小洋刀一，水石盌二，甚佳。晴。

二十九日　余鶴孫早來談，昨日水石盌白色配黃銅託，蓋舊玉色配白銅託，蓋此地呼為酥茶盌，似不甚俗，住房中可作陳設用。午後上樓，鶴孫來商公事，並買得微圓形名為螺蓋，係螺之連肉處，堵頭有三寸橫徑，其螺不為小矣，一面亮如珠，有寶光，一面暗，別無用處，因命劉光榮作桃形木楂蓋上，鑲此物可裝圖章，可另有意味，其實種種玩物，乃消遣之一法也。下樓，因作成太平桶二個，後均壞不堪用。有四尺餘高，不知桶底取水將何法，可謂笨極。看湯役等背水澆花。晚飯後找鶴孫談，此處無論何人，總要加上江古學丫頭怪語，風俗使然，「不知恥」三字該之矣。昨夜有雨，半陰晴，午後微雨。

三十日　多日早飯後覺倦欲睡。午後找鶴孫、惠臣亦來閒談，番地所謂江

古學，皆醋海汪洋，如看跳弦子之類，如本夫與其調笑，則第二日即可帶領多人至其家捽毀，甚至將人打傷，其惡劣非常，且有代別人犯醋，並非本夫，謂之吃飛醋，尤為可笑。三點鐘後上樓。晚飯後復找鶴孫談，吳小瑾、楊桐岡先後在座。早江少韓來查舊案萬壽應進貢品，未見理藩院知照。陰，晴，雷雨。

【校勘記】

　　［一］吳注：紀澤。

　　［二］吳注：福成。

　　［三］此書應為《出使英法意比日記》。

　　五月初一日　辰刻，恭謁大招萬歲牌前行禮，丹達廟、呂祖前行禮，回署，各廟神位前行禮。昨因楊桐岡送燒方，油膩皮堅，實在難吃，因謝其一詩，同人見之無不笑者：「君賜燒方到，無人不喜歡。割來中且正，誰識畏而難。油已全糊口，皮仍任跳丸。恐將敦尊齒，渠齒已齧。從此少平安。」午後找鶴孫閒談，旋上樓，湘梅早間來談公事，下樓馬號一遊。晚飯無事。早飯將李光宇前送熊掌，左廚作得頗得法，白肉紅絲，味亦甚佳。落日忽來喜鵲大叫，不常見也。陰，晴，晚風。

　　初二日　早晤鶴孫談，劉化臣有納小星之舉，即是云云。鶴孫改其名為媚柳，其中有寓意。姓謝氏，係漢人之女，其所帶螺殼，此物幼年所帶，非故復焚屍不去，謂陰間照光之具也。聞不欲有之即敲碎，亦有志向上矣，一笑。午後復談，桐岡在座，旋上樓，各處節禮照舊章收之。晚飯後馬號一看，登馬棚，湘梅同少嵩由惠臣處步踏而回，少嵩已入醉鄉矣。找少韓談，竹君在座，談及瘰癧痧，嚼古錢可愈，竹君曾得此症，始嚼入口即碎，勿庸下嚥，順痰涎吐出，嚼至七八枚，覺嚼不動，則病可無慮。且初嚼覺錢有甜味，蓋毒火極盛也。竹君病輕，有重者嚼至百枚，無古錢，康熙等錢亦可。少韓云，此地有說藏丫頭兩句：「夜深小語口脂香，半耳酥油半耳酒。」或云恭勤公句，全詩未見也。真令人絕倒。晴。

　　初三日　午後找鶴孫談，惠臣、小瑾在座，上樓。兩園戶送來各花，有洋海棠、一粉色，好極。六月菊、蝴蝶花，即江西蠟。又一種洋海棠，乃豔紅色，又有細瓣高棵，細葉金錢花。下樓馬號一遊，因踏至南門外一看，土橋下水流甚旺，內有小黑魚游泳其間，大有趣，與藏河相同，均往西流。有人云，此地人性多謬，水使然也，或有此講究耶。晚飯後到鶴孫屋，小瑾在座，旋去，復又大談。半陰晴。

初四日　早晚至鶴孫處談，晚間小瑾在座，桐岡續來，略座即回。午後登樓，聞洋人有東南而來之信，未知確否？想西南為其所困，恐此舉難免，可奈何？辦差者今日來掛紅布燈、紅布綵，並有四大閒來插蒲子，無艾子，所謂「四大閒」，蓋乞人無事者，來此為討賞，俗以「閒」「賢」同音，即謂之「四大賢」。渠等因來者四人，亦以「賢」稱之，大為可笑。因桐岡前約跳弦子，得七律二首，其中未免譏刺嘲語太多，同人莫不笑之。兩園所送花，其金錢花大似虞美人，正黃色，置之樓上，與淡紅洋海棠兩種，深可賞玩，其竹節花有粉紅，亦好。昨夜雨，今雨，午晴有雲。

初五日　早起，堂屋向北行二叩禮，祠堂二叩禮，先祖前三叩禮，先父前、家廟神位前派劉文通恭代。眾委員拜節均擋駕，各行官兵、學生、散役等皆來叩節，並領賞。達賴剌麻遣安羅藏娃送酥茶賀節，旋遣通事回賀並給其祝壽，乃今日生辰，不知其何時也。午飲已醉，至程巡捕房，復至劉巡捕房閒談，余鶴孫、恩惠臣、吳小瑾均在座，旋上樓。晚飯後在院閒踏，花木、魚缸、水桶，頗鬧熱也。半陰晴，晚小雨。

初六日　昨夜大雨，天明復雨，覺熱氣頓減，前兩日燥極，甚難過。高玉貴娶江古學，送來羊肉菜數盌，只得笑而納之。劉文通接其媚柳到西院，可謂喜事重重矣，一笑。午後找鶴孫談，旋上樓，四山仍濃雲未退。下樓至馬號，遇少韓、竹君由高玉貴處回 [一]，醅已喝得不少，蓋此地有喜事，隨來及本家婦女，皆來讓醅，不得不喝，以至醉而後歸，甚有臥道者，真謬政也。晚飯後復找鶴孫談，言及川省以前宦況，令人深為浩歎。半陰晴。

初七日　早雨夜大雨，有存水多處。午飯因達賴送羊肉點心，約鶴孫來吃羊肉，到程巡捕房看李振動作詩，回房覺倦，小睡。約鶴孫至對面柳林，在藏河邊閒坐，河水甚大，有浪。南到山腳下，山已有青色，加以白雲，頗堪適意。柳林中送來西瓜子，備小桌厚墊，遂賞之。復往東走，遇番人在柳林射鵠子，知余到，將鋪墊設好，用氈條鋪於腳下，甚知恭敬。令其射之，共四人，似皆有官差，均規矩。惟鵠棚不同內地，後有擋子，前有牛皮一方，畫一大光，又前懸一小鵠，不過飯盌大，有三層，懸之甚高。所用弓稍子甚短，前後手拉之不勻，不好使，薄頭較大，箭杆如尋常鵰翎，截白翎均有如內地。其射法將箭搭於弓內，已奇。扣子在上，兩指在下，有一寸餘，往往脫扣，更奇。其腳步身胯兩胯，全未得法，亂射一陣，殊為可笑。因天氣不好，趕緊回署。晚飯時，雷電交作，已大雨，飯後復找鶴孫談。陰，雷雨。

初八日　早鶴孫來談，湘梅來商公事。午後惠臣來談，因田德請諸位委員，署中甚寂。未登樓，至馬號閒踏，買一小羊，才四元。節下曾得兩大羊，甚肥，見張安、洛松拉木背水，已不如少年，到處皆然，人老力差，非關本底可能格外努力也。聞外邊人聲亂叫，詢之，乃番子所調昌都兵，紮於署前平壩。從未見打仗有如此聲喊者，真可大笑。晚間，因李振勳賀劉化臣納妾，用其原韻得詩二首，戲筆也。半陰晴，昨夜大雨。

初九日　巳刻，王姬人生一女，名至格，因是日夏至也。早至鶴孫處，湘梅來商公務並談詩，聞劉巡捕教其江古學認字，乃隨認隨忘，鶴孫謂之字跡模糊，聲音慘楚，余不覺大笑。午後，至洋務局談，惠臣拿來別蜯子畫藏丫頭、布達拉山，似洋畫，小有意味，令其另畫各處丫頭、刺麻、番官各打扮，以後可作冊頁。劉仁齋觀察來函，桂香雨星使因目盲，准其開缺，新授為鳳葑堂星使，以副都統銜幫辦，可仍駐察木多。接馬全驥來稟，洋番彼此劫營，各有勝負，洋欲斷後藏路，番已打敗。晚至鶴孫處，桐岡、小瑾在座。陰，晴，風雨，雹子。

初十日　早與鶴孫談，湘梅來商公事。午後上樓，湘梅拿詩來看，給化臣、鶴孫各一首，心思巧極，然語病不免也。余因畢蜯寺前送白牡丹，補作四首七絕，下樓給鶴孫看，其中寓言甚多，遂至馬號閒踏。晚飯後至少韓處談，竹君在座。馬號康尼房內大歌，男、女聲均有。詢之，乃其女日前出嫁，今日回家，男女均入醉鄉，是以歌之以作賀，蓋蠻戲加蠻曲之音，其新娘早已歸去矣。半陰晴，晚月甚清。

十一日　刻下所來昌都兵，以為大臣早往前路開議，是以毅然而來。今知實打未能抵過洋人，未有不哭者，內有桐岡江古學舅氏亦係番官，見桐岡亦大哭，實屬可憐，然僧俗合藏不悟，亦無可奈何。至午後，赴洋務局，找湘梅、少嵩閒談，桐岡、小瑾、子範亦到，旋上樓。下樓後至馬號，馬均見瘦，蓋吃青葦草所致，此處無乾草可覓，無如何也。晚飯後找鶴孫談，午前高玉貴請吃水角，此不過名目，因前次諸人皆送賀禮，藉以致謝而已，此番地新花樣也。晴，有雲。

十二日　早找鶴孫、湘梅拿白牡丹賀詩來看，聰明極，並給程林改詩，不意邊地如此，亦可樂也。午刻張統領約委員等看戲，均未去，惟小瑾至彼應酬。午後登樓看原壩兵丁賬房，均皆支起，四面透風，此處雖不甚熱，然午時太陽亦甚利害，乃何罪名，以至如此。下樓至馬號看猴子耍，有趣。晚飯後復找鶴孫談。半陰晴。

十三日　辰刻，赴扎什城磨盤山，遣夷情，照舊章也。關帝前一切禮節與春季同。本廟有戲臺應歸張統領辦，一切唱戲人，即營兵，戲尚整，行頭尚可，惟有戲謂之《送加彌》，漢人也。大為可笑。緣有營兵名宋占奎，實有其人。因母老告退回省，先具結在各衙門，皆仿營規，並有使費，已覺可笑。穿號衣帶腰刀下臺，在各人面前辭行，自余以次均賞之。遂告其丫頭並薛大蠻老婆子。二人，無不哭者。即與算帳，總是宋占奎吃虧，丫頭云肚中已有孩子，令其多留養瞻。宋占奎將所置物一概不要，遂送行至藏河邊。小娃子來要錢，薛大蠻斟酒要錢。丫頭問起添兒女叫何名？因告以生男名長壽，生女名菊花。待後仍要錢，宋占奎本有廿兩二錠銀，已先給其一錠，只剩一錠，說無法劈開，丫頭隨由腰內娶出一把斧子，真令人無不絕倒。待宋占奎囑咐守節等語，自己坐皮船內大哭，隨去。丫頭回家則找剌麻、漢人，即前之送行託寄家信者，別蜂子、纏頭、番子等，無美不備。丫頭、薛大蠻跳起弦子，就要嫁人。宋占奎可巧將文書丟下，回來取文書，見家內如此鬧熱，氣極，將文書要到手，拔腰刀亂追一陣，眾人進臺，自己將帽子扔於臺下說，帽子綠矣，眾人大笑。藏丫頭聽之，大窘而已。蓋此戲多年未唱，因余要聽，故特演之。晚覺熱極，剌麻滿院，酥油味尤難聞。步踏至萬壽寺一看，牡丹已謝矣。復至廟，晚飯後掌燈方回署。到署後大雷雨，然周旋一日，因熱頗不適。晴，晚雨。

十四日　早晚找鶴孫談。午後登樓，前調昌都兵今已拔隊，仍喊叫不已，並放槍無數，乃兵威也。如遇敵人，則不可問矣，真是活送命，可奈何？今日工部堂降神，糧臺尚須彈壓，乃一剌麻、一尼姑，尼姑是假的。大眾有萬人，或有問休咎，則掛哈達，給以醩喝，尼姑已入醉鄉，竟有同其玩笑者，殊以神為戲，然神亦會唱，實為可笑。早小雨，午晴，晚又雨。

十五日　辰刻，謁磨盤山關帝廟行香，回署，各家廟神位前行香。昨夜雨，見西山後高山上有雪，天時略較涼，若京內五月見雪，則大怪矣。午後登樓，下樓後，鶴孫在院內閒踏，劉巡捕未在，因約鶴孫吃飯，有人還其鮮蘑，作得甚佳。飯後大談。午前曾到其屋內談，遇桐岡，十八日擬至柳林備小酌，並跳弦子，恐有江古學者鬧醋，皆不約，諸人必欲前往，蓋遣將不如激將也，一笑。半陰晴。

十六日　午後找鶴孫談，惠臣、桐岡、竹君均在座，旋登樓。下樓至馬號，看京柴眾丫頭等，皆狡猾非常，明足數，特偷起一背，俟喊鬧，再為補之，所謂壞著，到處皆然。登馬棚眺遠，因微雨，雲影天光山色，有鋪青者，頗為可

觀。晚復找鶴孫談。晴，半陰，微雨。

十七日　午後至鶴孫處談，桐岡、小瑾在座。桐岡拿翠玉大煙嘴一隻，雖不甚好，價尚廉，卅藏錢合銀三兩，究與舊有長杆白銷子煙嘴強多矣，免致摔磕。登樓，昨夜大雨，北山見雪，天較涼，尚不大。下樓，馬號一看。晚飯喝醅，乃田德找人所作，如湯役、姿竹馬等即能辦理，想番家常用之，如內地滿洲自造黃米酒，亦是理也。鶴孫為桐岡約晚飯，回時過余，痛談。半陰晴。

十八日　巳刻，在署略用餛飩，乘騎至酒子嶺岡，約委員、統領、夷情、糧臺午飯，先說明，凡有江古學者不約，恐其鬧醋，至此凡有江古學者未有不到，蓋怕日後說笑也。跳弦子科房一班人，生意一班人，科房以布帳圍之，有唱無舞，僅跳板子，然樂器全，笛子、洋琴、大小絃子、胡琴等。唱得好生意中，浪皆卓噶、詢之五十六歲實。降巴卓馬三十餘歲。二人皆伺候恭勤公過，特令其叩見，其餘此不止，四朗卓馬前已見過，歡喜丫頭此與降巴卓馬舞得好。噶嗎，聞羅通事要作江古學，人爭，共七個。外邊男女老幼僧俗皆來看鬧熱，院內擠滿，房上牆上皆有人，或云近廿年未有如此之勝，作小買賣皆來趁集，亦救苦人之一道也。飯時令丫頭等斟酒，兩旁看得人無不嘖嘖稱羨，以為座上客皆有恩於人，真正無理之理也，各賞之。仍乘騎而回，換衣後到鶴孫處一談，最可怪者，廓爾喀噶必丹帶往兵丁跟隨換漢衣冠來遞哈達。在巡捕賑房坐吃點心，復遞哈達，再三留其吃飯，不肯而去。因賞踏弦子丫頭等錢，開從來未有之奇，蓋聽余有此舉，故特意應酬，以見親近之意，以示意於閫藏。半陰晴，午後落小雨。

十九日　鶴孫早來談。午後上樓，山已有大綠色，乃長草所致。昨日委員等有到河壩上一看，河水甚旺，已與堤平，聞年年總須上岸，其景象不似邊外，方信佛地不似別處荒涼也。下樓即吃晚飯，飯後到洋務局找湘梅、少嵩閒談，惠臣、吉士亦來，桐岡亦在座。吉士謂余昨日上馬，雖卅歲官弁尚無此上下利便，乘騎亦未見如此穩當，想明歲已六旬，或者天假之年至，不能驟殞之兆耶？未免汗愧。同人均有此說，且承面諛而已。半陰晴。

二十日　閱省中差條，新授隨印司員四品銜理藩院員外郎金寶廷垣，行一，蒙古正紅旗人，於三月廿一日到省，想可動身來西。閆少韓云，計算此君到藏恐至年底。榮百齡盼束歸，或可如願矣。早間責家人，並將譚作楨、安文秉逐出署去。至鶴孫房內談，旋上樓，鶴孫復找來談，下樓至馬號閒踏。晚飯後至江少韓處一談，小瑾、竹君在座。連日傳聞有番兵到，總未見來，想不聽調遣矣。

半陰晴。

廿一日　午後找鶴孫處談，旋上樓，今日燒草堆如前禮節，新添面作洋人，亦燒在內，真令人絕倒。下樓至洋務局談，湘梅、少嵩、惠臣在座，痛談而已。晚飯後復至鶴孫處談。接馬全驥來稟，請款並敘及邊務，洋營添印度等處前後三千，番兵大戰不過，洋人有不忍殺番兵之語，擬欲議和未審後事如何，並聞明日有乍丫兵到藏之說，達賴已交派鋪戶須閉，恐其攪擾也。

廿二日　至鶴孫處談，並找劉文通同談，其中竟有多少波折可笑事，上樓，劉文通又來詳談之。下樓後無事，步踏院中，看湯役澆花。早晚飯皆同鶴孫吃，在鶴孫屋內遇桐岡，面無人色。接家信，因姬人躊躇五月內添小孩，恐一切費用無出，然此時帶款萬趕不上矣，想喬英甫或可通融。晴。

廿三日　午後，本擬同鶴孫至對面柳林子耍，恩惠臣來回案，緣已革字識譚作楨曾攜來打箭爐妓女白牡丹，被已革兵丁張玉貴丫頭、楊起鳳丫頭商酌詐人，情殊可惡。字識、兵丁痛責，並將白牡丹、張家丫頭亦責之，楊家丫頭傳而未到，楊家本在西院住，將楊起鳳洋務局差使革去，逐出西院，乃群小與丫頭作事徒受官刑，實屬自找。至南門外一踏，看小河水甚熱。回至洋務局，與湘梅、少嵩、小瑾、惠臣、鶴孫大談。晚飯後又同鶴孫大談，草壩中已有賬房，聞乍丫所調之兵，明日可到。接達賴剌麻覆文，頗為盡情盡理。半陰晴，晚小雨。

廿四日　早找鶴孫談，乍丫兵已到，令劉巡捕找來徐羊宗，年十九。四朗拉真來耍，年廿四，因請鶴孫、惠臣同席，至寅初方睡。以誌吾過，然小人行徑，到此皆破矣，可見用事之難。外邊有紅登登，劉巡捕亦青天打雷，真不知脾氣如何之語。半晴。

廿五日　早登樓，鶴孫來，徐羊宗、四朗拉真亦到，在此盤桓。劉巡捕回公事後下樓，帶兩人並鶴孫、惠臣兩位早飯。飯後大睡一覺，醒後與劉巡捕、鶴孫痛談一切世路，二人深以為實在切當。晚復約鶴孫、惠臣吃全羊，兩女孩子亦在座，痛飲，即令送彼二人到家。緣所紮番兵見首飾等，無一不搶。昨日因姿住麻去買酒，竟將辮後珠子被其搶去，然番官無如何，其紀律亦可概見。三人復談，皆想起父母，無不哭泣，亦情之所感也。邊疆所繫只有如此，愴懷古人之感慨，量無不同耳。半陰晴。

二十六日　早湘梅回公事，鶴孫亦來談。飯後略睡。到洋務局，湘梅、少嵩少韓、小瑾、竹君皆來談，除竹君，諸位俱送給白煮羊肉，均面謝。緣昨日

田德面回草料大長，有四羊所費不少，不如殺之，亦可少省，因准之，故有此
舉。晚飯後找鶴孫談，劉巡捕面回乍丫兵到此，無人不搶，署中兵丁及外邊營
官皆有被搶者，實屬可惡。然調兵之番官並未備其口糧，僅付其臭酥油、黴糌
粑，且不能飽，向來以搶為得計，每次如此，非始於今日也。若更思之，此行
本是送死可奈何。擬明日且知照達賴，看若何？半晴。

　　二十七日　早訓教劉化臣及計泉、田德。午飯與余世兄談，並勸誡之，化
臣帶三小丫頭來看，桑格十六歲，金女十五歲，長英十四歲，本在樓上看訖，
復上樓，鶴孫至彼一談。先曾至洋務局，與湘梅、少嵩談，因譚作楨、楊起鳳
開除，可有餘款，給少嵩每月加四兩，原八兩。因其幫湘梅多勞筆墨。晚飯後忽
聽外面槍聲，乃乍丫兵來搶看門槍支，因起釁，遂至大放槍，欲撲入署內，約
在八百餘人，其勢洶洶，幸衛隊及營兵保住衙署，因彼此痛打，互有傷亡，合
署震動。諸委員皆來，調各兵四圍防守，劉化臣獨勞不辭，喉嚨喊啞，漢兵殊
不聽話，綠營習氣所染甚深，真堪痛恨。惠臣由後路翻牆而來，因步踏匆忙，
已喘不可解，遂同至洋務局略避，恐其槍子打入。復至裏院，余世兄緊握余手，
惟恐有失，並將欽差大臣印信，自綁腰內，其用心實為可感。燈後待兵官來，
少安靜，即漫散到大街上住戶、鋪戶，大肆搶掠，竟有往東而去，其為回乍丫
無疑。如此被調之兵，尚望其接仗耶？旋張統領、榮夷情俱來，兩噶布倫來，
痛加申飭，因達賴所調，令其回明，應如何辦理，明日聲復。緣日前即有漢人
袒護洋人之說，若本處一辦必落匪語，兩噶布倫留其一人在此。恐有復來之
說，不得不令其親見其事也。半陰晴，圍署小雨。

　　廿八日　早達賴遣噶布倫二人來回話，令其查明啟釁緣由，並周旋一切均
好，因派劉化臣、范湘梅會同辦理。午後過洋務局，少嵩、湘梅、小瑾在座，
院外鄉約兵皆來。早間會諸委員三，地方官均來看，張統領談及綠營各兵平常
未能操練，因省火藥起見，真不值一笑。晚飯後找鶴孫談，達賴復遣人來回，
乍丫各頭目俱傳往具結，萬不敢再行鬧事。然拔隊尚無日，署內仍派兵圍守，
因其反覆無常，不得不防範，聞其中所調之兵，本家不能來，則雇討口子，甚
有夾壩在內，無怪其然也。大約打仗未必如鬧事之勇也，噫。半晴，晚風雨。

　　廿九日　惠臣、湘梅來談，因五都可以辦團，惟經費無出，就地殊難籌款，
如綠營本有鹽摺，或可由統領嚴加整頓，似可辦理較易，然得人經辦亦不易也。
晚飯後至鶴孫房內閒談，小瑾在座，聞此次之亂，其江古學丫頭等有錯聞傷亡
者，竟大哭，可見人心同然，無分邊內外，子女亦然。惟有胡塗者或鑽入豬圈，

身仍在外，或用手帕握面而涕，以為自己看不見，人亦不見已，甚為可笑。傳聞達賴已下山，在大招居住，未知確否？目下番兵已防守乍丫兵，蓋其野性實難巽順，然已歸營，並無舉動，想已遵其帶兵約束矣。半陰，微雨有雷。

【校勘記】

〔一〕稿本在「回」後，有「頭」字。

卷　五

　　六月初一日　辰刻，恭赴大招萬歲牌前行禮，丹達廟、孚佑帝君前行禮，回署，各家廟神前行禮。回乍丫兵未拔隊，皆凜凜恐其報復。余必欲行香，禮不可廢。然亦無事，外邊衛隊營兵、達賴派來番兵、夷情處所調達木兵，將署仍圍住。聞昨夜乍丫營夜間未敢睡，恐漢人劫營，其愚亦何可笑。後聞乍丫兵有在賬房吃食物，竟打穿二人，其一人腿上受傷，皆凜凜謂漢人槍真利害，前撲署有上樹瞭望者，見署內外人甚多，燈火亦不少，蓋關夫子顯聖。有人看見者，蒙神默佑，且仰天威，真感愧無地矣。營務處面回，受傷兵八名，傷亡兵四名，並優賞之。乍丫兵傷亡兵六名，受傷兵七名，彼處約八百餘名。署內得力者，不過卅上下人，其力量相較，已可概見，並傳聞江孜兵有敗下之信，未審確否？午後，過少韓處一談，竹君、小瑾在座。晚飯後找鶴孫閒談。半晴，晚雷雨。

　　初二日　早與鶴孫談。午後睡覺覺涼，換氈袷襖，此處天時非內地可比。晚飯後，噶布倫、仔眾、大中依［一］等稟見，令其一切回明達賴剌麻再來回話。旋至鶴孫處，約惠臣來談。下小雨，聲音淅瀝，頗似秋雨，未免淒惻，又不似關外矣。半晴，晚雨。

　　初三日　早晚找鶴孫談。午後睡覺時不大，上房一看，未到樓。連日傳言乍丫兵欲報仇，署牆內四圍防之，其實漢兵自相矛盾，殊覺可惡。街市上，達賴亦令人防之，竟至無處買飲食之物，其兵亦可憐矣。然前數日搶人，實屬自找。一班渾人械鬥，真無法以理論之。四山有雲，東南山雖露石骨，凹處俱翠色，所連之後山滿雪，前後白雲繚繞，真別開生面，非此處無此景也。忽覺涼，小袷襖、袷氈襖、袷氈長袖馬褂、棉氈坎肩方合式。半陰晴，昨一夜雨。

　　初四日　午後至洋務局一談，湘梅、少嵩、子範在座，聞江孜有失守之信，

洋人又往前進，達賴已遣人至前路罵僧官噶布倫，不知罵之準能勝洋人否？並聞敗走番兵，皆由南山外逃跑，大肆搶掠，真是波及無辜，殊堪浩歎。晚飯後至鶴孫處談，署噶布倫等來，未見。半陰晴。

初五日　午後至洋務局閒談，湘梅、少嵩在座，惠臣亦來。回房略睡，醒後薙頭。聞達賴處接前路信，甚緊，江孜失守，番兵由南路逃去，沿途擄掠。早噶布倫等在羅布嶺岡到公所，復傳羅布嶺岡，恐未必有何妙策，黎民塗炭，惟有咎心而已。與鶴孫上房一看。晚飯後至其房內談，小瑾在座，談及節孝，真有神靈默佑，非虛。並出外住店，皆宜謹慎，如賊店、鬼店，不一而足。晴。

初六日　借來《西遊記》一看，真是無聊之極思。丁總鄉約名鴻才。竟因傷病故，殊可惜。此人忠勇可愛，約馬竹君、劉化臣前往一看，擬作教門菜數簋祭之，聊盡片心而已。午後，同鶴孫至馬號一踏。晚飯後到鶴孫處談，竹君亦來，聞乍丫兵尚無拔隊信息。每晚尚跳鍋莊取樂，真毫無肺腸也。南路消息甚緊，已有到春堆之信，達賴聞有欲跑之信。又聞連日問卜，噶布倫等已兩日夜未離羅布嶺岡，不知所議何事，令人莫測也。晴。

初七日　早晚與鶴孫談。午後，噶布倫等來見，營務處代乍丫兵求恩，告以果能戰得洋人，一切可寬，不但不罪，且兵可賞，官可獎勵，如不然，不能見本大臣，並達賴亦無面目可見矣。伊等唯唯帶其官來謝罪，旋至內院，到鶴孫屋內大談邊務，雖未明說，因緊急，頗有悔心，似欲余到邊一行。然刻下兵多散去，大約大局不支矣，因告以「前面如何，俟再議。」晚飯後到洋務局，略談，掌燈即回。連日近處犬吠不止，蓋乍丫兵口號多招其亂吠。聞藏中有兩語：「剌麻丫頭狗，酥油糌粑茶」，洵紀實也。惠臣云，有在余署後乍丫娃探望後院，被其頭人看見，痛責之，何前倨後恭乃爾，可發一笑。晴。

初八日　午後，噶布倫大堪布帶領乍丫番官來謝恩並叩辭，於明日拔隊，內一俗一僧，僧名更登降策，年老。俗名扒拉色，年青。因囑其前路好自為之，不能得勝，亦難見我矣。將兵丁所搶官器械，均行查還，民間被搶之物，亦有送回者，然不能全，恐彼時亂鬧時，本地人亦難免下手，只得恕之。令噶布倫等隨後查明再辦，噶布倫大堪布等亦皆謝寬恩。湘梅來，亦皆以為此辦法亦可以示警矣。其實漢人亦不得辭其責，派馬委員、劉巡捕往祭丁鴻才。晚飯後，同鶴孫至房上閒看，旋至其屋內閒談。半陰晴，午後雨。

初九日　早，乍丫兵拔隊，市間以手加額互相慶賀，怨毒之於人甚矣哉。然搶之如故，番官大以為辱，捉來痛責之，若等僅護其頭，膀臂皆所不顧，乃

如一班無知幼孩，想見敵人則不過鼠竄而已，再不然送命可操左券。午後登樓，湘梅、惠臣等議論賞耗，番等已賞之，來謝，下樓。晚飯後復上房一看，乍丫兵已去盡。到鶴孫屋內閒談，金女復來一看，與計泉有親，尚聰明，擬欲留之。登樓時見東北山上層是雪，中層是雲，下層是翠綠色，如繪畫，攜至內地，必謂自古無此畫法，然實有此景，奇哉！昨夜雨，今晴，風。

初十日　早至鶴孫處談，伊將南屋鋪地片，以備安置江古學。計泉將金女八字拿來，甚好，姓鄭，金女乃其乳名也。午後惠臣來，五都頭目並百姓謝賞，及達木八旗協領等並兵丁等來謝賞，與其痛談。旋登樓，鶴孫來談。略睡，下樓後用晚，復至鶴孫處談，小瑾在座。湘梅、化臣、李光宇來回話。噶布倫等來，因前路洋兵甚緊，失江孜，已是浪卡子，並有進藏之語，均皆著慌，問昂班有何主意？告以前路情形，許久未見有信，究竟如何，未能深知，只有達賴給公事，再行定奏。若輩全去，俟明日再聽如何。江達外委馬宗繼前路過，因出獐子毛，今送墊子二個，賞。半陰晴，早微雨，燈後又雷雨。

十一日　早至鶴孫屋內看，業已地板鋪平，並裱糊訖。午後，計泉將鄭金瀾買字送到，本名金女，因五行缺水改。付其六十金。登樓，惠臣、湘梅、化臣來回公事，前次乍丫兵之亂，皆因署千總恩達、外委馬得功挾讎所致，殊屬可惡。在洋務局責其三百軍棍，立時拆印派馬元署理辦理，大快人心。聞洋兵已過浪卡子，番僧俗均皆著忙。今日又傳，公所工部娃比乍丫娃尤為可恨，路劫人不但剝衣，竟至傷人，實不知王法，派兵原為保民，反以殃民，雖出自達賴剌麻三大寺，然問心得無咎乎？下樓，晚飯後，復到鶴孫處談，金八兒丫頭欲求進內當差，並求余賞一名字，以為可長壽。蓋番人視昂班與達賴皆可福人，故有此請，其然豈其然乎，一笑。半陰晴，晚間聞雷。

十二日　早湘梅、惠臣、化臣等來，回本署。綠營兵丁分別等差賞之。旋兵丁、餘丁及書房字識等並轎夫五月廿七日出力者，皆得賞，叩謝。其官員等出力，發給款項備席兩桌，賞之。午後赴洋務局一談，進內略睡。湘梅、惠臣、劉巡捕來回馬得功事，令其趕回恩達本任，不准逗留，並記責五百軍棍。晚飯後，踏至馬號看馬，均皆膘壯，蓋此時青草少，乾草多矣。到鶴孫屋內談，小瑾在座。達賴忽來文，已議論三日矣。令李光宇譯出，明日再看。半陰晴，日落小雨。

十三日　早同鶴孫談，洋人已到曲水，止在一過河，則藏內大不得了矣。午後，至後院看拔草，內中有小蛙不少。詢之，此處向無蛙聲。晚飯後過少韓

處一談，竹君在座，適談間，噶布倫等來回公事，因傳見，乃請即刻赴曲水，先攔洋人。告以非見，實在公事，實在藏內可信之人不能前往，其三大寺剌麻仍曉曉置辯。因拍桌申飭之，旋令其下去。復找鶴孫來談，劉巡捕、李光宇來回，仍是求快往，或派人先止住不過河，其心如焚，可謂急時抱佛腳矣，一笑。半陰，有雨，燈後雷雨。

十四日　早至鶴孫處談。午後吳少嵩來，前路吃緊，擬給英大員榮赫鵬照會，遣劉巡捕、吳少嵩前往。湘梅來商公事，兩次聞達賴剌麻午後已回布達拉宮，並聞發給三大寺替子，令其專念經，不准再行胡鬧。街市上敗兵紛紛回竄，復有搶人之事，番官已紮之半路，然此種兵已三日未曾吃食，亦無怪其然，然不能令其一飽，調兵者亦不能無過也。晚飯後，外院一踏，兩大小袷襖、一棉背心尚偶而覺涼，在院內臺階上小坐，竟被蚊子所叮，似六月而非六月，亦可怪矣。到鶴孫屋談，達賴有覆文，當飭科房譯出，明日再看。晴。

十五日　接劉仁齋觀察來函，由省城寄電，五月初九日巳刻。王姬人生一女，起乳名至格，初九日係夏至。大人、小孩均好，聞之甚為喜悅。早找鶴孫談，晚復談，擬復榮英員文已寫就。劉巡捕於明日帶往，覆達賴文，明日亦可譯出送往番邊，大有後悔之意，從此若順理行之，實仰皇上洪福，余無可說矣。晚飯後至洋務局一談，湘梅、惠臣、小瑾在座。少嵩明日啟程，特送之。今日將過廳後屏風關上，由旁角門出入，似覺中宮不洩氣也。李都司倩劉化臣來問候，曾侍先兄，故人情重。晴，風。

十六日　早在鶴孫屋內，少嵩、化臣辭行，隨往番員五品碩第巴丹真汪堆、七品仔仲洛桑隆曾。馮瑜、馬元等亦叩辭。今日可住業堂，明日可抵洋營。午後至洋務局閒談，湘梅、小瑾在座。子範已搬入洋務局住宿。聞達賴忽挪此處，忽挪彼處，蓋怕洋人，又怕藏中僧俗加害，章法亂矣。到後院一看，各兵下賬房以防番兵回竄。晚飯又至小後院一看，因蓋茆樓一間，土石皆作，雖笨，然結實非常。刻下土王用事，不宜與工，番地無此說，隨鄉入鄉可也。遂順路出小門，看達木八旗賬房，圍東花廳，東與北駐紮。其協佐等官皆來見，至少韓處一談，竹君在座。至格八字倩人一看，頗好。晴。

十七日　早至洋務局，湘梅、子範、小瑾在座。午後湘梅、惠臣來，惠臣忽要作江古學，早在洋務局看見此女，係察木多人，不過背水，為極苦人，未刻說定，即送至糧務署，未逾一時，已成江古學矣。金八作丫頭尚在三時以內，此未逾時，金八不得專美於前已，一笑。番官剌麻來見，各委員所說均害

怕語，飾以大道理，其實不通，對付而去。鶴孫由惠臣處吃喜酒來，談及此事，種種可笑。行禮以兩雙叉手，大有夜叉國形勢，絞臉以炭灰抹之，不過胡擄而已，惠臣謂之掀豬毛，可堪胡盧。午後看砌苆樓，皆告以口渴，遂賞其醅，錢六枚，番男女隨作隨歌，大有古風。晴。

十八日　早晚與鶴孫談。午間略睡，此處一燥，人覺困，詢之，人人如此。湘梅來，聞楊聚賢有欲立公司之說，大約十萬銀即可辦理，如羊毛、牛尾、麝香、皮貨，均可對利，且係大宗，恐洋人如到藏後，此利為其所拘，則邊外大吃虧矣。告以集股如有成効者，再行上公事，決不與商人有為難也。然款目恐不易集，再看如何。燈後，噶必丹欲面回公事，問可否傳見？告以明日十點鐘來見。批噶布倫三大寺公稟已擬得，譯出發之，大罵也。晴。

十九日　早惠臣來，略談。噶必丹來稟見，所說無非請余到曲水，可擋住洋人，未免發笑。午後湘梅、惠臣、鶴孫至西屋來談，書案挪於此間，傳噶布倫來，委員見。交派話到外簽押房一聽，各剌麻所答之語，皆是不著要語，然比從前軟多矣。旋至洋務避一談，劉、吳委員由曲水回，曾見韋領事，謝老夫子，均講情理之話，攜回照會，洋官兵擬於二十二日進藏。如講禮，自不動干戈；如講戰，則有兵在，不懼也。晚飯後過鶴孫處談，劉巡捕又會噶布倫等，談到洋人必入藏，彼亦無如之何。俟大眾商酌，明日回話。晴。

二十日　劉巡捕會同噶布倫等赴前路迎接洋官兵，大約至聶黨為止，明日諒可回頭。午刻，鄭金瀾由計泉夫婦送來東院。未刻，余鶴孫尊寵徐韻秋來。酉刻，李振勳丫頭、劉蓮芳來，不意藏中正在軍書旁午之時，作此閒情逸致之事，未免貽笑大方。惠臣、湘梅、子範、少嵩，如君，名菊英。均來鬧喜，不敢當其賀也。晚飯後，院中閒踏，遂告鶴孫不令其鬧談，各歸洞府可也，未免可笑。前惠臣納寵，名杏雲，見人以兩肘作十字形跪拜，此與《聊齋》義杅山洞何異？故笑及之。有洞府稱，湘梅尊寵名靈仙，何關外春風度之速也。昨夜大雨，早午晴，晚復陰。

二十一日　早與鶴孫閒談。午後過洋務局，湘梅、少嵩、惠臣在座，回時至外簽押房與小瑾略談。晚飯後復至鶴孫處，劉巡捕由洋營回。榮大臣、惠大臣、韋領事、謝師爺均見，所說之事，俱在情理之中，其番子僧俗所說，皆係不著要之語，洋人不以為是。明日一準到藏，候申正待其紮營再往見，惟住房現尚未定。半陰晴，午微雨。

二十二日　早至洋務局，湘梅、惠臣、子範在座，回與鶴孫談。中正赴布達拉山，所紮賬房大小不差上下，可謂與士卒同甘苦，將到時有照相，下轎時又有照相。對

面地名花園子，拜總辦邊務榮欽差赫鵬、統兵官馬正太、幫辦哲孟雄、辦事大員惠德、前任重慶領事韋禮敦，通漢語。馬正太幫辦二員不知名，辦理番邊事宜臥克那，通番語。帶劉化臣、恩惠臣、張吉士同在座，略將各事一說即散。晚飯後，化臣、惠臣來回事，鶴孫亦來談，持片拜韋領事幕友謝禹績，名偉，江蘇上元，副生。半陰晴，早雨，晚雷雨。

廿三日　早與鶴孫談。巳刻，本署會榮大臣赫鵬、惠大員德、韋領事禮敦、臥總辦克那及營長十二員，余本處委員、地方官、巡捕等皆陪坐。旋傳番官交諭各件，遣劉化臣、范湘梅、余鶴孫、恩惠臣至洋營晤韋領事，酌商一切事宜。回時已掌燈矣。晚飯後鶴孫來，又談至許久。早雨，午晴。

廿四日　午後，外簽押房會謝禹績，為江寧人，即住於秦淮河畔，人頗精明老練，不愧為韋領事幕客。早即來在化臣處。早飯，現薙頭借袍褂，始來會晤。各噶布倫等來回話，因洋人欲占羅布嶺岡暫住之語，刺麻等又講橫話，告以不妨再打，然不敢也。聞彼處亦有送禮之說，蓋因余曾送往牛羊、米麵之舉所引動，番邊告以可到洋營賣食物，今日竟有人前往，可護三倍利也。吳少嵩申刻納江古學，眾人往賀，留酒席，竟將新郎搭入醉鄉，為之笑倒。晚間，由英營代發外務部電一件，譯得即送去。晚飯後找鶴孫，略談。半陰晴，午後小雨，燈後又雨。

廿五日　早晚與鶴孫談。湘梅來回公事，遣劉巡捕至洋營，並送榮大臣、馬正太、惠德臣、克那韋禮敦燒豬、點心、小雞、雉子等物，番邊所備柴草晚間送到，一切無不饒舌。傳見李福林都司，令其著實開導藏內僧俗，然知畏威，不知感恩也。晚飯後到馬號瞅馬，至達木八旗賬房略坐。下雨，至少韓、竹君處，少談，雨已大下，即回。半陰晴，晚雨。

廿六日　卯刻，赴萬壽寺恭謁萬壽牌前行禮，同官皆到，回署。後午初，馬統兵正太、韋領事禮敦回拜，均會。韋領事面交草條約一函。布魯克巴、噶基烏堅洋人。來拜，提及番子知其狡猾，至今官兵俱無住處，且應用食物、草料，均未送到，聞說噶必丹噶基皆在內作祟，番人又不知輕重，是以隔閡，未曾浹洽。布魯克巴部長中薩本並噶基烏堅面呈洋點心、洋酒及片子、風帕等件，收之。俟走，辭，再重賞之可也。約眾委員來看草條約。晚飯後，鶴孫過談。半陰晴，不時雨。

廿七日　備大綢、氆氌、藏香、麝香送榮大臣及各英員，遣劉巡捕前往看視，因食物、柴草未備，洋員領洋兵至畢蚌寺索取，將其刺麻捉去四人，想以

後略知懲戒，可少改前非矣。傳見李福林，聞羅藏娃已出頭與議，諒達賴不至於無見面時。昨日曾見一洋官為馬正太幫統，名意克藤，據韋領事云，曾經見過恭勤公。早至洋務局，晤湘梅、少嵩、小瑾。晚到鶴孫處談。先曾登樓，韻秋、金瀾、連芳同往。微陰晴。

廿八日　發家信一封，隨電報差於明日走。略敘前接兩封信，並電信小孩起名至格，又寄賞家人銀一百兩，由喬英甫撥銀二百兩以作至格滿月等墊款。王順已託鳳大人帶來藏內。乍丫娃口角鬥毆，互有傷亡。洋人於二十二日到藏，拜往送禮，均講情理，買賣均安靜等語。午後謝禹績來，在鶴孫屋內見，江少韓送鈔錄新草條約並十六年舊條約。晚飯後至馬號一看，遇惠臣、湘梅、少嵩由西院來，同至洋務局一談。晴。

廿九日　早晤惠臣諸委。午後三鐘會榮大臣、惠大臣、韋領事、臥克那，並營官五六員，洋營因番子無理，如欲打仗，仍可接仗，似不能令其因循也。旋傳番官，因大雨未到。半陰晴，晚雨。

【校勘記】

[一]「大中依」即「大中譯」，全書有多處不一寫法。

七月初一日　早雨，道路泥淖。大招、丹達廟、委糧務、家廟委總巡捕，午後會眾委員，因草條約現已稟覆，所說不在道理，蓋一面之辭，不成人話。達賴亦不知去向，諸人皆未敢應為辦事，頭人惟恐耽沉重[一]，令其派人赴洋營，亦不敢，其胡塗未有出其右者。令惠臣、湘梅、鶴孫、化臣到洋營，將所遞各草條約復款，並前次以洋人要房、要草料為無理兩譯文，留與謝禹績轉告洋官。晚飯後，安羅藏娃來送公事，因在內傳見，開導一切。早夜均雨，北山見雪，午晴，晚又雨。

初二日　早至鶴孫屋內，湘梅來回公事，將洋營草條約八條，擬首尾並致錫清弼制府、鳳荔堂都護信，均於酉刻發遞。申刻，赴榮赫鵬處望看，在座惠德、韋禮敦、臥克那，隨去委員恩惠臣、范湘梅、余鶴孫、江少韓、劉巡捕，談許久。至馬正太營內，韋領事亦趕到，意克藤並眾武員均在座。聞洋營拿去工布番兵六十一人，蓋因有器械之過。散後至署，已掌燈矣。晚飯後，鶴孫又過一談。早夜雨，晚已晴爽。

初三日　巳刻，在洋務局約英營老夫子謝禹績，陪客為恩惠臣、范湘梅、余鶴孫、江少韓、吳少嵩、吳小瑾。吳少嵩大醉，用兩人搭至西院，因其新納

江古學，且又病，無不嘲笑者，席間所說，難免措辭失於檢點處甚多。禹績素吸洋煙，煙量似不強，亦醉，眾人因席散，告余莫周旋，因而進內，禹績先生已在局內沉酣矣，有趣。此處間有俗語，叫作「跑死纏頭，坐死別蚌子，笑死丫頭，愁死漢人」，殊可笑。傳噶布倫等，告明洋人於明日欲至大招一看。晚飯後至鶴孫處談，劉巡捕回甘奠池巴並佛公欲謁見，傳於明日下午四點鐘。四山頭雪未消，晴。

初四日　早晚與鶴孫談，遣劉巡捕等陪惠德、韋禮敦並英人蘭姓至大招一看。洋人送香賷百枚，送引導刺麻金錢二枚。出招後忽有番人撇石，雖未傷洋人，恐藉尋釁，番官已飭嚴查，糧務統領亦交派妥為防範。下午四點鐘，甘奠池巴來見，又名噶勒丹赤巴。命之地坐，此刺麻為經典中最熟悉者，拔取，非為轉世者，不知事故也，為現在達賴之師，蓋藏中除達賴，其人有黃傘，番人稱甘奠佛，年已六十六歲，精神甚好，言頗盡理，因與之痛談。以後諸事可以傳其商議，免致前來胡攪，諸僧俗紛紛質辯，永不能明白也。所謂三大寺：噶勒丹寺、俗呼痎瘩。布賚繃寺、俗呼畢蚌。色拉寺俗呼色納，聞此寺有俄羅斯刺麻講經，擦坭堪布於三月間看事不妥，已遠揚。燈後，湘梅來，將番人議覆八條駁語來看，當改妥，令竹君復錄出，明日再看。余適見甘奠刺麻，將金瀾等驅入鶴孫屋內。蓋其無事，則三人聚而歌舞，惟金瀾尤甚。不得不暫為拘束。鶴孫云，如看著則老實，不然則笑聲大作，半日實作開導委員，余不覺大樂，其措詞恰合時務也。晴。

初五日　巳初半，惠臣、湘梅、鶴孫、少韓、化臣同到洋營，因昨日番人來，擬將捉兩洋人交還，暫孟雄納金地方。是以晤韋領事商酌一切。韋領事未敢公然允許，當找榮赫鵬前來商量，應於明日番人帶往再議，將駁出草條約八條，譯交噶布倫等詳細再議。晚至馬號一遊，回時約鶴孫過談。噶必丹忽來，不過請早為議結為是，泛而又泛之語，因未見。並聞昨日因打石頭，番人即行查拿，因已有罷市傳言，洋人欲毀市面之說，皆係土匪造謠，以備搶掠之計。晴

初六日　早間番官來回，將前捉哲孟雄兩人當面已交洋官，詢之本人，番邊並未凌虐，洋人將其渾身驗之，並無別說。想草約內可去一條，當飭番邊即速具稟，以備存案。接榮大臣來函，送到外務部來電，廿二日洋兵到拉薩，英人已電知令開導藏番，與英國妥善和議。午後至馬號一看，遂至洋務局，惠臣、湘梅、少嵩在座。晚飯後過鶴孫處，一談因請印，番女等將印箱頭上一頂，謂可去災，且延壽，亦何可笑如此。半陰晴，燈後雷，小雨。

　　初七日　下午三點鐘，榮大臣、惠大臣、韋領事、臥總辦並洋副將某來晤，交到一紙，仍論草約七條，總以番邊實在應允為是。晚飯後至馬號一遊，並登馬棚一望。今日番文來四五件，皆趕至一日。謝禹績來，聞在西院吃飯，並即欲捐官之說。刻下仍犯熱，亦可謂志向不凡矣，一笑。半陰晴。

　　初八日　早間劉巡捕面回，聞洋營有洋人二名，被一刺麻用刀砍傷，當派員往詢。旋准洋官來信，韋領事過署有話面告，據云此刺麻忽於褊衫內撤刀，將一洋官頭上砍傷，復將一洋兵手腕砍傷，此人傷不甚重，先砍之人，醫云須看兩日，究竟是否有礙再說。洋人曾將此刺麻紮得三刀，並未深入，蓋衣內穿鐵鎖甲，其為有意害人無疑。外人謂其為瘋魔，恐非是。韋領事走後，至洋務局商酌公事，噶布倫等亦來回，知此事洋人欲令其賠錢，說明買物償之，已允行。然此刺麻為何寺人，究未問出，大眾疑為色拉寺人，未審確否？晚飯後找鶴孫談。晴。

　　初九日　早至馬號一看，遇一別蚌子至洋務局出來，乃賣珊瑚珠者，其紅如血，價甚昂，詢其色淡者，價可省，蓋關外皆然，所重者與內地相反也。下午三鐘至榮赫鵬處，在座者惠德、韋禮敦、臥克那，並副將武官等四人，將番人議覆七條鈔交之，其中有可照准，尚有應駁者，俟再議。回時走布達拉山東面，西靠山下，活水繞之，東柳林大似頤和園，在松樹畸外行走，因想達賴刺麻福分亦不小，恐無福者難消受也。早間遣吳小瑾、李福林、宋筠至馬鎮臺營內看平安，因昨日有刺麻殺洋官一，洋兵二，聞今日四點鐘將刺麻懸高縊死，乃彼國法也。晚飯後，同鶴孫到房上一看，金瀾等亦上去，遂拿酒來喝，殊可笑。鶴孫到我屋閒談。晴。

　　初十日　早晚與湘梅、鶴孫議公事，惠臣亦因公務來談，在外簽押房同惠臣、鶴孫早飯。下午兩點鐘，傳噶勒丹池巴名羅布藏堅參、羅藏娃名羅桑甲錯，姓安。達賴兄八分公爵，名頓柱奪吉，行三。並李福林在內賞矮座開導。七條內賠款設碼頭等項，不可固執私見，有妨大局。詢問達賴刺麻，據云先在哈拉烏蘇，現在又往前行，不知實在去向，或聞意欲去北京等語。旋接夷稟，亦大概如此。劉巡捕由洋營回，聞榮大臣欲明日來署，因榮夷情回省。買噶真緬布等託其寄往，可惜布動噶哩俗名鬼子皮。無好者，其質甚厚。半陰晴。

　　十一日　早至外院，遇謝禹績至，過廳一談。劉巡捕約其便飯，自不必再讓。下午三鐘，榮大臣、惠幫辦、韋嶺事、臥總辦，並武員四人來晤，將駁其應議八條，即面交榮赫鵬，痛談達賴刺麻之事，因及番子之胡塗異乎尋常。走

後，參達賴電奏方擬得，即遣劉文通往交韋領事，詢之，明日可走。日落到馬號一遊，看江瑞田打點狐皮，可縫旗襖一件。晚飯後過鶴孫處談。晴，早有微雨，晚小雷雨。

十二日　早在外簽押房會謝禹績，下午三鐘會韋領事，將所駁前議八條，榮欽差遣其來此商酌，當面商量，互有準駁，頗稱接洽，又閒談許久，伊欣然而去。馬全驤都司來見，因後藏緊要，令其暫息，即行前往。旋送到白猿一枚，其形比常猴大，頭作白色，略黃，面、耳、爪皆黑色，身灰色，尾甚長，口眼似人，有謂其似印度人形，蓋出於南路，似有意思，性頗良善，不似尋常猴子惡劣也，留之，賞之，並送玉方盤一，項珠一，無用之物也。噶勒丹池巴謁見，因洋人欲到布達拉山，請余攔阻。噶布倫二人來，亦為此，未經傳見。晚飯後鶴孫過談，聞非電洋營已代發矣。半陰晴，燈後雷雨。

十三日　因洋官等欲赴布達拉山一看，早遣劉巡捕，告明上有聖容，如去時本大臣亦須前往照料，洋官答云再議，並送第一條先為開議等語，擬向正折兩附片。湘梅來談。晚飯後至洋務局一談，湘梅、少嵩、小瑾在座。回內，鶴孫來談，前電請外部川撥四萬金，准覆電奉旨照准。半陰晴，早雨。

十四日　馬竹君兼糧餉支發。來，因四萬匯款須往南路一行，惟滙豐洋行須先電告，更託韋領事代為說項方妥。吳少嵩來商酌致赫樂賓信底。湘梅來商公事，擬復洋營條款已辦得。噶布倫等謁見，詢之，乃催洋人辯論公事，即令撤兵，其胡塗難曉以情理之語，令其找噶勒丹池巴，再來回話。晚，鶴孫過西院，因謝禹績，往晤談也。半陰晴，晚雷雨。

十五日　磨盤山遣夷情恭代，緣今日城隍出巡，差馬忙不過來也，家廟遣巡捕恭代。韻姑娘等皆來求，欲往馬號一看，因允之，樂不可支，此處無可避忌也。劉巡捕遣赴洋營送條款，聞韋領事均到營內，散給貧番子銀錢等項，此亦買好之故也。馬竹君來，因往洋營送滙豐電信，湘梅、鶴孫皆來商量公事。接家信一封，晚飯後寫回信。半陰晴，晚雨。

十六日　早湘梅來商公事，少嵩來三次商公事，鶴孫亦來商公事，忙極。劉巡捕、李福林去陪韋領事等至河南省番家機器局，不過如大鐵匠鋪，韋領事謂如此機器局，可以令我等睡覺，不必擔憂矣，可發一笑。午後會謝禹績，商酌復洋營信函，隨約湘梅趕緊辦理，並將開來條款飭番邊議覆。晚飯後鶴孫過談，丫頭等將青稞穗搯來燒吃，即芒大麥也。半陰晴，晚雷，微雨。

十七日　寫家信一封，於廿日隨摺件遞往交喬英甫。略敘王順隨金大人來，甚

妥。接來信，知銅佛相片已收到。藏中安靜，惟達賴不知去向，計泉、田德娶丫頭乃奉明文，生子女可帶回，醮房子無人敢去，以後可帶若多小孩曰去，亦德行事也，等語。忽聞色拉寺有因洋人砍柴幾乎鬧事，遣李福林、高玉貴往探，與洋人尚無事，竟將前派漢人用石打傷，殊出情理之外，復遣李福林往見噶勒丹池巴，應俟洋人退兵後，再行徵辦。鶴孫、湘梅來商公事數次，少韓將繕就摺件來看，上樓遠眺，下樓。晚飯後與鶴孫談，過我處。半陰，晚燈後大雷，不大雨。

十八日　午後赴洋務局，湘梅在座略談公事，至東花廳，謝禹績在馬竹君屋坐，因痛談。三鐘，韋領事來，同一武員便衣談，將番邊覆稟令其帶去。傳噶勒丹池巴來，告以公事不應拖泥帶水，應直爽稟明，方能了事，不然挨一日須出一日兵費。問及色拉寺何以剌麻中有如此不通情理者，據云現已暗查，俟得有主名，待洋人兵退，再行辦理，敬送哈達及長壽佛一尊，以為賠罪。定於後日同到洋營，一切條款以便面議。晚鶴孫過談。半陰晴，晚風雷並雨電。

十九日　湘梅來回公事，少韓將摺子包妥來請恭閱。午後，噶勒丹池巴來、羅布藏堅參、偉公頓杜奪吉、洛藏娃羅桑甲錯均來謁見，所說不過為賠款一節，曉曉置辯，難知其所以然，不過「胡塗」二字誤之矣。將擬帶省皮甬、綢布裝一木箱，俟榮百齡夷情回去寄往。至馬號一遊，看馬更覺驃肥。晚過鶴孫處閒談。昨夜雨，今日半陰晴。

二十日　未刻恭設香案，望闕拜發奏摺二件、片二件。一件洋人到藏情形，一片未辦春操擬改洋隊，一件奏參達賴剌麻不知去向，一片乍丫圍署將轟斃官兵請優恤。給軍機處一緘，歷述藏內情形，有圍署搜洋人之事。外務部文一件，赫德總稅信一件，因巴爾種種劣跡請總稅司外部酌奏，一同發進。並寄省家信一封。遂赴洋公館，委員文武六人，晤榮大臣、忠大臣、韋領事、臥大人，帶去甘澱池巴、三噶布僑同見榮大人議條款，反覆處不知凡幾，真正毫無知識，殊可恨恨。回署用飯，已燈後矣。旋到鶴孫屋內閒談。巳刻曾傳噶布倫等，一片犬吠也。半陰晴。

二十一日　早傳噶布倫等至署開導，范湘梅、劉化臣見，然所說在情理之外，只好再聽如何。巳刻約范湘梅、恩惠臣、江少韓、余鶴孫、吳少嵩諸人，吳小瑾因病未到。洋務局與榮百齡餞行，飲至大醉，所謂離筵，未免感慨繫之矣。旋至西苑看少嵩已入醉鄉，高臥難醒，回時同鶴孫同晚飯，仍在醉鄉，尚未醒也。半陰晴。

廿二日　昨夜因大醉酒，渴，三鐘起來喝茶，登馬桶，今日八鐘方起。此地躁甚，白酒又熱性，大飲之不適也。近日服氈袷襖、棉綢馬褂頗合式，然惡蚊子極多，院內不好坐也。下午三鐘，榮大臣、惠大臣、韋領事、臥總辦、武員五位來會，傳噶勒丹池巴、噶布倫、大仲依等番僧俗大眾，及諸位委員皆見榮大臣，付伊諭旨十款，與前八條大略相同，因兵費需七百五十萬。蘿蔔番僧俗大眾用比語對洋官云：譬如若等如一驢，能順理馱人馱物，未嘗不可愛惜，乃又咬人又踢人的是壞驢，殊可惡。於是英漢人無不大樂。晚飯後到馬號一看。早夜雨潤，午後晴。

廿三日　早至馬號一看。午飯飲黃酒而醉，遂登樓，略睡，樓上比樓下熱，或因無廊子過耶？劉巡捕由洋營回，將應議公事拿來，復又到洋營，彼有電，聞達賴剌麻有奉旨暫行革去名號，班禪到藏接掌黃教之語，未知確否？並後日欲演洋隊，問可去否？告以可去。晚飯後鶴孫過談。半陰晴。

廿四日　早聞午後噶勒丹池巴並大中譯等先後來署，所議條款，忽欲從前八條，又不從十條，反覆無常，不知何為是。因湘梅、劉巡捕見之，余未得傳見，見之亦不過生氣而已。晚飯後至馬號一看，並到洋務局見湘梅，告其官事有應斟酌處。至鶴孫處閒談，接榮大臣來函，明日本營演炮，約三句鐘，過拉魯行營一同前往。晴。

廿五日　早間諸委員來回事，絡繹不絕，不意此地公事有如此忙時。午後兩句多鐘到拉魯公館，聞諸譯官已到營盤，因未下轎，亦到其營演炮處，離營盤尚遠，在南路，對色拉寺下一賬房前向南，由東而西演山炮十四出。_{山炮演出至排，又開花炮。}聲甚大。先將兩尊用騾子四五頭駄，一尊輪子炮身繫_{兩截}藥碼俱全，現攢一處，可致中裏六七里遠，靈巧之極。繼演快炮，由西而東，_{又名格林炮。}此器曾在上海機器局演過，其快慢相仿，炮身無其精巧，共放七十餘出，亦兩尊用騾頭駄一尊，後單駄藥箱者多三四頭，蓋此物用子碼最多也。因贈其二千塊藏錢，看外國操，通例也。來去皆由布達拉山東走，藏河水不甚深。晚飯後鶴孫過談。陰，午後雹，晚雷雨。

廿六日　早間諸委員回事數起。三句鐘，韋領事來商公務，便衣見，化臣並見。午前到後院一遊，荒煙蔓草，竟無足道。有早經乾穗者，疑為夏枯草，未知然否？復至馬號一站，晚飯後鶴孫過談。半陰晴。

廿七日　早九句鐘至拉魯洋營，同恩惠臣、范湘梅、余鶴孫、江少韓、劉化臣會榮赫鵬、惠德、韋禮敦、臥充納，並洋武官十餘員及噶勒丹池巴、四噶

布倫大堪布、大中譯等，因條款番邊已允從，擬明日下午三局鍾到布達拉山畫押。始則番邊不允，繼南洋人非至此不可，因而兩句鐘遣恩惠臣、劉化臣、李福林會同洋人往看，已定畫押之處，江少韓帶筆貼式斌泰、字識馬永太在彼寫條約漢字，至燈後方回。晚飯前至馬號看猴子。到洋務局與湘梅、少嵩、惠臣、竹君談。飯後找鶴孫談，小瑾忽來，北山大雪。早微雨，昨夜大雨，晚雷復有雨。

　　廿八日　早找鶴孫談。下午三句鐘赴布達拉山，先恭謁聖容，遂至達賴剌麻正殿，有穆宗御賜「振錫綏疆」匾。聚集洋番官，並竹巴娃噶必丹等畫押，惟英番其印以榮大臣「英」字，噶勒丹池巴番字前後用之，噶勒丹池巴用達賴剌麻之印畫訖。榮大臣告番官一片言語，不過和好之意。榮大臣帶有二千洋兵以示威武而已。番邊蓋印前，先將番文朗誦一通，其人為惠大臣，悶喜_{如字識}_{之流}。乃哲猛雄人，其裝束與漢人無異，緞袷襖、緞塊肩、靴子、小帽，不過滿留頭，有耳環，聞哲孟雄自歸洋人保護，皆改此裝束，亦奇已哉。余告以現已電奏，俟奉有旨意，再行補畫，洋官允之，回署已掌燈矣。晚飯後小瑾送公事，略談。鶴孫來長談。昨雨，今晴，有雲。

　　廿九日　早會何稚逸太守_{光燮}，意欲南路航海回川，乃自覓駄腳，不過官票洋照，可利遄行。午後登樓，給壽昌、壽蓉各寫信一封，_{交鶴孫轉交喬英甫，便}_{中寄往}。敘得至格須報本旗，並刻下藏中安靜，達賴已奉旨暫革名號，此處天時，等語。劉文通遣其洋營二次，一因韋領事約，一因發英番業已畫押電報。至馬號一看，何太守送一箱魚肝油，收之，賞之。在樓時，湘梅、少韓、竹君皆回公事。晚飯後鶴孫過談。昨夜雨，今晴，有雲。

　　三十日　早謝禹績來約，湘梅、鶴孫同在外簽押房早飯，商酌復洋營公事。渠至洋務局打麻雀，又留晚飯，余已面說不往相陪。至馬號，因鶴孫、少韓、化臣各買青馬一批，請往看，尚均堪用，乃西寧新來者，惟個子都不大。又往藥庫一看，找藥者盡有，習醫道無人，草菅人命而已，可奈何。午後噶勒丹池回，噶布倫等皆來，謝和約照應之恩，因賞其坐，緣在洋人處皆有坐位，不便復鬧從前款式。晚飯後至鶴孫處談。山有雪，半陰晴，微雨風。

【校勘記】

　　[一]　稿本原作「陳重」。

　　八月初一日　辰刻，恭謁大招萬歲牌前行禮，丹達廟、呂祖前行禮，回署。

家廟各神位前行禮。寫家信一封，_{初四日走。}略敘給蓉格寫信，至格報明本旗。藏中廿八日和約都安靜，此處天時已薄，棉襖上身，尚有蚊子，人人覺喘，並火甚大。因榮大人回川，並請軍火，高玉貴、扎拉遜同走，寄木箱一隻，對象另有列表等語。行香回，開馬號，猴子竟跑至上房書桌上，幸放吃剩兩枚餑餑得之，不然筆硯等物不可問矣，人家此物似不宜養之。現有一猿一猴，責令其小心看守，前數日曾死去一小猴，少一為是。至馬號一看，登樓。晚飯後鶴孫過談。早雨，午晴。

初二日　早湘梅來談，代計泉懇求而已，緣金瀾實在不聽話，於七月廿三日逐去，因同計泉有親，其來時乃其一力成全，故於昨日亦逐之，以警將來之無良心者。少韓來回公事，竹君亦來，為明日赴南路領取匯款，商酌帶印文空白，並聽韋領事云，可以駐藏大臣寫立字據，由滙豐銀行撥給電局亦可，因寫就字據，至洋務局_{將字底附之。}面交竹君，藉以送行，改後日走。並與少韓略談。回內院看安院內東南朝上房北窗木板一通，因其看外院一直甬，太不收氣也。晚飯後過鶴孫處閒談。半陰晴。

初三日　早升大堂，驗放噶不倫等缺，退堂後，旋乘轎至前夷情司員榮伯齡郎中處送行，明日啟身。何稚逸太守來，亦明日啟程，因無暇差送。午飯後至鶴孫屋內談，惠臣、少嵩在座，洋官惠大臣、韋領事來照相，余同恩惠臣、范湘梅、余鶴孫、江少韓、馬竹君數人共照一張，余單照立像一張，又乘馬照一張，除少韓，諸委員各照一張，李振勳四人共照一張，宋筠等數人共照一張，皆係惠大臣一人辦理，乃偏勞之至，復又談，洋官遂去。到馬號一看。用晚飯後，鶴孫來談。晴。

初四日　辰刻，秋祭文昌廟、_{九叩有文。}蕭曹廟、_{同上一廟，六叩有文。}武侯祠、_{六叩有文。}三光廟、_{同上一廟，三叩無文。}昭忠祠_{六叩有文。}回署。馬竹君辭赴南路，榮郎中遣人往送，湘梅、惠臣來三次，化臣赴洋營二次，鶴孫、少嵩各來一次，公私各有說也。晚飯後至馬號一看，猴子又跑出。接京電二件，鶴孫晚過談。晴。

初五日　午後至洋公館，晤榮大臣、惠大臣、韋領事、臥總辦並新到一位大臣，痛談。外務部不令余畫押，恐失主權，洋官大不以為然，商酌彼此給北京打電，問如之何。回時見有小孩放風箏者，詢之，此地是如此，春天風不能放矣，足見陽氣之升，亦有不同處。布達拉山後平壩皆出水，有活泉，惜作費地〔一〕，不然可作水田也。晚飯後鶴孫過談。晴。

　　初六日　諸委員商酌公事，絡繹而來。午後湘梅、鶴孫、化臣同至洋公館找韋領事商量公務，其中與外務部有牴牾處，然而無法可止。晚間發去兩電，實情敘之，看當如之何？晚間至馬號閒踏，遇少韓，將電中情節略談，知恭勤公亦與總理衙門亦曾饒舌過也。中國之事，大半如此，將奈何？飯後過鶴孫處一談。連日覺腹悶不釋，有火之過也。晴，風。

　　初七日　早晤湘梅，來談公事。午後登樓，惠臣來，因隨來營兵傻八兒^{陶聯貴}因帳目所逼，竟服鴉片而死，救之不及，只得由糧務知照本營掩埋後，再行挑補可也。惟數千里外到此，竟終於非命，亦可憐矣。伊兄^{陶聯陞}因乍丫娃前次鬧事亦亡，或其家運所致耶？劉化臣遣其赴洋公館，因韋領事有由打箭爐回四川之說，番邊多有礙難，彼自不聽，只得辦理護照，以聽前進。晴。

　　初八日　湘梅來，將韋領事由東路回川辦電知照外部，並聞外邊風聲不順，欲練兵等語。找化臣來商，恐係漢人謠傳之語也。傳李福林，又詢番僧俗各情，亦未見有何議論。少韓來商酌奏摺，少嵩來商酌信稿。晚飯後馬號一遊，登房一看，見男女柳林而回，已入醉鄉，殊可笑。到鶴孫屋內談，痛說上海故事，其亂有甚於蠻地者。晴。

　　初九日　早赴洋務局，與湘梅、少嵩談。接京電，聞赫總稅司信廿八日定約，仍令不可畫押，想前去之電，尚未收到，只好再聽如何。午後登樓，李福林陪洋人到布達拉照相，番子並無別說，且送酒貨二百元，甚覺安靜，有錢自應安靜矣，一笑。晚飯後至馬號，與鶴孫登房遠眺。劉巡捕由韋領事處回，將由藏地至打箭爐，護照交給，均無別說。回內院，至鶴孫屋內談。晴。

　　初十日　早接家信一封，省內尚稱安靜，闔家平安。振動接信，雙兒病殤，殊可惜。並由壽蓉生母病故之說，聞壽蓉婦其四叔之語。午後登樓，劉化臣、李福林來回話。福林所送小桃有甜的，此藏中不易得，大半酸者居多。楊聚賢亦送到桃子、沙果等物，像山南所出。晚到馬號一看。晚飯後，鶴孫過談。在樓，少韓亦來，擬於後日洋折。晴。

　　十一日　早寫家信一封。^{明日摺差走，帶去交英甫轉交。}略敘前隨信帶木箱一隻，並寶豐撥銀二百兩，可接到？接，來信。^{外榮大人、鍾二老爺、什邡縣三信，均收到。}知至格滿月，諸人賀喜，孩子有九斤重，前帶番衣帽，俟大時穿帶有趣，朱太太欲認作義女，甚可感，從此可稱親家矣。藏中安靜，洋人有回國之意。此處小孩放風箏與內地春秋相反。等語。午後惠臣、鶴孫、化臣來，公私各有所說。旋登樓，楊柳均有黃葉，聞九月內樹葉均脫盡，足見天時非內地可比。

給洋人送行禮物、綢緞、皮張，於昨日定妥，今日收拾完整，俟有準走日再行送往。鶴孫晚過談。晴，晚風。

十二日　辰刻，秋祀扎什城關帝廟、九叩，有文禮頌。磨盤山關帝廟、廟東殿祀藥王不行禮。觀音殿、同在關廟後殿，三叩無文。風雲雷雨廟、同在關廟西殿，六叩有文。城隍廟，六叩有文。回署。申刻望闕行禮，拜發兩摺、兩清單，係補前後藏噶布倫等。進內換衣至洋務局，晤吳少嵩、小瑾談，並在此梳辮。晚飯到鶴孫屋內閒談。化臣由洋營回，後日洋官可行。晴，晚小雷，微雨。

十三日　早十句鐘，榮大臣、韋領事、臥總辦暫住江孜。來辭行，又一武員，據云明日十句鐘同馬統領諸人均起身，會謝禹績，亦於明日起身。大吉嶺總管瓦里斯係來本國吏部尚書。來會，因前次在洋公館一見，今特來拜，並擬特照相，在暖閣隨照一像，座椅設茶几，又到內略談，遂去。三句鐘，至洋公館給榮赫鵬、韋禮敦、臥克納送行，痛談。旋至馬正太洋營送行，韋禮敦亦來作通事，遂與馬統領、韋領事、洋武官、漢委員等共照一相，又談，方回署，已落日矣。榮大臣送到大鐵盤一、茶壺一、有耳大盌一、大爵一，均係洋鐵，共裝一箱，金絲緞一匹，金絲團蟒大紅斷一匹，藍末本緞一匹，香色末本緞一匹，大小洋槍十杆，帶碼子並銅帽，外賞當差等人藏錢三千元，因賞其來使六十兩銀。韋領事晚間來信，奉國家命，因未畫押，不由打箭爐回川，仍同榮大臣回印度，此誠萬幸，可免擔心矣。晚飯後到鶴孫處談。晴，晚風。

十四日　早遣惠臣化臣赴洋公館，給榮大臣等送行，江少韓、余鶴孫赴洋營給馬統領送行。聞番官亦搭賬房送行，兩處戴黃帽子及貧人皆往要錢，殊無恥衣冠。傳部魯科巴中薩本所派哈基，名烏堅，來叩辭，賞其部長中薩本袍料、銀牌、烏堅馬褂料、銀牌，遂辭而去。此種人頗學中國服色，亦戴紅頂，穿各色花衣服。若見官不敢戴頂，蓋私戴以為體面，品級未知也。竟有戴紅頂，卻光著屁股者騎於馬上，露精光兩腿，太不足以壯觀。洋營所帶哲孟雄人，帽前有戴孔雀翎者，紅頂花靴子，至此地矣，一笑。曾蒙恭勤公賞給靴子，不過三日已泥爛矣。午後登樓，擬致外務部一電，鶴孫來商酌。下樓看兩菜園送來花木，有菊花、西番蓮、大紅雀月季、洋海棠，不知名洋花，臭芙蓉甚旺。飯後馬號一看。燈後鶴孫過談。晴。

十五日　辰刻，恭謁磨盤山關帝廟行香，回署。各家廟神位前行香，望北祠堂前六叩，先祖父母前六叩，先父前三叩。眾委員等拜節，筆帖式拜節，統領等拜節，漢番各官拜節執事剌麻等拜節，各漢兵等拜節，各項當差人役拜

節。進內換衣，放各項官員、兵丁、執事人等賞。王永福兩小娃子各賞藏錢兩枚，月餅一套，吉祥、姿諸麻、喜樂各賞藏錢廿枚，送給湘梅諸位點心，復將達木八旗官兵賞給藏錢、茶葉等物，均欣感無已，向無此說，因刻下保護衙署之故也。午後登樓，因早間合署食全羊，胸前覺漲，不知何故。下樓至馬號一踏，回時過小瑾立談。晚飯後覺少好，惟作渴。過鶴孫屋內談，回時見堂屋擺香桌，乃韻姑娘、蓮芳拜月，據云漢與書不同也。晴晚，小雨。

十六日　早劉巡捕來回公事，因外委馬元代韋領事取什物，行至江卡為洋兵打死，真奇事也。並打死漢人李姓，即係韋領事跟人，並有三個番人、塘馬三匹，未知下落。范委員來回公事。午後登樓，陣雨。剌麻又有送鬼之舉，痛放爆，即土槍，復又放鞭，燒草堆，可謂無恥之極矣。晚飯後鶴孫屋內談。半陰晴，午後雨。

十七日　辰刻，秋祀龍神祠、六叩有文。觀音閣、三叩無文。呂祖殿、六叩無文。丹達廟、六叩無文。瓦合祠，三叩無文。丹達、瓦合同一廟內，俗名為丹達廟、財神廟。委夷情、司員向日本大臣自往行禮，惟不入祀典，應委地方官前往為是，如如來觀音佛，雖不入祀典，到此佛地，自按佛教與滿蒙信俗，亦不背也。回署，會張吉士游擎祥和辭赴察木多任，據云十九日啟程。飯後登樓，晚飯後至頭門一踏，回時至鶴孫屋內談。昨一雨，山上見雪甚多，今晴。

十八日　午後登樓，下樓後至鶴孫屋內。湘梅回公事，找化臣交給分賬。到馬號登平臺一望。晚飯後鶴孫過談，昨日同鶴孫、化臣至後院，擬蓋數間土房，以供兵丁樓止，並擬東西院在前方各開一小門，可通後院，並臨後街，將舊有門開通，可備尋常閒踏，亦擬蓋兵房一間，看門。晴。

十九日　巳刻在署，望闕九叩禮，拜發萬賀壽摺隨安摺二分，用報匣，自來如此，不似各省專丁也。今屆聖壽七十，已明奉慈旨，不准進獻，是以謹具賀摺。午後登樓，覺比樓下熱，不適。至外院看番男女交米，帶來兩小孩，頗有趣，將點心賞之，遂磕頭。至馬號一踏。晚飯後找鶴孫談，後院回東北五鬼門不便。巳刻破土，改乾方，門外擬蓋敞廳二間，亦破土。晴。

二十日　昨夜覺甚熱，五鐘醒後稍涼，復睡至八鐘方起，牙痛喉亦痛，服東洋長壽丹見好。午後登樓，因太陽甚燥，將遮席掛起，方不覺熱，下樓後馬號一遊。晚飯後至南門外看水，見討口子剌麻已入醉鄉，且歌且走，殊堪笑。聞日前振熱出院未走回，蓮芳說此處有孤鬼專能變婦人，將人逮去，想振懃必應如此，遂大哭，眾人無不笑者，迨其回來，竟握手涕淚不止，所謂其愚不可

及也，小夫婦如此情愛，亦見一斑矣，一笑。晚找鶴孫談。晴。

廿一日　早接外部電，無甚緊要事，靖西尚安靜，任字識已回，此次有點乃韓德森稅司所寄，有署理稅司字樣，不知巴爾何去？此人醜事甚多，且無事生事殊不知恥。午後登樓，先至洋務局略談，湘梅、少嵩在座。晚飯後馬號一看，回時到鶴孫屋內談。晴。

廿二日　巳刻，傳甘奠池巴並四噶布倫來署，因遞呈帶達賴剌麻邀恩，故傳來明以宣示，只要彼能知悔，以後可為帶奏，並批示之，遂去。班禪佛處來稟，有洋人往見之語，請作主，因批示恐為謠傳，不可盡信。午後登樓，下樓後外院一遊，外飯後同惠臣、鶴孫南門外一遊，看有數起番男女並經頭等由柳林而回，大有醉意，甚可笑。同惠臣回署，約小謹同在外簽押房痛談，談及庚子京內之亂，實屬剖紋，非人力所能挽回。川省之亂，亦不亞於北方，大約由資陽起首，各處紛紛接壤，死去不知萬人，亦不得不謂之劫數也。晴。

廿三日　早間至馬號，見成衣兵丁孫縫衣，將令做鞍罩等件，委之蠻縫衣，彼竟置之不理，殊覺可惡，因傳至外院，責其四十馬棒，以警其餘，此處非嚴，別無辦法。午後登樓，稍覺涼爽，因微風之過也。早間五鐘即起，肚腹不適，未能痛泄，總由燥之過甚，一日反覺困倦。接喬英甫來函，公費六千兩，已於六月廿八日由寶豐號如實帶領，轉匯來藏。晚飯後到鶴孫處談。

二十四日　早間，將榮英員所送洋槍子碼點明立帳，糧餉處收存，其某槍交某人亦注明，有兩支無子碼可配，並未領子碼，均於午後登樓存於西間。惠臣來，聞達本八旗調兵二百，令其紮於扎什城，俟問明再行驗看。街市尚稱安靜，下樓後到馬號一踏，晚飯後到鶴孫處談。接到外部電，前之德人欲到藏遊歷，已與使臣言明，業已擋回矣。午間湘梅曾來，為松壽滿任後藏糧務，擬知照川督辦理。

廿五日　早湘梅來商公事。韓德森來函，由總稅務司赫本委其署理亞東稅務司，然已離開去稅務司，至今未見明文，殊可怪也。午後登樓較涼，南山雪，想有夜雨。晚飯後至馬號，遇鶴孫、程巡捕等看猿猴，猿力大，猴力小，每將按倒口啃，頗有趣。猿愛吃柳樹葉，大約在深山中以樹葉為糧，想果木未必能有許多也，然性善，小狗同其玩耍，猴則抓之，狗必嚎，此知其性不同，且猿有臂有肩，猴有臂無肩。古云猿臂善射，想論肩也，猴則兩腮有皮，可存物，猿則無之，又不同也。進內，至鶴孫處閒談。晴。

廿六日　早湘梅來商公事。午後登樓，接外部電，榮英員遞到，無隨函。

劉巡捕來，持丁有祿來信，有英員令其送電等語。下樓後至馬號一踏，號院久倒枯樹，令番人砍作柴用，在本地以為年久有神，實屬可笑。王永福另打一汽水鍋，繫紅銅，與內地所帶者合樣，比照有三分之一，甚靈通，不意番子手藝能如此。院內有菊花，剪其枝葉，無花者入鍋蒸之，嘗之，竟成菊花露矣。遂兌大麴，將其邪味竟稍變。晚飯後到鶴孫處談。（化臣送兩丫頭來看，一胖一瘦，鶴孫謂「胖者碩大無朋。」）晴。

廿七日　早與鶴孫商公事，照會榮赫鵬，接京電問其斟酌事宜，實時發遞。午後登樓，較上半日稍熱，然兩棉總要不離身矣。下樓至院內徘徊，遂用晚飯，飯後由馬號至後院，又至西署後院。現經劉化臣將院內墊滿沙土，以備操練洋隊，既寬敞復平坦，頗為得宜。院東北有馬神廟一座，係前駐藏大臣維桂亭通侯所立，已滲漏不堪，現擬修理，亦化臣所興辦也。適眺望，化臣來，仍由後角門而回，送余至東院，找鶴孫閒談。午後，曾傳見達木八旗新調之兵，其協領納覺、佐領結波、驍騎校噶馬頓柱等二人，什家戶即撥什戶，扎喜稱勤等八人將守衙門達木官兵等均令其搬至扎什城，共來兵二百餘名，飭其趕緊造冊，以備選擇。晴。

廿八日　早湘梅來商公事，聞達賴仍有進京之說，未知准否？因串氣，右臂作痛，各處閒踏，飯時大飲黃酒。至鶴孫處談，遂登樓，伏几略睡，覺串氣少好。下樓後，馬號看康尼等搓土墊院，隨搓隨歌。晚飯後至南門外一踏，水已見微，河聲遠聽甚大，蓋水小石露矣。平壩中有倒馬一匹，群狗食之，詢之乃野狗，並非人家所養，甚兇猛，如夜間走在街上必須有燈，不然險極，然為其所養有一法作嘔吐狀，狗則隨之以為有可吃者，或不至為其所窘，亦可笑也。燈後找鶴孫談，前看有一小女名娥珠，乃番名，即以名之，問作漢語系喜神之謂也。本地番人，年十五歲，無姓，余謂姓唐古特可矣，若漢姓，姓唐亦無不可，甚精明，惟漢語不通，的確番家，尚服番服，令家人找片子現作漢服，殊可笑。詢其來由，乃劉巡捕覓得，其貌尚秀，此地頗難得，大半腦滿腸肥臃腫不中繩墨者多也。晴。

廿九日　早至洋務局略談，因第穆廟跳步紮，合藏男女皆往觀之，地面須有官彈壓。恩惠臣攜江古學前往，約湘梅、少嵩江古學同去，因之蓮芳必欲求去，詢之有好處否？據云如能看步紮，則死去可不怕鬼，然自己作鬼，不知所怕之鬼如何物也？真不值一笑。飯後到後院一踏，聽鐃鈸之聲不絕，復又有槍聲，乃送鬼也，又有鼓聲，乃柳林中跳鍋莊、唱蠻戲者，係看步紮到此閒消遣，

不知又有何解。登樓，俟下樓。晚飯後擬至南門外一遊，過少韓、鶴孫、湘梅、少嵩，由惠臣處擾其酒席而回，同鶴孫不至南門外，見對面柳林燒草堆，蓋一年買賣完，諸人來此賀之，遂有眾番人飲醉而回，竟有一人遠遠乘馬而來，左右大搖，其形太醜，不覺大笑之。復有步踏眾番人，且行且歌，舌已短矣，調已岔矣，實不能大樂。回署，鶴孫復過閒談。晴。

【校勘記】

　　［一］疑為「廢地」。

卷 六

光緒卅年九月初一日至十二月廿九日

　　光緒三十年歲次甲辰九月初一日　辰刻，恭謁大招萬歲牌前行禮，丹達廟、呂祖前行禮，回署，家廟神位前行禮。聞是日為吳少嵩生日，諸委員皆往祝，已將壽星逼入醉鄉，不知終日在彼作何舉動，殊可笑。午後登樓，忽不見娥珠，乃化臣帶去，改為漢邊衣服，係絳片棉襖、絳片棉坎肩，不枉番女，大有剌麻形景，一笑。晚飯後至馬號，上平房一望。燈後鶴孫過談。晴。

　　初二日　早湘梅來商公事，至少韓處略談。午後約惠臣、湘梅、鶴孫、少韓、少嵩乘騎至大招。內有觀音像，珠寶已不計其數，頂有白金剛石一顆 [一]，有栗子較大，如來佛銅像乃唐朝鑄，西北朝佛者，即朝此尊也，年年貼金，並未見厚，前有酥燈盌，皆係金造，竟有十數具佛冠，均係珠寶，用金打造，聞係貢克棻拉參北路剌麻，後封活佛。所進。背後有矮如來佛，傳聞曾與漢人說話，兩廟各佛羅漢像甚多，有石上現形文殊佛，並有蓮花佛、歡喜佛、俗呼陰陽佛。護法宗佛、各輩達賴。登樓有白剌麻像，乃女身，其珠寶、瓔珞甚多，最奇前後左右均有老鼠繞行，並不怕人，或吃酥油，或吃糌粑，屢屢而行，聞死鼠有蒙古來買者，竟值十兩銀一枚。聞韋禮敦領事云此剌麻曾至英朝皇帝。再上樓一層，為白剌麻生母之像，其醜如惡鬼，不似白剌麻像體面，旁有牆上一洞，其臭不可聞，傳言圈鬼之處。余謂必為耗子窩，內多有多年死耗子，以致如此之臭，鶴孫頗以為然。又一殿在右牆下，自來生石羊一支，如玉米大，已露半身，或云已四十餘年，年年長。又云，如全出，則藏地難保矣。其在極頂處看瓦椽，均係金鑄如來佛，門旁竟有用金葉裹者，可謂極富麗矣。廟坐東向西北面，夾道有贊普像、唐公主像及送公主老使臣像，有長鬚，不知何人。公主娃娃像，又有贊普之妾別

蚌子女像、唐公主像,並不美,其餘尚好。山門內有五輩達賴,_{尚好。}與哲布尊丹巴談道畫像,_{哲普有鬚,貌甚醜,似蒙古人也。}緣朔日每行香,未得細瞻仰,故今日有此行。廟旁又有觀音佛殿,內緣像亦有老鼠來往者,外壁廂國朝平廓爾喀紀功碑,外有唐碑在廟前,已為風雨並酥油所污,均剝落矣。遂乘騎至小招外面看,甚莊嚴,其實不過殿一層,與大招相去遠矣。至長壽寺,不大,恭長壽佛,面上金皆參差凸起,據云某年出痘,死人甚多,造佛出痘乃止,似故神其說了。內亦有觀音佛、歡喜佛等像。適李海山都司福林_{福林}隨侍,其家即在左近,遂往其家喝茶。房間不多,買於蠻家,每年須給地皮錢四十元,蓋藏例也,一笑。復往曠野柳林益喜嶺岡,惠臣在此下賬房並供鹵麵,甚好,無如甫吃飯,只得強壓之,殊難過也。討口子男女皆來歌舞,甚怪聲、怪態,主人家送來桃子,乃杏核,頗奇也。然苦萬分,恐係柳樹所接,遂由此回署,已酉初矣。晚飯後至鶴孫屋內談,據云次年石榴其子數目即明年若干日,因其中午所結,故有此說,未知驗否。晴。

初三日　早傳由京回拉薩克衙堪布羅藏頓柱,詢之,京內均平安,回話頗得體。永定營千總在藏差遣孟得勝及外委任鵬舉並兵丁、學生等,由護送廓爾喀穿帶差回銷差,該國王呈有表文一匣,並送本大臣金絲緞四匹,外文二件,當交廓爾喀房譯出,不知做何語,俟譯出再說。惠臣、化臣來商看,達木兵辦法已定,於初七日辰刻校閱。午間無事,仍困略睡,晚飯後找鶴孫談。接巴爾申呈,已調九龍關稅司,將印信交與韓德森接管,韓稅司亦有接管申呈。此巴爾真正無恥,為知圖利而已,其所用鄧姓尤可惡。晴。

初四日　早湘梅來商公事。化臣來給娥珠送袷襖,其棉襖不數日已油污矣,此處小孩不過如此。午後登樓,田德拿小寶石,留藍色三枚,紅色兩枚,外有黃色、白色金剛石揀數枚,看其價如何再定留與否。粉紅紡綢不足一匹,亦留用,此處甚難找也。廓爾喀回差帶來洋桃、香水等件,均收,乃照常如此,因賞之。下樓後至馬號看康尼,將院內鋪平,用沙子墊滿一層,頗覺乾淨,乃化臣之調度也。晚飯後找鶴孫談。晴。

初五日　早恭繹廓爾喀表文、額爾德尼王表,_{額爾德尼王稱肖臣,廓爾喀麻哈熱雜此日提畢熱畢噶爾瑪生寫曾噶扒哈都熱薩哈額爾德尼王。}用真金絲緞_{真金絲緞有值五百兩白銀一匹,蓋真金之做成也。}袱子包裹,押表金絲緞一匹,果敢王_{果敢王稱統領兵馬果敢王銜,總噶箕噶免扎熱英納已扒雜拉熱納曾達熱生寫熱曾哈熱納扒哈都熱。}金絲緞一匹,金絲緞荷包內金錢五枚,外用龍匣,統盛在內。最怪龍匣兩頭畫人面二個,

轉圍極細，似火焰似髮，一作紅面，一作白面，殊令人不解。湘梅商公事。在
鶴孫屋內，少韓商公事。午後仍困倦不支，此處為燥氣難過，刻下雖涼，絕無
內地清爽之氣。回差等又有送禮，如落花生、葡萄等物皆為稀奇，此地無有也，
收之，賞之。接公所來文，極長，不過為達賴邀恩而已，俟批。連日鞭炮之聲
甚多，總在燈後。詢之，乃廓爾喀過年也。晚飯後，過鶴孫處談。晴。

　　初六日　早湘梅來商公事，找劉巡捕交派公事，與鶴孫略談。飯後登樓，
湘梅復談公事，鶴孫亦來，均持有果敢王銜廓爾喀總噶箕像。像頗好，留湘梅
持來一張，鶴孫送廓爾喀大小錢各一枚，其形似藏錢。下樓後到後院，看砌東、
西牆一道，作工者後藏人多，本地無夯，惟番丫頭、幼孩子每人持一石，一人
喊號，眾齊下之，且有時歌，雖本地番人亦不解，以石代夯，其笨萬狀。至洋
務局，略談，惠臣、湘梅、小謹、少嵩在座。晚飯後找鶴孫談。晴。

　　初七日　辰刻，赴扎什城教場，調來達木官兵二百餘名演看，其協領有七
旬光景，弓馬皆好，其餘尚堪入目，自撥什戶以下，則搭箭在弓把內矣，番人
法則，殊可笑。兵丁則演三槍，雖排寬，然命中三槍者不少，均按章二槍、三
槍賞之以藏錢，一槍者不賞，其協佐以下賞其袍褂料、小帽、佩刀、哈達、銀
牌等件。其禮節：至教場，漢營達木八旗皆跪接，至將臺畧坐，用茶點，接時
升炮，升座復升炮，委員等奉三輯參堂，還之，游擎等叩參，達木八旗叩參，
洋隊教習等叩參，噶布倫等跪參，營官等跪參，或立或坐，或拱手、不拱手，
各隨其宜。閱官員弓馬後，升炮退堂。用早飯，飯畢升炮、升堂，看兵丁槍支，
十人一排到十一排。委夷情兼糧務恩惠臣代看，升炮退堂，在內稍歇。至十八
排復升堂升炮，至十九排八人看完，眾官參堂如上，遂升炮升轎，眾委員送
轎，眾營官送等跪如上，回署已申時矣。達木巴旗遂遞哈達謝操，其日升炮多
次，未免不撝煩而又費火藥也，一笑。回時遇一乍丫娃，已入醉鄉，在街搶桃
子吃，為衛隊大打，此娃竟拔刀，遂擒之，此種無知之物，固屬可惡，然有地
方官應管，衛隊應司何務，亦屬多事，即將擒到之人，由巡捕劉化臣交噶倫布
懲辦。晚飯後至前院一遊，找鶴孫問談，早涼，淺水有冰，換白袖。晴。

　　初八日　早同化臣、鶴孫至後院看工程，已刨地基，後牆已有規模。飯後
登樓，惠臣送到花糕兩盤，乃其點心，王廚所做，邊外得此，亦可謂點綴風光
矣。下樓至馬號一遊，化臣拿來娥珠番、漢字據一紙，賞其藏錢四百元。其字
據番、漢合璧，開從來未有之奇。程巡捕請至西院看洋操，化臣同李都司回，
搶物之乍丫娃，已由番邊懲辦。因告以漢邊衛隊，亦屬多事，亦須懲之，以儆

將來。晚飯後過鶴孫處談。晴。

初九日　午飯後上樓少坐，各位江古學由後院而來，旋下樓，即叩見，所約之惠臣、湘梅、鶴孫、少韓、小謹、少嵩、化臣等俱到。在內署坐，遂至二堂，因營內兵丁欲進坐打戲並琵琶小曲等，蓋措辭 [二] 以洋人來洋人去，皆安靜故也，余謂之壓驚筵。諸人在外間，中隔以布圍，以便歌者坐立方便。江古學在東裏間，所唱二簧、西皮，乃四川調，實難聽小曲，尚有聽得出者均藩韻，亦怯。四鐘餘，令江古學先吃，在內一桌，係牛羊肉、排骨等，有菊花鍋子，不知如何下嚥。田德說魚翅萬不可供，恐各位扎嗓子，萬不敢用，可謂謔而虐矣。吃後又叩謝，遂散。余約諸位在內大嚼菊花鍋子，竟如京內菜，亦老左預備，甚可吃。飯後復至二堂，又聽戲、聽曲至亥散。晴。

初十日　早湘梅來商公事，至鶴孫屋內略談。午飯後登樓，湘梅至樓談公事畢，給計泉求情，余允之。下樓，湘梅、惠臣、鶴孫、化臣帶計泉來叩謝，因將金瀾立字發還，其身價、衣服等項當四人告明，一切不要，然不許中人等再討，以作其服侍一月嫁資，乃係女兒身，眾人皆知不可作誹語也。化臣即應傳其本家告明，不至有舛錯也。復登樓看書，程林帶戈什哈兩起叩見。田德回，作豹皮褲、小馬褲已得。下樓後，由馬號轉後院一看。晚飯後找鶴孫談。早陰，午後晴。

十一日　巳刻，因噶必丹昨日拜年，本應八月，因彼處有閏月，故趕至昨日，然如何計閏，則不知之矣。噶必丹親來，有比其官小者二名，並帶兵官一名，兵丁若干名，各官行禮，以手朝嘴上亂。隨令端盤者前進，有羊頭一枚，上插麥苗，銅盤、大鐵盤廿上下，內盛春砂仁、肉桂皮、丁香、葡萄、白糖、核桃、奶桃，各種酥油點心，皆擺至腳下，如供佛狀，遂聲明乃其國王給大人所進。兵丁奏樂如洋樂聲，眾人皆一臂舉上，謂之拜年，當即賞銀牌、哈達、褂料、佩刀等件，並賞端盤兵丁等藏錢。遂去。早飯有菊花鍋，約鶴孫同吃。登樓，覺樓上較熱，早晨因近山見雪，須穿皮衣方合適，下樓至後院看工。晚飯後，同小謹馬號一遊，進內找鶴孫談。晴。

十二日　早化臣回公務，湘梅、少韓來商奏。因天氣較涼，踏至後院看工，借陽光行走稍好。午飯後登樓，又覺熱，在房上樹蔭閒踏，約鶴孫上樓略談。下樓用晚飯後，出南門外徘徊，天又覺涼，比早間稍強，一日之間，四時俱備，然近山雪未消化，無怪如此。回署找鶴孫復談。晴。

十三日　早化臣來，將灰鼠皮衣可改作上身，用羊皮又可多一件馬褂，一

笑。接劉仁齋來函，有由南路來唐少川京堂。午飯後，惠臣過訪，於未刻乘馬赴惠臣署內，科房營兵唱影戲，譯字房廓爾喀房唱弦子，其樂器除洋琴與內地一般，蠻弦子六軸六弦子，二鼓子一，兩弦胡琴二，串鈴一。晚飯同湘梅、鶴孫、小謹、少嵩、少韓、化臣、惠臣用飯後，少韓唱四川二簧《交印》《刺字》二斷，戲曲文甚佳。仍乘馬回，月色極好，到署已亥正餘矣。晴。

十四日　午後登樓，惠臣來看，痛談。至馬號，馮瑜巡捕在彼談及《交印》《刺字》，乃恭勤公與庚樓太守更改，去其俗留其雅，目下仍照改本而歌。遂由楊聚賢處找黃菊花一盆，不虛秋景，亦一樂也，惜乎無朵不留，竟成滿天星。下樓後院看工，將石牆砌起，以上用土坯，亦隨豎木架，大約不日成之矣。晚飯後鶴孫過談。晴。

十五日　辰刻，恭謁磨盤山關帝廟行香，回署，照常行香。巳刻，劉巡捕、李都司來見，因四噶倫布有代達賴剌麻求恩之語，並云番兵自兵燹後，尚未能齊隊，請暫緩等語。余遂二堂傳見，曉諭各節，並詢其打箭爐來信，有地震塌寺院房間，壓斃剌麻二百餘名，民間壓斃番子二百餘名，伊等尚未知有確音。午飯後登樓覺涼，穿極小羊毛皮襖、片子棉臥龍袋方合式。因湘梅早間商公事，力勸此處非內地，宜暖為是。晚飯後，外院一徘徊。晴，大風。

十六日　早間甚涼，與鶴孫院內閒踏，見澆水，兩甕水皆凝冰，有二分厚。午後登樓遠望，樹葉皆黃色，蓋已早見霜矣。覺氣串不適，多因驟涼所致。下樓後馬號一看，竟涼風襲人，似初冬光景，今日係霜降，營內至扎什城祭神。卯刻由署前兵丁排隊進西轅門，出東轅門，本大臣無事，僅派遊府在轅門一看而已。晚飯後鶴孫過談，擬萬壽節各漢番及鋪戶皆懸燈結綵，署內亦然唱大戲，營兵腳色不全，由游擊開單往調。本六旬之案辦理，難奉慈諭，不准進奉，此禮在邊外，尤不可不講求也。晴，風。

十七日　早起冰更覺厚，夜間將被未蓋嚴，兩膀頗痛，命八兒大槌始稍好。早飯鶴孫找糧臺廚役老王作澆湯麵甚好，竟用其兩盌半。湘梅來商奏底，刪改後赴洋務局教少嵩、少韓來，因廓爾喀表文有邊皇，然外番文字竟趕至此，亦無法避也。登樓略睡，覺不適，踏至後院，復踏至牆外菜園，由印房牆外圍遭一走而回。晚飯後過鶴孫處閒談，伊得一套紅煙壺相送，舊物也，不過二金，真便宜。晴，風。

十八日　找化臣來，給小孩作衣服，以供十月初十日之用，亦可謂耿耿忠心矣，一笑。午後登樓，惠臣到樓前交諭，漢人、番人、纏頭別琫子等於初十

日前後，俱要懸燈結綵，比照甲午之辦法，均已敬悉。惟甲午係在萬壽宮唱戲，並上朝三次，乃遵奎煥大臣之章程，不知上朝所謂朝期坐班，係沿明制，自來並無午門傳旨之說，已屬具文，川蜀坐班已覺可笑，至一日三次，則聞所未見，不亦怪哉。下樓後，後院一遊，新蓋廠廳已將牆砌起，現填地腳，擬於廿一日辰刻弔柱上樑。晚飯後馬號一看，進內鶴孫過談。晴，風小。

十九日　發家信一封，交鶴孫由打箭爐致省，於廿一日隨摺差寄。內敘寄銀八十兩，為中秋家人賞耗，王順想已動身，聞裕大人有在雅州府落戶之意，桂大人有在成都府落戶之意。自洋人去後，買商多半回來，甚安靜。臥克納住江孜，甚與民間相得。照相帶往印度，印片且照得甚多，余在此甚好，與余六老爺每晚談笑。天時已換中毛矣，擬萬壽節署內唱大戲等語。午後登樓，少韓商量奏摺兩次，少嵩帶學生上樓背書，俟再傳。下樓後至後院看工。晚飯後到院外閒踏。晴，風小。

二十日　早間竟作乾冷，因霜太重之過。至後院看工，到鶴孫處閒談。午後登樓奏摺已包好，程林送至樓上一看。下樓後外院閒踏，到小謹房內，因其送袖頭，謝之璧之，其毛黑亮而薄，先生謂之小馬皮，余謂為驢皮，眾人無不笑之。接鳳苧堂都護來文，奏調委員三人，已革四川候補知縣秦宗藩，號介人，曾隨恭勤公在藏。四川試用從九品栗兆純，貴州試用巡檢陳式鈺，二人素非所知。又見差條，有懸丞王宜霖，主薄李赤，均謝榘赴藏。到洋務局略坐，與湘梅稍談，西屋書聲又大作，蓋少嵩又考學生。晚飯後在院略徘徊，鶴孫過談。晴，風。

二十一日　辰刻，後院抱廈豎柱上樑放鞭，賞其茶葉、哈達、藏錢等物。巳刻望闕九叩禮，拜發請豁扣洋務局款項一摺，謝文藻改獎一片，廓爾喀國王代果敢王銜謝穿戴一摺，並譯表文一件。午後登樓，東北路查塘並迎鳳大人，千總孟德勝辭行，於明日走。下樓外院一看，至後院看工，敞廳已苫背，番女在上踏之，來往行走，口中有各調歌詞，頗有趣。本處為花園園廳為卓岡，此房即以卓岡呼之，並到西院一看，現修看牆，未免太小心矣，一笑。晚飯後，內外院一踏。晴。

廿二日　早鶴孫過談，因靖西撥盧比事，至東院門走，遇少嵩、湘梅在廚房門外，略談。飯後登樓，有黑龍江朗廓爾酥佛公來至，藏呼圖克圖，年十四歲，至色拉寺禮佛熬茶，送到哈達，仍送還外，木匣餑餑一匣收之。下樓後至後院看工，晚飯後過鶴孫處談。晴。

廿三日　早至後院一看，因作工刨土不過二尺即見水，相傳土薄，果然，上已有薄冰矣。據云此處十冬月冷，臘月則回暖矣。程巡捕買來假金絲緞，甚薄似片，金藍綠色，俱好，藕紅色不佳，四藏錢一方，每方一尺有餘。午後登樓，湘梅來商公事。下樓後復至東院並至西院看砌看牆，晚飯後到外院一遊，與小謹立談。燈後過鶴孫屋內談，薙頭，已覺長發作聲，燥也。晴。

廿四日　起時甚晚，至後院看兩牆，兵房已刨槽。飯後登樓，買戈什哈馬代樂小書，如《千字文》等七本，酬其八文藏錢。伊送果丹皮兩三張，小孩等皆不認識，以為油紙之流，殊可笑。程巡捕於明日作丫頭，必求起名，蓋因化臣處媚柳所致，隨起名為春霞。下樓後至南門外閒踏，小橋下水已涸矣，尚有微流，柳林中仍有閒耍者，然河邊男女洗衣俱斷絕，蓋已冷矣。接壽挹青來函，有京內鋪戶願兌款可交刺麻，惜乎此處無款可兌也。晚飯後鶴孫過談，任鵬舉又送到奶桃、胡梳，收之，賞之。晴。

廿五日　早外院後院閒踏，湘梅來商公事。午後登樓，化臣來回公私事。下樓後復至後院，看兩兵房將牆已拆去，後牆即作房間，後簷外係菜園，踏去一看，見土內倒埋水灌若多。詢之，乃養黃芽韭之法，即以尋常韭菜埋之，明春出芽，未見風日，即黃芽韭也。晚飯後院徘徊東院，諸人皆往西院給程林賀喜，吉時為酉正二刻。微風，晴。

廿六日　早至後院一看，惠臣來商案件，鶴孫來商信件。旋登樓，忽長云，覺天時較熱。下樓後復到後院一看，惠臣、化臣由西院而來，斟酌西北園牆開一後門，可通街道，從前本有一門，在西院艮方，大非所宜，此在兩署乾方，皆無礙矣。約惠臣來用飯，不肯，乃回西院，拽化臣去矣。晚飯找鶴孫閒談，找來草決明子，擬明年試種。早間程林帶春霞來磕頭，因送其拜禮藏元百枚。晴，午晚有雲。

廿七日　早至後院一看，湘梅來商公事。飯後登樓，聽後院做工丫頭等在房上來往，用柳棍穿石片，如打夯狀，皆合聲而歌，其音甚悽楚。因欲洗腳，遂下樓，不意東廂房震動，所住之屋門外袷簾燃著，樓上即聞有布燎氣，幸者余過，不然連棚頂矣，遂呼其取水澆之。洗腳後復看工，屋內地平，亦如屋上辦法，均赤足連踏帶夯，大有內地大工童子夯之意，無怪其土地有墁磚之結實。後牆原有門，業已堵好，西兵房已砌下石。晚飯後到廚房閒踏，老左病矣，不見大外火勝故也，因找萬應錠與之。內院略徘徊，鶴孫過談，程林因回門來銷假，已喝酒入醉鄉矣。晴。

　　廿八日　早鶴孫來商公事，午後登樓，少嵩考學生又得數人，幸也，俟匯總再親考，以定優劣。將復壽挹青太守信寫就，交程林轉傳刺麻，面交寄京。下樓後至後院看工，因刨土在土內刨出此地呼長壽果者，曾於去歲臘底得之，乃此物曬乾，非大禮不送客也。細審之，即內地鹹菜中甘露也，即交廚役，以甜醬淹之，未知如何？或云所出葉子與甘露有異，若明春種之，可得其詳矣。晚飯後至外院，與小謹立談。晴。

　　廿九日　早湘梅來商公事。午後繞東院轉後院一遊，見作工者將一男娃作丫頭裝束，梳兩辮帶巴珠，眾人皆笑之，真是天真爛漫，不易得之。登樓較熱，下樓後復至後院一看，晚飯後過鶴孫處談。晴。

【校勘記】

　　〔一〕稿本原作「棵」。

　　〔二〕稿本原作「錯辮」。

　　十月初一日　辰刻，赴大招萬歲牌前行禮，丹達廟、呂祖前行禮，回署各家廟神位前行禮。飯後過後院，將尋的木板比尺寸作匾作聯。晚間擬集唐人聯一封，係：橋東橋西好楊柳，因牆外即琉璃橋，為劉禹錫句，人可知。山北山南聞鷓鴣。為殷堯藩句，人未知，乃《樂道堂請集》句，鷓鴣實有之。橫匾係：燠館涼臺，並跋：「行珊先兄恭勤公於辛卯歲特建兩署後樓，復購此菜園，以為公餘遊騁地。越十年，癸卯，余亦忝膺斯任，衰草流螢，觸目動今昔之感，因鳩工築此數椽，用裝晉公傳語，誌寒暑之時宜也，集唐人聯句溯向化之本源也。後之來者其鑒余兄獻曝情殷，時修葺之，不再令其荒蕪無幸。」乃與鶴孫商酌如此。午後曾登樓，下樓曾至後院，今日半日工，因係番子三十日。明日整日不作工，蓋其初一日也，望日亦如此，官工私工通例也。晴。

　　初二日　早看公事，湘梅來商公務。接家信一封，省內全好，因加眾人家公費，或四十元，或三十元，或二十元。午後登樓寫聯額，劣不成字，殊可笑。下樓後馬號外院一遊，由小謹代買小套子《史記》精華一部，共四十本四套，價藏錢四十枚，此處得以此書，甚奇也。因到小謹屋略談，晚飯後找鶴孫談。晴。

　　初三日　午後登樓，今日作工俱到，凡房頂、地平須用三合土，今日驢馱來者甚多。早晚至後院一看，所謂三合土，乃馱來石塊。因揀一塊置水坑內，方知內地之上水石也。又揀數塊泡之，若覓得小盆養之，可作文玩也，一笑。院內所擺粉色洋海棠葉，經霜降竟成深紅色，秋海棠尚未能及也，可愛之至。

下樓後至外院一遊，踏至西署外看西山有雪，各戶、各鋪皆一律懸綵，究竟向化已久，尚知尊崇一切，可嘉也。晚飯後鶴孫過談，吉羊買來鮮葡萄，甚酸。晴。

初四日　早湘梅來商公事，劉化臣來行大禮，乃其生日也，以袍褂料賞之，闔署諸人皆往祝。午飯即預備。午後登樓與娥珠手談，蓋主奴語言不通，無如之何也。下樓至後院一看，見西房已將頂子鋪泥，想可不日成之。晚飯後亦係化臣備之，痛飲黃酒醉矣。遂步至後院，見作工丫頭錘石而歌阿拉縮，蓋此曲似七字一句，未必阿拉縮，即內地太平年之流葩，經既其只目也頗好。兩般人，一班歌之，一班和之，同是一句，頗有古意，遂每人賞其一文藏錢，皆磕頭來謝，監工者亦賞之。作飯丫頭亦來討賞，只好賞之，無因也，一笑。風，晴。

初五日　早飯至後院看工，早同鶴孫，晚自去，並到院外一看。午後登樓，領頭與金八談，彼處果木園同珍五妙村大約相同，未免動相思之感。下樓兼到馬號看猿猴，天氣較寒，地頗冷，似與都下同，惟火盆，據云須至冬月，蓋燥氣與冷氣並行，早生火難過也。晚飯後至鶴孫屋內談，午飯前曾至洋務局，晤湘梅、少嵩一談。飯後傳見藏巴總陳其光，由省來。晴。

初六日　早湘梅來商公事，並痛談。午後惠臣來亦商公事，亦痛談。登樓下樓後，後院一看。晚飯後找鶴孫談。晴。

初七日　早湘梅來商公事，過後院找化臣來，問屆萬壽正壽署中唱戲，有噶倫布亦到吃席聽戲之說，今趕緊備辦，此向章也。午後登樓，少韓來商公事，因談及裕大人當夷情時，為滿洲奏稿約少韓_{初次在印房筆帖式}。到彼，云滿摺皆錯，後細考之，乃大人按漢文讀法，自然全不通矣，大為可笑。下樓後至外院一踏，戲臺已搭成矣。晚過鶴孫處談。半陰晴。

初八日　_{今日忽然別蜂子噶必丹，謂其女人親手所炸各物送來，別物未見好，乃似蜜蕊者好吃，然年已早過。}早至後院東北角門，已將牆破開，步向外邊一看，回來遇化臣回公事，又遇鶴孫在敞廳前徘徊，因將馬紮取至，坐談良久。吃飯時見有小碟子、小盌，詢之乃湘梅生日也所送〔一〕，趕緊送往袍褂料。一句鐘後，具衣冠拜壽，彼有女客，必令娥珠前往，回時特遣去拜壽。登樓一看，即下，因近日用灰水塗牆，不過討賞，向章也，竟塗樓上玻璃將滿，須另擦拭，可笑也。晚復湘梅備飯，因明後日備飯，宰極肥一羊，用火鍋食之甚美。_{燈下看書，來一黃狗對書桌而看，遂擊桌大聲嚇之，彼去，則家人群驚，可笑。}有雲，晴。

初九日　早到後院看工，同化臣出後門一望。午飯後諸委員外院演戲，人已到齊，天忽然大冷，遂換大毛皮襖，諸江古學亦到，過來見。晚飯令其進內吃，諸委員等在外二堂吃，燈後唱戲，共演七場。因風火大，八點鐘止進內。半陰晴，風。

初十日　辰刻，恭謁萬壽宮七旬萬壽，率文武及番官行禮，回署，約眾文武及佛公噶布倫等聽戲，備早晚飯，番官等晚飯後方散，均為欣然。燈後復與文武仍聽至子初方散，進內。晴。

十一日　早會湘梅、鶴孫，據營兵等因多年賞食餉銀，意欲略盡片心，再唱戲一日，此舉原係萬民同樂，不便攔，且萬壽寺內已飭剌麻諷萬壽經三日，署內演三日戲，亦官民之所少效微忱。遂午飯後諸委員到，即開戲，晚飯後同吃，乃恩惠臣役所辦，匆匆之際，亦難其設法料理也。亥初一刻散戲進內，天較涼。微風，晴。

十二日　早過後院一看，敞廳已安欄杆，後門已安門框。午後到洋務局與湘梅、少嵩閒談，遇楊聚賢來，略談。登樓，今日本起晚，反覺乏，蓋三日戲所致也，早間並升大堂，驗放達木八旗驍騎校由扎什戶拔補。晚過後鶴孫處談。晴。

十三日　早晚皆至後院一看，午後到少韓處閒談。登樓，化臣來回公事，因早飯廚役作烤羊肉，約鶴孫同吃，始則望而生畏，繼則大嚼。然飯後作渴，究屬天燥之過。下樓後馬號一遊，晚過鶴孫處談。萬壽寺來四剌麻，賞之。送來長壽果，酥油、糌粑所捏，如果子大，甚難吃。淨水即紅花水，甚難喝。午後晴，風。

十四日　早間起太晚，無事，午後登樓。李海山都司找來印板《觀音經》《金剛經》各一部，聞外間時令大不好，傷風咳嗽者甚多，娥珠、連芳亦如此，食多之過也。晴。

十五日　辰刻，赴磨盤山關帝廟行香，回署，各神廟行香。午飯後，出後院門，步至琉璃橋旁一看，竟微汗。登樓，晚飯後，鶴孫過談。晴。

十六日　早間到東院，因天涼，屋內陰氣過重，見作工丫頭均玩耍毛箭，用腳踢之。不知是此字否？回即令人買之，此地有現成者，詢之何以如此閒暇，乃後院上凍，不能作工，特候領賞，因即賞之。午後過院一看，水池滿結冰矣。至馬號上房一看，大招白剌麻出巡，在署左燒草堆，剌麻甚多，幡鼓、喇叭皆有，亦有護法降神，白剌麻在後，乃以泥作者，空其中，以一剌麻鑽入腹內，數人扶之而行，白是女身，此舉尤為不通。回時登樓，衣服未換中大毛竟覺感

冒，喝大麥酒，吃片兒湯。晚找鶴孫談，似少好，聞湘梅有弄瓦之喜。晴。

十七日　早湘梅來商公事，找鶴孫閒談。午後未上樓，因天時甚涼，化臣、海山帶商上剌麻來謝，因後院工程先賞給百金，俟明春油飾停妥再加賞。晚鶴孫過談。微落雪，半陰晴。

十八日　早起甚冷，地上似雪似霜，不知何物？總係寒氣凝結。午後登樓，化臣回公事，程巡捕回公事。覺涼下樓，馬號一蹈。晚更涼，內東屋尤甚，因升炭盆。鶴孫過談。晴，風。

十九日　早起頗涼，身上不適，頭左覺悶痛，換大毛皮襖，少好。晚惟喝粥找鶴孫談。半陰晴，風。

二十日　今日涼比昨日略輕，身上亦覺少好。今王永福打來燈壺甚好，以備樓上應用，買一新瓷小盌，竟需四枚錢，未免太貴。湘梅來，買得兩枚套藍煙壺，乃係假貨，費百文錢，未免怨哉，俱可笑。晚找鶴孫談。晴，小風。

二十一日　巳刻，赴蕭曹廟與蕭公補祝，由科房辦理大戲，席面歸湘梅提調，一切整齊。晚飯回，鶴孫過談，批折奉回，<small>前七月廿日發。</small>並接家信蓉哥等信。晴。

廿二日　復巳刻至蕭曹廟與曹公豫祝，相傳本月廿過後恭辦，有所本否？不知也。仍科房辦理，湘梅提調，晚飯後散。晴。

廿三日　午後到洋務局，晤湘梅、少嵩、小謹閒談，因小謹前日病。晚找鶴孫談。晴。

廿四日　早湘梅來商公事。午後化臣來，將改作馬褂拿回。外院一遊，晚鶴孫過談。晴。

廿五日　令田德買來木盌，係剌麻所用，與尋常喬木所作不同，因令王永福與其商酌作木盌、木碟，可帶往京送人，乃實係藏中土產也。<small>北音宅白，珀巴盌，剌麻用，珀巴盌，鐵巴碟子。</small>天甚冷，四山均由寒氣。晚鶴孫過談。半陰晴。

廿六日　午後惠臣來，南山所住漢人，直不通漢語，擬將「四義學」挪一學過山南教讀，乃從楊聚賢令弟所請，此舉甚是也。馬全驥送來白銅鍋如錫，甚佳。因化臣回事，令其給南路寫信，可告代寄白、黃、紅三色銅各二斤，供寄京應用。燈後，同鶴孫帶江古學等上樓梯一看，北東多西南少，皆點酥燈，山上亦有數處，有數萬盞如繁星，蓋燃燈古佛誕辰。聞剌麻滿街皆有念經者，番邊換季亦今日下梯後至鶴孫處閒談，有在藏別號一單，特鈔存，一笑。晴。

廿七日　化臣來，帶回藏堪布羅藏頓柱來見，提及諸噶倫等公務廢弛，不

可言喻。午後洋務局少嵩、小謹一談，回時王永福、田德找三藍素緞_{玉色}。留一身四方，_{面寬二尺另五分}。合藏錢九十六元，每方十二元。晚找鶴孫談。晴。

廿八日　找化臣來，令其將猞猁腿皮襖成作，並狐腦門長袖馬褂換面。天覺涼，惠臣來，讓外簽押房坐，將分山南義學，商準備糧務教請者前往。晚找鶴孫談。晴。

廿九日　化臣、海山來痛談公務，藏內真無法整頓矣。午後外院一看，天甚涼且燥，屋內有炭火，人覺不適，無炭火冷氣逼人。至後院一踏，水內結冰，映陽處復化，北牆下已見青草，楊樹微綠，天氣令人無法揣摩也。晚飯後鶴孫處談。半陰晴。

卅日　湘梅來商公事。午後惠臣來商公事，並擬賤辰送大戲，因萬壽唱三日戲，此忽欲臣下亦唱戲，似無此道理，力阻之。至馬號一踏，見猴子滿房大跑，人追之則啼，究野性也。晚鶴孫過談。晴。

【校勘記】

　　［一］稿本原寫作「詢之乃湘生也所送」，應為筆誤脫「梅」字。湘梅，有泰屬下。

十一月初一日　辰刻，恭赴大招萬歲牌前行禮，適攢招千盞酥燈點起，千眾剌麻念經，其味氣難聞，不可思議，呂祖廟行香，回署，家廟行禮。飯後，甘奠池巴來見，仍給達賴求開復，明言告之非彼處公事，信函到不足為憑。伊送如來小銅像一尊、哈達一件，照章收之。洋務局湘梅、少嵩一談，筆政賦泰伏案寫字，取來一看，乃為余賤辰四六序一篇，未免慚愧，不敢當也，然已辦齊，只欠一寫，可奈何？千總毛騰蛟或稟辭赴任，或叩謝差務。晚至鶴孫處談，有川省候補同知覺羅成翔，_{號鵬九。}為前夔州府恒榮齋_實之子，其冤人法術，真有一無二，大堪捧腹。午晤少嵩，因談達賴，給其改唐詩一絕，「柳下問剌麻，愚師避禍去。只在此山外，_{布達拉山。}雲飛不知處。」一笑。晴。

初二日　天甚涼，大有雪意。午後東院一遊，猿皆云怕冷，然不見如何，尚易養活，猴則鬧地非常，一時不能閒也。文通來，適用灰麵糖作小炸食，令其攜往數十枚，並送鶴孫，乃以酥油所炸，皆云好吃，遵先慈做法。晚找赫孫談，聞鮑忠撞公_超晚年讓吐納之術，各處羽流皆往依之，忽來一道士貌既不揚，衣履亦破碎，終日飲酒，談吐頗似瘋癲，日久人皆厭之，未免微辭上達，忠壯亦不甚禮之。一日，忽謂同屋說所住之道士：吾將去，特備小酌。同屋者以為戲言，姑漫應之。不意於破袱中取錢數百文，約為市饗，伊但豪飲，不覺大醉，

回屋後嘔吐狼藉，將壁上所掛山水一幅拉下，酒痕汙之，足跡亂踏之，遂大睡。醒後邀同屋道士送之出夔府城外，即臨大江，至江邊，將破鞋一雙脫與同屋者，曰：「從此別矣。」赤足踏水而行，待行遠，煙霧遮，方不見。合市大嘩，以為真仙，把臂失之。趕聞忠壯親來追之，已無及。回寓，將醉踏畫背審之，乃數尾魚，均極生動，並破鞋尚存，忠壯家以為仙蹤，此事鶴孫聞忠壯侄某，亦係武員所云。半陰晴。

初三日　班禪額爾德尼遣駐藏擺饒康業，五品，前藏眾民頭目。管後藏策旺結布稟到，並班禪佛札薩克及伊呈送長壽佛三尊，班禪札薩克加送藏香譜鑔，均照章收之，此差或三五年、七八年更換不等，此屆時也。午後到東院閒踏，見唐兒養黑馬一匹，不知若干所買，惟尾子剪齊，乃經洋人所同之物，殊可笑。晚鶴孫過談。早陰，晚晴。

初四日　午後至吳小瑾房內，見其臨《褚聖教》，工夫頗進，勸其再多書小楷，則應用處多。化臣、海山而歸，十八日據署噶布倫等欲求祝，大約難以阻之，只好備席約其來吃而已。天陰又覺涼，昨日因飲酒，夜間大發燥，今日頗不適，或因多日未飲之故，抑太乾之過耶？不可解。早清，晚陰。

初五日　早湘梅來商公事，與其痛談。午後化臣來送衣服。天較涼，外院一遊，打銅燈壺兩把，送鶴孫一把，詢其銅器皆可造，無如箭藏銅，不如後藏，已令其帶來再說，並令程巡捕給上路寫信買貂皮，惟藏內貂皮較底氄少，且素不黃，恐作成未必佳也。晚少嵩、鶴孫來談。半陰晴，陣風。

初六日　寫家信一封，寫日期本月初九日，實發初十日，隨賀元旦折寄。內敘十月初二日接信知平安，紙扎差可帶照相片甚好。余買小木盌、小鑰匙並給伊母作狐皮襖褂俟。便寄去，其恩太太所送西瓜〔一〕，恐帶到俱壞，以後親友送物可存公館。此處裁料可用，朱少爺保案，鶴孫早談到，屆時再斟酌。廿一日又接一信，蓉格等信亦收到，此處進欽不過二千餘差人，飯自用，賞耗節用之，恐不敷，不如常州府。且近日身子不安，非火非寒，乃明年六十歲所致，非比年青者。唐大人紹儀之來，因交涉立約，非為藏謠言，不可聽。甲大人所送麝香，可布包，放皮衣箱內，不易得也。王順隨紙扎差，恐打箭爐有耽延，年內未必到署內。市面均好，等語。外有密信一小封，婦女中須留神也。早湘梅來商公事，化臣送竹君信來閱，竹君亦有信來，因走冰滑，將腰擱傷，一時未必就到藏也。午後外院閒踏，唐兒忽來，因前次蒙古王妃所送海騮馬倒矣，即令其掩埋，可惜此馬樣子、本事均可取，唐兒竟為之落淚，倒時放屁流溺，倒後肚腹脹起，

恐時令不正，氣閉所致。晚找鶴孫談，痛說刑名人命不可不慎，真有冤枉者。半陰晴，晚大晴。

初七日　早湘梅來商公事，化臣來送三藍緞新作皮襖，因說起海驪馬倒斃，李海山馬亦於前日倒斃，俗謂之收馬，或有此說歟。午後甚倦，略睡。晚鶴孫來談，梓潼縣文昌廟有出洞騎，特一像身少偏，乃果親王行禮時，望右腳比左腳長，亦神矣。鶴孫曾見月華，乃翁曜庭十先生 元煜 亦見著，五色斑斕，甚為好看，亦奇事也。昨日家信交鶴孫，總包寄省。晴。

初八日　本擬今日驗放番缺，據云初七、初八兩日為番子忌日，諸事不敢作，只好改在廿日前後，從其俗也。早至東院廚房一看，化臣送雌雄鴨子二隻，與所養者皆肥，此地不易得。天覺燥，飯後後院一遊，該班兩三人皆曬暖，院內較屋內熱，此難測天時。晚月上四圍淡紅雲，間此黑色，似春天景象，找鶴孫談。晴。

初九日　早化臣來送棉鞋而至，惠臣來商公事。午後外院一轉，連日吃菜葴，甚佳。早晚涼，午燥之。過晚飯，因鶴孫送醬油嘗之，乃京內糖色醬油，云是洋來者，非然也。令左廚燉羊肉，京味也，遂分鶴孫吃，亦云好，燈後過談。晴。

初十日　巳刻拜發元旦賀摺，午後至江少韓處甫坐談。署拉里糧務李肖臣 羅弼 來謁，於外簽押房接見，係山東同鄉，由撥貢得知縣，人頗明白。至外院一看，晚飯後復至外院，並至頭門內，見四處如霧之昏，或云炊煙，余以為旱天加以山嵐之氣所結。燈後過鶴孫處談。晴。

十一日　午後赴東院開踏，遇鶴孫冠帶至李肖臣處謝步，住糧務署，即為恩惠臣所約，想必大嚼也，一笑。署把總王登雲等謝絮，俱見。李糧務來，外官例三日衙門，向不見也。晴。

十二日　早商上派新羅藏娃潘姓來叩見，面呈哈達一塊，長壽佛一尊，法身比常得者大佛，冠係活的，可帶可下，舊羅藏娃亦同來。午後到洋務局閒談，湘梅、少嵩、小瑾在座，楊聚賢亦來，未坐。恩惠臣至，復談。到廚房看老左砌一土籠，在屋內欲養站雞。回憶常郡時，張子密太守時署陽湖，忽告余已喂填鴨，到時相送，過多日未送，再詢之，均已填死矣，殊可笑。恐老左終必將雞站死而後已，蓋地土不宜，南北氣候殊也。晚過鶴孫處談渠，聞李肖臣說，目下班禪額爾德尼前世，因其母甚不安分，擬不轉世，人求之始，允謂來生如傳世，其母必係殘廢人，今世果啞子，其母因打柴來一狼，眾人皆避去，伊一

人被狼周身嗅之，後又見枯樹生桃一枚，摘食之，遂即孕。親睹肖臣所談不同，因改之如此，又聞掣瓶後，始找一佛公嫁之，係世家子之養二子，佛公不安分，遠廢之，投河死，或云為番官亂棒打死。伊幼時，其母家極寒苦，至山打柴，將其放於石板上，待回時，看石上一腳已踏入六分深矣，至今石板猶存供於廟內，肖臣曾親見之，的確一隻小兒腳印深入石內。又聞此次洋人必欲照相，令照之，並不拒，待得時，左右之人皆有，惟其身一片模糊，洋人無法也。聞達賴竟下山被狗所咬，罰養狗者銀數十，在裕子維任內。評其私下山，已不可不知作何事，罰銀尤無禮也。其與班禪相去天淵，在松壽泉任內憑護法所保，竟未掣瓶，其中難言矣。晴。

十三日　早湘梅、少韓來商公事。午後外院一遊，眾委員忽來送壽禮十二色，未免太費事。然最奇者，壽桃上插多少籤子，頭上均有一麵團作尖形，謂之鳹，番語即麻雀也，殊不可解。晚鶴孫來談，謂此地傳言，係一海子經佛填滿，惟正北小佛公院後未經填滿，至今仍人踏之，竟出水，或不無因也。晴。

十四日　午刻，噶布倫請到布達拉山，前數日有信到。恭迎恩賞，即賞瞻對所頒賞物甚多。遂乘轎，由後山上，眾果兒俗名藏舉人，皆係世家讀書人，有卅餘名。穿花衣，冠白帽如元寶形象，執事剌麻皆站班，眾委員、佛公、番官亦站班，下輿至其大殿上，因達賴逃去未回，以噶勒丹池巴代，在達賴座左，座竟呼為寶座，可笑。面南在一花緞墊上站，池巴東面跪，後有永安寺胡圖克圖跪，廊右佛公噶布倫等跪，由南奏樂，一京裝剌麻用黃綾袱捧詔旨進，面西呈遞，池巴跪接，伊行三叩禮，將詔旨別有剌麻接交，印房筆帖式展讀，先滿文，後漢文，讀畢，池巴等人行九叩禮，亦奏樂，恩賞銀壺、盞、綢緞、布匹甚多，蓋合藏僧俗各官及歷代佛公等，不止達賴一人而已。此原因賞還瞻對，彼進方物，故有此回頭賞需也。禮畢，在達拉左供酥油燈，並米插香供聖旨，桌次擺一高座，左邊有梯，方上得去，入座後，面南由桌進酥油茶，進白米飯、點心、黑餅、糖，桌前擺果桌、餑餑桌，復進酥茶，撤後送哈達，並觀音佛一尊，藏香錯鐏片子等物外，送恩賞內二藍緞一匹，照章皆應如此，並池巴亦有雨露均霑之意也。胡圖克圖並有執事人來謁見，遂散。上轎漢番官、佛公等仍站班，下山後至糧務署。回拜李肖臣，回署。查南路噶布倫來稟辭，噶爾丹池巴等來請安，道乏，皆未見。三科房衙隊等均送壽禮，未免多事矣，然辭之不得，晚找鶴孫談。晴。

十五日　辰刻，恭謁磨盤山關帝廟，惠臣、化臣、肖臣俱站班，回署，家廟行禮，送壽禮者甚多，竟有湯徭借得所收桃麵來叩送，不過討賞錢而已，然

如此辦法，不過湯徭，可發一笑。午後至外院一看，壽帳高懸，尚有對子未掛者，聞有送木匾者，不知鬧到何處，例如此，或要吃，或討賞，自難攔阻。聞眾兵送禮合一人一文，賞則每人二文，前恭勤公即如此辦法。晚找鶴孫談。早晚冷，晴。

十六日　辰刻，恭謁扎什城，冬至令節，萬壽宮率漢番各官行慶賀禮，三跪九叩畢，坐班，江蘇無坐班禮，回署。送壽禮者，夫絡繹不絕，又有奇怪者，收不得，退又不得，只得以蠻禮目之而已。惟丁乾三送一松，盆內種，不能移，地天寒。並一鶴，亦稀奇也。李肖臣送後藏所造火盆一具，可見人工洋椅四把，不知何木，其木即大吉嶺所出，番子竟不知採，乃為洋人所得，木紋及色甚佳，余亦認不出，真中國人也，一笑。委員等赴糧務署，約李肖臣均未在署。半陰晴，陣風，早午微雪。

十七日　早湘梅、少韓來商公事。午後化臣來，已將跳弦子找到，凡預祝諸君皆擋駕。換便衣二堂坐，備兩便飯，與彭子周、江少韓、吳少嵩較酒，大醉，夜內痛嘔，蓋大麴酒火甚沖。回憶去歲，在察木多因洋酒醉得不省人事，今年雖不至如前之甚，然每遇生辰，再不喝酒矣，一笑。晴。

十八日　早委員文武各官及各項執事、兵丁等均來祝壽，前數日即送禮物，佛公噶布倫堪布剌麻及達木八旗協佐並漢邊鄉紳，均來祝，有送禮物，有送銅佛不一。兵丁賞錢，官員留飯，均暫散。午後將跳弦子叫入內院，眾江古學在西廊坐，同惠臣、少嵩、鶴孫東廊坐。晚間約漢番官在二堂飯，圓桌二，便衣一周旋，進內用飯。燈後復陪楊聚賢諸位看弦子，亥刻散。晴。

十九日　早吳少嵩過談，午後著帽穿靴至鶴孫、小瑾、少韓屋謝，到西院晤化臣揖謝，湘梅、少嵩俱未在。湘梅旋來面謝而已，談公事畢，化臣謝步，海山謝酒，眾番官武員及兵丁等謝酒，委員等謝酒，外官派也。到外院一看，懸匾四塊，內有極可笑者，馬全驤率弁兵一匾，係「金湯萬里」，余告以萬不准掛，似要造反，因連夜改為「德溥西陲」，現刻字油飾，木匠等竟詐其六金，真可笑。倒運大吉，所謂天下無事，愚人自擾之，又何說也。晚飯鶴孫談，計十八日外席七桌，銀七十兩，跳弦賞十兩，各項口食賞銀四十兩，兵丁戈什哈衛隊折席，或四元或二元。銀一百九十九兩，共享三百七十四兩，內席尚不在內，真可觀矣。晚間，楊聚賢送來極好麝香三枚，合銀廿餘兩。晴。

二十日　午後出署，各處謝壽，均未見，漢番皆持片一謝而已。不過圍大招一轉，見貨物攤擺滿，然不倫不類，竟有布攤，有菜蔬、銅錫攤，有珊瑚、松石

者，真番地風景也。回署，令童僕查收壽禮，晚間鶴孫過談。晴。

　　二十一日　巳刻升大堂，驗放布倫僧俗各一缺，其餘四品至七品僧俗各缺，亦同驗放。內有擬正未到者，或扣或放，擬陪者因謝恩未具哈達，帽子亦不合適，每磕一頭則帽子掉一次，無不匿笑者，余亦為之欣然。退堂，午飯。飯後，彭子周糧務文瀚來痛談，伊本在京教讀，曾在徐陰翁世伯、崇文山舅兄處均曾教過學生，為文山會榜門生，人甚呆氣，恐四川當差，亦未必能得意也。或云，伊曾得過痰迷病，無怪其如此，係同鄉河間府獻縣人，年已五十餘已。晚鶴孫過談。晴，午後大風一陣。

　　二十二日　巳刻，約彭子周、李肖臣、恩惠臣、余鶴孫、劉化臣在二堂早飯，飯後讓諸君到內簽押房一坐，遂去看公事，見行奉旨事，竟知照班禪者行之，知照池巴未有，同日之旨作兩截，其中必有情弊。因傳張宗淮書吏，責其馬棒四十，交恩糧務枷號示眾，後將稿程林拿來，故作漏畫，因令江委員查明再說。晚飯後鶴孫過談。早風，午晴。

　　二十三日　早湘梅來商公事，因大教訓之，彼乃渾厚人，不免為人所愚。遂找少韓、化臣並程林，問少韓將漏稿事查明否，渠自唯唯，因問程林何以漏畫稿，不在當時查出。至外院始行查出，其為隱謾，尚有何辭，伊不放再說，惟有跪求，化臣亦跪而代求，暫看化臣饒恕。午後，化臣、惠臣、海山俱來，聽北邊回子有竄入藏境之說，前接鳳大臣來文，亦得此說，告訴文武地方，先須派人偵探，令海山告示番官，亦須預防，然切記兩層，不可亂毛，不可大意。海山尚領會，惠臣去後，又談公事數刻，無事甚困，竟略睡，起來頗不適，飯時因喝黃酒。鶴孫晚過談，上街拿洋銅盒一枚，很有趣。半陰晴。

　　二十四日　早惠臣來說吳祖鼎款，令其到糧餉處商酌。化臣來回公事。午後鶴孫拿珠子、子母綠來看，其子母綠塊不小，未曾見過，丁乾三二尹家內女告番女所用懸胸前一件，其松石如淺翠色，不怪此處，賞之。原無翠羽也，最怪者似瑪瑙，自成黑地白文，作漢文武式，內有小白圈，名曰四。四，名作失音，有「兒」字在內。記幼時家內余珠曾緊此物，頗小，形文似如此，各姿兒。想四字之轉音，蒙古亦重此，聞姿兒乃口外所得也。聞此物蓋能走，先年多以網得之，又一奇也。又聞土內平田山見皆有，然難遇。藏中及別處皆有，然不易得，生長土內，老樹內亦有創者，尤怪者，自有一通眼，可穿繩，長如橄欖，形亦有稍圓者。其圈以單數為貴，其中有三圈者，可值銀七十文；如至九圈，可值千文矣；如二四六等雙圈，則價大減，聞佩之可避邪祟，恐故神其說，然此物甚奇。諭吳小瑾稽查巡捕房檔，

程林委其登號簿並應客，李振勳委拿稿件等事，將內巡捕名目裁去。晚鶴孫過談。晴。

廿五日　與鶴孫商致靖西松糧務一函，敘鄧梁材前有公文驅逐。此次吳祖鼎跡近招搖，不可不防，不然公私而不便也。外有收信回票一紙，係上海文報局發信懷民通問兩函，倩其將票交輯稅務司，並致意少韓擬大底，飭知哈拉烏蘇營官，嚴防北路竄匪，已閱知。晴，晚風旋住。

廿六日　早小瑾過談，令其留心公事，不過詳細莫草率而已。旋來公事，奏明達賴逃往庫倫，並彭子周請回省裏稟，擬以候諮川督，其後藏擬湘梅代理。無事，午後閑踏並調鶴。晚鶴孫過談。晴。

廿七日　早少韓來看奏底，略談。午後湘梅來商公事，自己所為，未免自悔，然能力改前非，尚可造就。旋彭子周、李肖臣、江少韓、余鶴孫同來，在外簽押房會，皆冠靴而已，叩其來意，乃為張宗淮講人情，令其找恩糧務、劉統領商酌辦理，若能早驅逐，即可釋放。喚劉統領來，派其各處查訪，莫為此班小人所愚。江少韓復來商奏底，洋務局令其盡心經理。伊再約鶴孫，恐一人照應難周，甚虛心也。並送來佛龕一座，係本地銀匠所造，工尚細，然較大，似作護身佛龕，較蠢。然本處每以一龕奉數尊，不同內地只奉一尊也。晚鶴孫過談。晴。

廿八日　早會鶴孫，將薪水簿發交，內有加給，有停止，因湘梅代理後藏糧臺，洋務局總辦派少韓，鶴孫派洋務局會辦，竹君派管公私來往信札，並派李海山都司為營務處幫辦，由洋務處略加津貼，伊與番邊頗熟，伊少子即為山南某大寺胡圖克圖。晚飯時，因天陰喝黃酒一杯。過鶴孫處談，聞吳小瑾已搬至洋務局居住，此舉甚妥，如有公務，就便可商，且緊要公事，在彼存儲者，亦可放心。半陰晴。

廿九日　午後至洋務局，小瑾搬至東屋，已收拾乾淨，西屋為眾人辦公之所，亦略為收拾，尚欲裱糊，甚覺高興。少韓、鶴孫俱在，小瑾屋內坐，痛談。化臣亦去，未久停，往北路偵探，馬朝陽帶領本地當差黃帽子叩辭。算計竹君不過下月初十日前可以回藏。遂到後院一遊山，山上泉水結寒處甚多。進內，王永福拿來四兒三枚，兩枚不齊整，只有一枚極小尚整，惟無紋，僅有三圈，作白地淡灰圈，兩頭亦作淡灰色，中穿眼，細看似瑪瑙，又有骨意，真不可解，價六文藏錢，因小或從廉，且不見紋細，故也。晚鶴孫過談。晴。

卅日　午後至外院一踏，遇看藥房字識王佐，將前交之《藥要便蒙》已鈔

錄訖呈上，當將《筆花醫鏡》在戶部裴兄贈。交在藥房收存，准鈔寫，不准將原書失落，《藥要便蒙》亦令傳寫，並小兒讀。遂至東院看宰羊二隻，遇少韓到洋務局去。進內，王永福拿來銅打碎石戒指一對，用藏錢十二文，又送到假四兩枚，頗像，買一枚，殊可驗藏番手藝。晚過鶴孫處談，贈余小四兩枚，花作波折紋，一有外箍，一未有，又一格也。晴。

十二月初一日　辰刻，恭赴大招萬歲牌行禮，呂祖廟行禮，回署，家廟各神前行禮。少韓、鶴孫來回公事。午後，子周、肖臣、惠臣、少韓、鶴孫、化臣冠靴來，仍為張宗淮事，屬可笑。因諭其釋放，然須即逐回籍，皆承當之。晚鶴孫來談，送余木蓋盌一枚，制甚古雅，買得二眼四二枚。徐韻秋女史寫得番字《觀音經》全部，因贈其薩迦所送觀音護身面佛一尊，銅龕一個，資生丸廿粒。晴。

初二日　早李肖臣來接管拉里糧務印信，彭子周稟知交卸。午後過洋務局一看，諸委員皆與肖臣道喜，少韓旋送到年終應繳朱批摺件，可於初十日附差恭齊。王永福來送兩枚小四，價廿六文。昨日鶴孫送贈本地所鏇木蓋盌，有前次所買木楪，令鏇成茶盤，應更有趣也。晴。

初三日　早鶴孫來，買得子母綠一塊，重川平一錢一分，據丁乾三云，合藏未見如此分量，余在京亦未曾如此見過。價銀四十兩，扣珠作成豆形，每豆藏錢六文。共四十四枚，合銀廿六兩四錢。飯時，化臣來商公事，聞噶布倫番邊深知感激，吳祖鼎欠公款、私款不少，大眾於洋務局與其商辦。馬竹君由喀裏喀達回，談及巴爾曾與其大詐，殊可笑人。後與韋禮敦亦有不盡情理話，真豈有此理。晚飯後，過東花廳看竹君並少韓，鶴孫在座，痛談。晴。

初四日　早化臣來，同李海山都司、字識李光宇，因派其兩人詳查洋務局案卷，已查明，尚無遺漏，惟營中報銷多年，未經達部，飭科房趕緊清釐。竹君送到英大臣惠德，寄來各照相片並竹君購到相片，大眾分散之。聞餘所照騎馬像並同委員共照一像，現在喀爾喀答已發賣，價甚昂，殊為可笑。惠德另有來函，詢相片已收到否？因擬信復之。李糧務恩糧務同來，外簽押房會擬以後匯款，欲另立章程，甚有見的，復痛談。晚鶴孫過談，因竹君帶來一鐘係皮套兩開門，帶閂，極精緻，不貴也。送看，不過廿餘金。晴

初五日　早化臣來送到洋刀數把，皆快利鋒刃，以備洋操應用，暫存洋務局吳小瑾處，每把價銀不過十四兩餘。竹君送到洋點心、胰子、白麵、橘子並

洋香色絨鍾一架，作腰圓形，打時打刻，帶問帶鬧。據云噶哩噶達只此一物，比余從前庚子失去之鍾較沉重〔一〕，上好之物也。午後，化臣同李海山來，送到返魂香一粒，如酸棗大，乃其子山南奪吉扎剌麻寺大呼圖得之於達賴佛。伊子亦稱佛爺，名土顛鑿控朗嶺奪吉。詢之李都司，據云此其次子，伊母為藏內丫頭，生時亦無大奇異，惟頭上有長髮數徑將尺長，以小兒遂薙之。迨長周歲，即有人來訪，問其夫婦年庚皆符，因告以前世此佛圓寂時，曾告其徒生於漢人家，有老剌麻與此佛相好，夜夢雲已轉生在何處何門，所向何方，並父母年庚，是以來訪，係紅教，今年十九歲，黃、紅教經與皆通。本係打箭爐活佛一世，總須到彼一次，彼處廟比藏內大，有五千徒眾，此處不過百數多徒眾，此處有地，爐城尚年年接濟。恭勤公在日，曾見過三次，謂其像貌不凡。此返魂香，聞恭勤公得之於江諸佛，亦係達賴送彼，乃五輩達賴所造，此輩靈跡甚多，故人人寶之，價比黃金之上。晚飯後過鶴孫處談，彼留小鐘一架，亦甚佳。晴，微陰，冷。

　　初六日　早到洋務局閒談，少韓有便紅症大犯，因熱所致。小瑾大買其表，有小表用綠架，大似古銅，可見洋人亦沾染中國所好，殊可笑也。午飯後，忽王永祿來隨竹君回。送甘蔗等物，因將甘蔗命姿祝瑪削去皮，以水泡之，不意拿到竟以熱水泡之，已可笑。遂令吉祥等賞之，幾乎將渣滓俱咽。與鶴孫談及不覺大笑。晚鶴孫來因西院李糧務約，不得久談，聞竹君薙頭，忽以洋藥水擦頭，大發狂，滿口譫語，恐其路上辛苦，加以天時不正所致，趕緊送給紅靈丹並薄荷油，令振動送往。找化臣令其一看，據云髮狂者不止一人，外邊此症頗多，總內熱外寒如此。早晴，午陰，甚冷。

　　初七日　午後赴洋務局，鶴孫、小瑾閒談，聞竹君、少韓均見好。進內，肖臣江古學來，留其在韻姑娘屋內晚飯。寫家信初十日走，信內寫初九日，交鶴孫封寄。敘冬月廿四日接家信，鍾文叔送節敬，並送動工章程，實無暇回覆章程，以後帶來。周太太見時致意，得少爺喜至格，甚有玩意，如能照單像更妙，因摺差便，寄去照像四張騎馬。正身、側身。同委員同照。現在藏內瘋病多，初八日已見雪。生日非常熱鬧，漢番官兵皆拜壽，約吃麵，跳弦子一日。等語。晚找鶴孫談。半陰晴。

　　初八日　早將家信封妥，交鶴孫，其照相片即由鶴孫作夾板封之。昨晚，鶴孫送石榴十枚，係無核者，得之於竹君，乃得之噶里噶達。余在川省聞香雨都護與介堂軍門，談及雲南某處無核石榴，恐此物滇省產，非外洋產也。申刻赴洋務局，李肖臣移尊，約余鶴孫、恩惠臣、吳小瑾、劉化臣晚飯，伊所帶廚

役菜尚可吃。飯後至小瑾屋又談，亥初方進內。早雪，午晴，晚復雪。

　　初九日　早鶴孫來，送到布達拉山正面照片，前由竹君送到，兩張並此而三矣。午間因田德得女，韻姑娘、蓮芳皆去掛哈達。余與娥珠在院調鶴，甚有趣。至馬號外院一遊，見唐兒找來織羊毛毯丫頭，看其織得結實，且比買價便宜。晚找鶴孫談。甚冷，晴。

　　初十日　早過鶴孫屋內商酌公事，化臣來買得洋槍三杆，作正可以開銷，將帶來《綱鑑易知錄》給與，共二函，洋板，余已目力不佳，不過置之高閣而已。未刻，拜發代奏噶爾丹池巴替達賴謝賞三瞻敕書、綢緞等物、進貢滿漢合璧一摺，達賴 [二] 行抵庫倫，已行查一片，奏補噶布倫一摺，清單一件。旋至竹君屋中，看少韓、竹君病皆見好，均係熱證也。到洋務局，小瑾在屋，督促糊窗。晚鶴孫過談。陰，微晴，甚冷。

　　十一日　早與鶴孫略談。午後至洋務局，小瑾、鶴孫、竹君在座，惠臣後到，均痛談。張天衢由南路聞臥克納住江孜，不過相隨百餘人，大半印度人，皆去帕克里，亦有兵紮住，印度兵亦少。半陰晴，冷。

　　十二日　早無事，午後赴外院一踏，藥房與王佐論藥性，頗留心此處產藥甚多，惜性不同，內地恐難用之，惟看製法如何，方好定準。到馬號，至洋務局，鶴孫、小瑾、竹君談，竹君謂檸檬乃橘子之屬，形不大，可作水飲之，卻署之藥，噶里噶達蘋果似煙台尚好，長白葡萄極佳，皆價值甚貴，且不易帶，均怕凍。晚飯後，鶴孫過談。晴，冷。

　　十三日　連日看《錦里新編》，一函，內有雍正五年賞給達賴地土，遣員至察木多勒石等語。已致信糧務，或攜或鈔送藏。《西招圖略》一函，松文清公 [三] 著，所論不外「忠信篤敬」之意，二堂懸匾，即此四字。其著重在廓爾喀等外部，此時披楞已入藏地，則他族尚在後矣。鈔本奏疏二函，不知何任所留，自乾隆年至道光年年份，前後倒置，或有奏疏無諭旨，或有諭旨無奏疏，然緊要之事，略有頭緒，可循大有用也。午後，化臣來商公事，竹君來商公事，將一切取到及路用劃撥各款造冊呈交，兩人皆痛談。鶴孫來談，旋赴糧臺李肖臣約。晴。

　　十四日　午後由東院轉至後院，開踏新蓋敞廳柱子，竟沉下二寸光景，大約冬月開工不足靠，恐明春開化，許再往下沉 [四]。回時至洋務局閒談，鶴孫、小瑾在座。進內，姿竹麻拿一小海螺，二文錢留之，此處以大海螺將頂上數圈去之，女子將此物如鐲戴於右手，番名謂之「洞果」，一生不摘下，然皆十二

三歲戴上，俟長大雖欲摘而不能，如嫁漢人遂砸之，以為篤於情。詢其戴此何意，據云死後陰間無亮，戴此則不至走黑道路，其愚大可笑。此小海螺攜入內地，雖不如洞果之大，亦可略見一斑矣。其鐲頭有銅有銀，皆極笨，難留，實無用。晚鶴孫過談。晴，微風，甚冷。

十五日　辰刻，恭赴磨盤山關聖廟行香，回署，家廟各神位前行香。昨得小海螺，詢之蓮芳，此地轉郭拉所用。每一叩將海螺在頭上一攔，叩其上，轉郭拉有大小之分，大郭拉大招布達拉山皆轉，小郭拉惟大招而已。所謂「郭拉」，如北地拜香之意，然亦有不拜者，僅手持瑪密轉走。聞文淑南 [五] 世叔在任時，亦常轉郭拉，余謂己現宰官身，應以世法論，似不必多此一舉也。午後，竹君來送信稿，略談。惠臣、化臣來，銷監放番官濟貧青稞差，每年皆於是日辦理。晚過鶴孫處談。王永福拿四二枚，六十文得之。半陰晴，極冷。

十六日　昨夜大為傷風咳嗽，蓋因天涼，晚飯少飲黃酒，遂內熱外寒所致，今日尤冷，將紅狐皮襖換上，仍嗽不止，此處天時實難定準，忽涼忽熱，加以乾燥，內地無是理也。午後至洋務局談，小瑾、鶴孫、竹君在座，竹君將印度帶來，彼處謂之沙谷，即其地所產，漢人加一米字呼之，其形比菉豆稍小，又有小於此者三分，蓋兩種皆係白色，以開水熬之，得時則透白色稍灰，其味似荸薺粉，兌糖食之。據云滋陰清補之品也。旋即送來兩種，共一小袋，並洋奶子四罐。晚鶴孫過商公事，並閒談。晴，乾冷。

十七日　咳嗽仍未見好，乃積熱所致。早晚飲粥，略食饅頭，大葷則停之，晚間水瀉兩次，似少好。午後，化臣來回公事，談及各臺其習氣之壞，匪可言喻，裕子維、何光燮，不能辭其責也。鶴孫來商公事，因後藏都司馬全驥有新故外委，有一子，現該弁病故，將所遺之物開單呈閱，並懇恩將所遺各物賞給伊子。此因藏內故丁存款無親屬者，暫為存官，俟有人領寄川所誤，因擬批大罵之，伊既有子何必存官，真成笑柄矣。過洋務局一談，小瑾、鶴孫在座。晚復過鶴孫處談。半陰晴，晚風甚涼。

十八日　咳嗽稍見好，仍未大愈。午後湘梅來，因款項湊不齊，難往到任。遂找化臣來，據云前藏未能辦理，是以耽延其赴任。復又找惠臣、肖臣來，令其設法，此事不應上憲為難，總應大眾辦理，遂辭去。將議覆三瞻文書知照錫清弼 [六]、鳳荊堂 [七] 並復荊堂信一併發去。晚鶴孫過談。冷，半陰晴，晚風。

十九日　午刻封印，赴大堂，先文武參堂，遂升座，眾番官武弁行禮，即用印標封，後封印下座，北向行三跪九叩禮，禮畢，復參堂行禮訖，退二堂。

文武員、弁番官均來叩喜，兵丁衛隊亦在階下叩喜，進內。〔八〕午後赴洋務局，鶴孫、小瑾在座，紙扎差先來四箱，看收拾打點，大約每項均在八成，不符箱中單子數目，殊可笑人。晚糧務廳約諸委員吃飯，餘處亦送一席，因少韓、小瑾未去，席菜檢分之。

　　二十日　早鶴孫過談公事，午後至洋務局鶴孫、小瑾痛談。繞外院看各門所書對聯，竟別字連連，詢之乃糧廳書吏所書，真可笑。昨日，張天衢送到小鐘帶八音、洋點心、橘子等物，賞而收之，藏中專講過節，久矣。晴。

　　二十一日　午後赴洋務局，少韓已大愈，竹君、小瑾在座，鶴孫亦到，惠臣後到，由番官公所回，有公事回。詢其公所，均係矮坐，面前一桌，番筆墨及紙棨堆積滿桌，上有帽架，一旁有酥茶罐，亦亦別開生面，外屋乃黃帽子書吏拜公處，見面時請安，復請安道勞。步走時即在坐墊上，又請安不迎不送，蓋在公所之意也。天略暖，狐皮襖又穿不住，夜間作嗽，因熱所致。早間盥面，鼻孔內有血，終日嘴唇爆皮，然手足冰冷，此何天氣耶？又冷又燥，晚間看星宿大者在下，小者在上，是有層次，北地無能清楚如此，其地勢之高，不待言矣。晚找鶴孫談，化臣亦來商酌公事。微雲，晴。

　　廿二日　商上新換乃心巴，廿餘歲，刺麻洛桑仁青來叩見。前乃心巴扎事堅參辭，退後聞蓄髮娶親，自種田去矣。不但不能以世法繩之，雖佛法亦不能繩之，一笑。午後至洋務局，鶴孫、小瑾、竹君在座，鶴孫將洋務局領款當面交明竹君，內有小瑾辦理局內門簾、椅披等件帳目，細膩非常，與其批語數句，大家無不笑者。進內覺天氣甚燥，屋內似火盆放不住。晚鶴孫過談，因及四川袍哥，即土匪之謂。是州縣無處不有，且都充官役，可持一名片號召數十州縣匪徒，其次十數州縣，再次數州縣，皆為黨羽，稱作徒子徒孫，地方官無如之何。此已不可聞，乃讀書士紳竟有燒香拜會，稱為大成會。余在省城曾見市售團扇，畫鐵路已開未開圖，上寫孔紀幾千幾百幾十年，以孔紀作耶穌講，即大成會內人所為，此比袍哥尤甚也。晴。

　　廿三日　一日工夫將書桌上並抽屜內痛加收拾。今日到此整一年矣，去歲住德慶，明日到署，然此一年，無奇不有。晚飯後過鶴孫處談，先至廚房遇小瑾，立談。七句鐘，祀灶神。具衣冠，外排官銜燈，燈由暖閣出，至廚房行六叩二跪禮，奏樂放鞭炮。進內洋務局亦祀灶，鶴孫復過談。晴。

　　廿四日　午後至洋務局，鶴孫、小瑾、少韓、竹君均在座，隨後惠臣、化臣、海山同來，因攢招事往見噶勒丹池巴鐵棒刺麻，已派成繫屬謹春一路，可

請放心。北路探兵_{前藏額外馬朝陽等}。已回交界處，大雪封山，達木兵番兵均有駐紮，所來回匪，_{哈薩克斯坦流民耳，哈拉烏蘇營官，明日來稟，已派兵。}男女並裹番民約在一千餘人，明春開凍，似大宜防範也。聞少韓云，有駐塘兵丁見阿咱_{倭音}。海子有大人熊一，小人熊二，只好隱藏以觀所為，因大熊背一小熊，欲往海子飲水，背此則彼鬧，背彼則此鬧，業經更番數次，似無如之何，狀忽大熊抱一大石，將一小熊壓之，背一小熊飲水，回時復如之，真是禽獸之智徒，供人笑而已。起大風滿院飛塵，四山皆暗，大似北方，進內則塵埃已滿書案。晚飯後鶴孫過談，化臣接松糧務來函，吳祖鼐實非人類矣。聞唐大人已有到印度信，並聞有須到倫敦信。晴，大風申住，晚復起。

廿五日　午刻過洋務局，少韓、鶴孫、竹君、小瑾俱在座，痛談。竹君因得馬褂甬，無面子，欲借寧綢料一匹，余謂內有現成者即可奉送，又何必借之，眾人均大笑，因送之，渠亦不得不謝矣，借云乎哉。又大風，談許久，說各處古蹟，安徽乃魏武帝，如字跡，藩署為當日帥府等語，四川則諸葛武侯遺跡甚多。晚飯後鶴孫過談。晴，大風一日，斷續。

廿六日　飯後到洋務局，少韓、鶴孫、竹君、小瑾皆在座，痛談，因廚房養羊甚多，適殺羊。告老左多殺兩隻，給少韓、小瑾各一，竹君選一活羊，蓋彼教中非阿洪念咒殺之，必不肯食，眾人皆非笑之，然彼教規矩牢不可破，無如何也，聞所念咒語，不過非我願殺汝，乃天命該當如此等詞。欺羊乎？欺天乎？真不值一笑。聞四川官場中有匪殺匪之說，蓋彼匪妄殺，此匪官竟不為理，亦不相驗，其來久矣，吏治亦可觀矣。又大風，斷續不定，燈後依然比前兩日似略小。

廿七日　色拉寺來驗降魔杵，其形作三面，人有膀臂皆託一杵，面兒如塑金剛形，係銅打，下按三棱鐵錯。據云係印度飛來，又云五輩達賴佛所用，相傳經昂班一驗，邪魔均去矣，來有卅餘剌麻，賞二兩銀而已。午後過洋務局，均在座，詢少韓前辦事大臣慶寶軒_善乃盛京內務府旗人，家計甚好，由州縣歷保候補道，為丁文誠公所賞識，奎樂翁_俊尚書保薦，接文仲瀛任，人極能幹，可惜半路故去。_{來路過乍丫一站，故於昂地。}曾割番子頭作前站，番子怕極，皆跑掉，即此君也。晚飯後鶴孫過談，商酌年終賞耗。晴。

廿八日　來送禮者甚多，大半討賞而已，可發一笑。昨與鶴孫談。成、華兩首縣有詩兩句：「銀錢似水流將去，瞌睡如山倒下來」。余謂藏中賞耗，頗似上句，其下句改為「冷暖無時避不來」，殊可笑也。憶去歲正到此匆匆拜客、

會客之時，今則消停多矣。鳳大臣又行文催三瞻復稿，真可笑，熱極生瘋矣。晴，午後起風，晚又風。

廿九日　午後放各項賞耗，另提百文，賞吉祥廿文、姿竹麻廿文、喜洛廿文、娥珠十文、蓮芳十文、代娥珠給吉祥十文，下餘十文賺起，可發一笑。班禪額爾德尼遣傳號剌麻來送年禮，因傳見告以道謝，此處均安靜，可請佛爺放心，洋人在彼並未攪擾，彼處亦為安靜。布魯克巴頭人送橘子兩木盒，大者如杏，小者如栗子，極可笑。傳號賞給衣料、佩刀、哈達、銀牌，頭人賞給銀錢而已，眾文武均來辭歲，擋駕大吉，將得來禮物分送委員等。晚飯後至洋務局小瑾痛談。各家廟神前委余委員代行香，夜間天方委巡捕程林代行禮。鶴孫、化臣、程林並家人等均來辭歲。再恭接批折回，請與五仟已准，謝糧務改獎亦准。晴，日夜幾陣風。

【校勘記】

[一] 稿本原作「陳重」。

[二] 稿本原寫作「達拉」，即達賴。

[三] 吳注：筠。

[四] 稿本原作「下陳」。

[五] 吳注：碩。

[六] 吳注：良。

[七] 吳注：全。

[八] 吳注：稟陞公座，稟請匙鑰，稟請金印出龍箱，吉時簽押，稟用印，吉時封印，稟請金印入龍箱，吉時拜印。

卷　七

　　光緒三十一年歲次乙巳正月初一日　立春。卯刻，赴扎什城恭謁萬壽宮，萬歲碑前行三跪九叩禮。坐朝後，朝房略坐。關帝廟關聖前行三跪九叩禮，城隍廟城隍神前行二跪六叩禮。回至大招，佛公噶布倫等備筵兩桌，萬歲碑前行三跪九叩禮，如來古佛前行一跪三叩禮，丹達廟內丹達神前行二跪六叩禮，呂祖前行二跪六叩禮。回署，家廟神位前共十四跪四十二叩禮。諸文武番僧俗官及武弁兵丁等叩喜。進內，望北祠堂二跪六叩禮，先祖父母二跪六叩禮，先父一跪三叩禮。飯後，午刻恭謁布達拉山，堪布等備筵兩桌，聖容前三跪九叩禮，磨盤山關聖前三跪九叩禮，回署。計早間連還禮共一百零八叩，若計每晨長壽、如來、觀音佛前並午後，共一百卅五叩矣。早間行禮大出汗，前藏糧務備早點，乃元宵，余謂此物應十五日用，今日可名元旦矣，與「圓蛋」同音，眾皆笑。王永福兩小孩背水，一小孩名一生，蓋初一日生，名甚古；蓮芳帶一兩姨弟長壽保，均磕頭，每人賞其兩藏錢並橘子兩枚，殊有趣。晚過鶴孫處一談，此地番民過年，將門上用白灰手蘸點之，如漢人貼對子之意，殊可笑。晴，午後風。

　　初二日　巳刻赴布達拉山，噶勒丹池巴代達賴請觀跳鉞斧，到時入座，在達賴之左高座，濟嚨胡圖克圖、各剌麻、噶倫仲、果爾均遞哈達至佛座，以頭頂禮之。到大臣座，則季仲、噶倫、佛公等參見，漢官居左，大剌麻等居右，佛公番官等居南。有剌麻二人東西面北，皆座，二人先念經，遂奏樂，即有跳鉞斧。幼童穿各色花衣、靴帽，隨樂跳舞，有彎腰〔一〕時，有單腿安時，手持一小木斧，極其有趣，亦童子干羽之意。復來兩剌麻，一色拉寺，一別蚌寺，皆在五十歲以外，彼此反覆問難，有時擊掌，有時搖頭，不以為然。據云經典

中語，深奧難明。余觀之似京內說相聲者，可笑。說一陣，跳一陣，三次而後罷，其中進茶進飯，係白米、白糖所拌，進粥似有肉丁在內，隨擺宴，達賴前甚多，其次大臣，並送錯鑽等如來佛一尊，餘人皆各有贈，不過錯鑽、吃食等件，達賴前宴桌油炸餑餑擺極高，且有假象龍、整牛羊，似果子、糖等，或其自留，或送大臣，有來搶宴者，大半黃帽子多，剌麻有持棍打者，皆不怕，聞從前因搶宴竟踩死三人，亦凶矣哉。下山，漢官送轎，佛公等站班隨到大招左右，給文武番官等謝步。早吃兩盤雞絲麵，回時午正，余又覺餓，又用一盤雞絲麵。今日乃番子初一日，街上有跳繩者，似皆洗臉，可笑。鶴孫來，由西院拿到酥油、糌粑所捏小羊頭一枚，不過茶杯大，五色俱備，且有飛金，乃番俗供佛之物，亦惟元旦才有，取吉羊之意，頗合造字之義，甚細，似內地江米人之流，亦怪哉。晴，午後大風。

初三日　布達拉山請看飛繩，^{聞此次飛繩，幾乎飛壞，兩次兩人，殊非兒戲也。}因忌辰未去。午後復赴洋務局，鶴孫、少韓、竹君、小瑾俱在座，進內，因番邊過年，噶倫等送到宴四桌，並油炸餑餑等數竹托子，有帶頭羊一隻，羊腔一隻，帶頭羊頗有神氣，拿進擺在院中，細看之索然，令姿竹麻拿出分吃可也。忽聞樓上作響，以為有人找何物什，又聽有畫聲響，即令王永福、李振勳上去一看，乃猴子脫鎖由門鑽入，將桌凳弄翻，書桌上硯臺、印色盒俱捽碎，帖亦撕壞，硯水亦灑汙之，書套亦毀，鏡子小套亦壞，牆間字畫撤下滿桌滿地，無一不亂拿住抱下，現收拾，從先告訴唐兒留神，漫不經心，實在可惡。晚飯後鶴孫過談。晴，午後大風。

初四日　^{聞番子因初三日頗不好，今日亦改初四矣，此其曆書如此，未免太怪，凡遇不好日期皆如此，是以番人不講八字。}早劉化臣來，因攢招在邇，擬往各處一查，甚是。午後有鐵棒剌麻、副鐵棒草第巴等來見，皆噶勒丹寺所派，聞每次皆以賄成之，為可訕人，此次俱係老成人，噶勒丹池巴德政也，並回明請嚴飭漢人瞧熱鬧者莫多事。例送藏香二束，皆極細者，香味甚佳。進內，復到洋務局，晤少韓、竹君、小瑾，令轉告恩糧務、劉統領嚴飭鄉約管漢民，嚴飭官弁、漢兵為要。晴，午後風。

初五日　午後過洋務局閒談，皆在座，談及四川跳端公真將人笑倒，其信邪不在番子以下，最可笑者，將「四書」句亦夾入所念辭內，不過混飯吃而已。^{鶴孫云，如季康子問仲由疏文，燒在罐罐頭，能不為之絕倒。}大半因病而設，有端公未去，病人已了者，尤可發噱。晚飯時覺冷，飲燒酒則頭又痛，總因外寒內熱。鶴孫

晚過談，連日須十一鐘方能著，夜仍長。晴。

初六日　劉化臣來，送到松介眉寄送雙甬千里鏡一架，前因韋禮敦送化臣雙甬千里鏡一架，光之遠近相同，韋寄此松寄分量稍輕，遂換之。鶴孫來送覆，班禪因泡澡請入奏，因光緒八年，前輩班禪曾有泡澡知照，未經入奏，此瑣事可不入告，覆之，此種公牘，內地所無，殊可笑。午後，踏至外院轉後院一看，垂柳竟有發芽者，山上有泉處冰不化，水坑內冰亦未化，人尚重裘，大風不亞冬寒，樹木早得地氣，何理也。晚鶴孫過談，今日攢招始。晴，午後大風。

初七日　鶴孫來商公事，午後過洋務局閒談，皆在座，惟竹君未到，係請其阿洪念經，漢人纏頭均有，不知是何禮節。想彼教中因中土過年，復應有此舉耶？天氣甚涼，滴水即凍，大與冬日無異，其實已交春矣。晚鶴孫過談，攢招安靜。晴，微風，午後陰。

初八日　擬致軍機處信底改得，午後過洋務局交少韓謄出，再酌委員等均到痛談，鶴孫於昨夜、今晨俱泄肚，係熱泄，認為寒則錯矣。晚飯復來找萬應錠，與之。余覺天冷，晚飲黃酒一杯，北山見雪。半陰晴，風。

初九日　巳刻，忽布達拉山走水，用千里鏡看之，背水救者人甚多。鶴孫過談，服萬應錠，病少減。化臣來，現由布達拉山回，乃雪裏上寫經房失火，現已撲滅，有噶倫在彼照料，此處無甚貴重之件也。午後斟酌信底，赴洋務局，諸人皆到，惠臣亦來，曾到布達拉山，火已息，乃山上小娃子房非緊要之處。大家談到琴，鶴孫、竹君俱會彈，蜀派也。晚飯後至馬號外院一踏，四面山皆有雪，不過厚薄之分，無怪其冷比冬日，鶴孫過談。半陰晴，冷。

初十日　早起冷極，比冬日難過。午到洋務局，竹君未到，惠臣來無事，化臣來回。噶倫對李海山云，現接瞻對番官來文，有爐聽令其讓回瞻對等語，擬三兩日欲上公事，並聞番兵有欲打三崖，等語。此皆鳳苹堂〔二〕在彼浮躁，以致番人不服，只好呈來公事，再作道理。晚飯後大傷風，鶴孫過談，因及現補綿州楊仲三昌鼎，陝西人，由庶常散館到川，最好鬧玩，幾乎夫人上弔，殊可笑。半陰晴，冷。

十一日　早起因有太陽，尚不甚冷，午後天陰復冷，邊外天氣不穩，早晚惟在陰晴有風無風而已。午後過洋務局，皆在座，惠臣亦來，因用印過此，談及川省駐防，亦有以手藝掙錢者，可歎。半陰晴，冷。

十二日　午後赴洋務局，均在座痛談，然天陰，整日偶見日光，四山霧氣濛濛，似下雪看不真。晚飯後鶴孫過兩次，將曜庭先生相拿來一看，落淚，乃

翁垂老之年，無怪其然，幸身體尚堅壯。接家信一封，川省併家内均好，至格小相二張，看不似女孩，雖男孩亦在蠢之列，可發一笑。周保臣來並送給洋人，禮物買貨價值單，共享九百零六兩零五分，並其履歷，喬英甫帶來舒肝丸、皮袖、皮領、茶葉、口磨、信一件。保臣來單，紉茶筩又四筩，紹酒三壇，白大綢疋卅，元青大綢疋十，白花湖綢疋十，雙泥金杭扇把十、半面泥金畫山水杭扇把十、火腿雙十，到時不定會壞否？俟紙扎差到來再說。微晴，大陰。

十三日　巳刻，營内迎喜神，化臣衣冠來送「喜」字，今年作得「喜」字甚細，因去歲賞耗多，故如此，亦可憐矣。午後，惠臣來回公事，略談。遊周篤村占標由察木多來，聞鳳大臣在巴塘過年，或今年可至察木多，渠赴靖西任，大約在二月。鶴孫來商公事，化臣將至格照相，拿至西院一看，外邊謂其為一團和氣，蓋其胖無比殊可笑。晚過鶴孫處談。半陰晴，冷。

十四日　早起甚晚，寒應重衾覺夢多故也。午後洋務局閒談，皆在座，忽王永福來請看駱駝，蓋鶴孫前卅餘歲，尚未見過此物，可發一笑。遂至轅門内，同竹君、小瑾、鶴孫前往一看，乃一番人所牽兩匹，其大如京内馱煤者，蓋已乏矣，不值一笑。進儀門，至漢科房内一看，到二堂，復到外養押房略坐，因大風刮起，塵土迷漫，進内。少韓來商公事，黑龍江前來胡圖克圖，欲往後藏朝佛，擬請帶來兵部勘合，仍請帶往，諭以兵部勘合，並無往後藏字樣，礙難又行發給。京内所來張剌麻，昨日來見送來舍利子等件，因在色拉寺居住大失盜，有一千餘金之物，擬欲回内地，特此來見，佛地如此，能不為之胡盧。晴，大風。

十五日　辰刻赴磨盤山關帝廟行香。回署，各神廟行香，至丹達廟前面拜。周篤村遊府。午後過洋務局閒談，皆在座，因與竹君談外國玫瑰糖，隨送兩罐來，化臣來回公事。晚鶴孫過談。因及新舊黨，有一秀才，其父找同門來，望其教訓，伊竟說其父老秀才不知時事，又一秀才有寡母，其祖尚在，亦找同門，因其不准供土地，乃祖氣極謂其無父，實難管得住，俟其故後，雖祖宗不要皆可，此時不能由他不供土地。又一副榜，欲毀書院魁星，看司者抱魁星對其人告之，汝中副榜，曾至此磕頭，今毀之萬不能，遂大鬧而去。此新學之笑話，可歎。晴，有大風。

十六日　雨水。化臣來回事，並松糧務信拿來看，其人為群小所愚，其呆不可問矣。午無事，一陣一陣大風，一天一晚未住。晚飯後過鶴孫處閒談，噶倫等來請觀燈，便衣青皮襖，狐皮長袖馬褂，蓋不暖。與去歲無異，到達賴所擺燈，

臨近一看，有油捏小人跳鉞斧，大有趣。回時離署不遠，有大風一陣，先時尚好，子正三刻月蝕，丑時三刻九分蝕甚，寅初二刻三分復圓。找刺麻來大堂暖閣旁念經，_{向係穆隆寺八個。}照去歲例也。子正即初虧，蓋此處地勢高之故也。大堂下行三跪九叩禮，蝕甚。委夷情，復圓，委統領。晴，大風。

十七日　晨起雖未甚遲，終日覺倦。午後至洋務局閒談，均在座，忽來前畫人物之別蚌子，找鶴孫，因將前所畫未全者，令其補之。連日吃元宵，覺牙痛火之過，今日色拉寺稟稱，攢招後念經請賞耗，_{茶二瓶，錢廿文。}晴，大風。

十八日　午刻將院內花臺，本係土坯，砌改為石砌，緣鶴在院內，時常喙之，已壞，東屋內按板子截斷一槽，將東邊順山大床拆去，此物非常之策，且不截屋內一火盆，不足取暖，此地夏日不熱，似不必留此通聯大廈也。過洋務局閒談，皆在座，惠臣亦來，化臣來，因格圖倉等用錢，遂偕其盧比三千元，蓋此人時幫糧臺餉銀，似彼有事，不好不幫忙也。周篤村送到綢皮貨禮，外青騾一匹，再三卻之，萬不肯牽回，只得領之。鶴孫過談。晴，乾冷。

十九日　巳刻開印，赴大堂，北向行三跪九叩禮，禮畢，恭堂升座，眾文武事即用印標封封印，眾文武復參堂，番官、武弁亦參堂，禮訖退二堂。眾文武官弁、佛公、番官、兵丁等俱叩喜，進內。開印與封印禮不同，拜印分參堂先後也。午後過洋務局，俱在座，商酌公事。回至外院大門後院各一遊，昨得青騾乃墨裏藏針，口六歲，尚結實，不知本領如何，俟遣人壓之可知矣，再者不過個子太小。東屋內東窗改隔子兩個，裱糊，截斷糊隔子，乃先刷漿子後鋪紙，用鐵鍋打漿子，滿屋皆臭，且胡抹地板上皆是，高處則用梯子，不意未穩，連人帶紙並漿子一齊落地，可發大笑。半陰晴。

二十日　發家信一封，_{隨廿四日摺差寄，信內寫廿三日。}敘接家信，並至格照相片二張，是蒙古妞妞模樣，外邊叫他一團和氣。皇會未去甚是。桂大人大爺聞說長大瘡，大奶奶不可招之來往。_{高箭。}兩差官已到省，木箱封收到。鐵路單剪毛蓋子，不准纏足，換活佛得銀子，皆是謠言不可聽。藏中安靜，給家人寄年賞八十兩。等語。買的數兩金子未敢帶。派赴山南教讀黃得恩叩辭即往。午後，恭閱奏摺及軍機處、外務部唐星使各函。化臣接關東來信，特送一看，有桐秋於八月十九日出閣之語，仲路升總憲，冬月可到京，三省日俄之戰，恐無完全之地矣。午後過洋務局一談，均在座，因接鳳大臣知照，一奏明未接余文，先令交明瞻對，然不敢孟浪從事，大奉承鹿尚書；一奏請即駐紮巴塘，半年爐城，半年巴塘，嗣後即照此辦理，並云察臺番子利害一片；奏擬令刺麻大

寺止准留三百，卅歲以下十二歲以上，均令還俗，眾人未有不笑其亂者。晚鶴孫過談，又及鳳大臣，殊可笑。半陰晴。

廿一日　令番木匠作一靠背，今日忽然告成，甚合式，不過略笨而已。午後到洋務局閒談，均在座。晚飯後至外院後院一踏，化臣送到松介眉寄來寒暑表，並帶風雨表一枚，乃英國所造，尚精巧。半陰晴。

廿二日　給那琴軒寫信，於後日隨摺差走。巳刻升大堂驗放達本八旗驍騎校一缺。午後，至東院一看，四山如霧，蓋欲起風，昨晚似將下雪，風一起，則無望矣。鶴孫晚間復過談，來兩次，商酌公事，番僧俗所呈為三瞻事詷省等文件，亦於後日發。半陰晴，午後大風。

廿三日　收拾書架，將西屋書挪至東屋。午後，范湘梅來，為催李肖臣款項，略談。化臣來回公事，因惠臣監印約來一談，令其應覆公事，不可耽延，轉告李肖臣大局不可不要緊，不可視如無事，少韓來看摺子滿漢日期。晚飯後，踏至後院，牆外水已放至滿院，牆外琉璃橋有多人聚集，乃因番官點馬搭賑房，其所使丫頭到賑房送醵，向來舊章如此。丫頭須穿花衣服，戴真珠巴朱，主人須賞漢銀卅兩，所費不貲，雲眾人係看丫頭服色，以為可樂，無別故也。過鶴孫處談。半陰晴，風。

廿四日　收拾書籍紙張。化臣來回公事兩次。鶴孫來商公事兩次。午後至外院一轉，山南多吉札喇嘛寺送淨水、淨酒、壽果，賞之。巳刻拜發奏摺，帶班禪謝恩附片，班禪未能到前藏，並發軍機處公函一件，外務部公函一件，那尚書書信一件，周保臣、喬英甫各再啟一件，家信一件，連日才忙完。錫制軍、鳳幫辦文各一件，因合藏請示三瞻事也。半陰晴。

廿五日　化臣來回公事，收拾一隔，將洋酒、洋罐擺之，頗似洋行，可發一笑。今乃剌麻送祟、燒草堆並炮打牛頭山，昨夜間放極大炮，番邊前曾回明，請昂班莫要驚恐。午後至洋務局，均在座。詢其炮聲如何？據云三點鐘房子皆震動，餘則不知，或年衰耳聾耶？抑真醉生夢死耶？不值一笑。燒草堆比去年熱鬧，且馬隊到署東搶進，東門旋放，意在送祟之意，可謂愛人以德。晚飯後至外院一踏，聞明日係跑人跑馬，因時太早，曾經請示問去否？似不必受此清風，跑馬尚可觀，跑人則山南並曲水，苦人多，竟有跑至，人即倒下不了，蓋前幾名可以得賞故也。並貫跤渾身滿抹酥油，抱石，石上亦抹酥油，與內地不同，跑人戴羽帽圍花裙，精著屁股赤著腳，由前紮洋營處跑來，而至大招前。鶴孫晚過談。早晚晴，午後大風。

廿六日 鐵棒正、副刺麻柴迭巴等均來銷差，見之賞之，此次均屬平安。此次攢招廿日，銀合不足六萬，連對象七萬有餘矣。內散銀物者：倉儲巴、迭蓋充本、周康酒、周格溪洛桑近巴、洛桑素巴、江龍崩只達、洛桑嶺亶布、洛桑一喜登柱、格喜阿家、達賴刺麻、當巴充罔、白忍呼圖近來、未周格朵倉阿耳慶大罕親王。子重材批，阿朱更堆，彭錯，吉當扎喜次力，裏塘登尊、班禪佛、唐古忒等人，其總銀茲另有單。[三] 馬岱樂亦鋪差，為彈壓千總。惠臣、化臣、海山均銷差略談。申刻赴洋務局，周篤村游擊約，座中少韓、鶴孫、惠臣、小瑾、化臣數人而已，菜為化臣廚役作，尚可吃。篤村忽掉文，眾人無不笑者。戌刻散，進內。半陰晴，一陣陣風。

廿七日 將屋內各圖釘起，亦少有內地意思，無聊之思而已。午後過洋務局，少韓、小瑾、竹君在座，談及武官掉文，真正笑人，無奇不有。晚飯後過鶴孫屋內閒談，化臣由拉魯佛公處回。今日係番邊跑馬箭槍技，約惠臣、海山等在彼看之，即在其房子前小佛公換衣，竟是漢人打扮，席面亦用漢人料理，大有趣。聞總堪布已由達賴逐去，不准再來藏，可少一壞鬼矣。半陰晴，有風。

廿八日 化臣、鶴孫俱商公事，鶴孫拿來虎皮，一有頭小，一無頭大，小者難用，大者又不全，皆退回。又拿來非虎非豹作黃黑色，似在兩種之間，未曾見過，番邊亦未知名。午後至洋務局，皆在座，與竹君談及伊在印度，曾見活虎，即此皮毛原比虎小，定即此物也，暫留之，以便硝出再看，如皮板焦則不要矣。半陰晴，陣風。

廿九日 午後至東院一踏，四山霧氣總含風意。晚飯後接到軍機處來文，並皮包等件，奉到恩賞與去歲大略相同。並接鳳幫辦來文，有半路已經開看，業備香案，望闕謝恩等語，且令謝摺內會其銜名，似無此辦法，有去歲桂香雨之案可援，俟覆之可也。然此人之毛，出乎情理之外，殊可笑也。鶴孫過談。半陰，有晴，陣風。

三十日 將恩賞逐細恭閱，軍機處開單與內廷發交數日不符，想因寫錯。午後至洋務局，均在座，與少韓商酌，此次仍照桂大人成案辦理，諒不至錯誤，似照鳳大人來文不是辦法，眾人皆以為然。晚飯後至鶴孫處閒談。半陰晴，陣風。

【校勘記】

[一] 稿本原作「灣腰」。

[二] 吳注：全。

［三］吳注：自正月初六日攢招起至二十五日散招止，早內招共四十二萬一千四百三十名，外招乞丐，午內招共四十三萬二千另十五名，早外招共一千八百四十六名，晚內招共二十九萬三千一百四十名，午外招共一萬八千五百三十名。早招共散錢六萬七千一百七十八元五分，合漢銀六千七百一十七兩八錢三分。午招共散錢三十九萬二千四百二十八元半，合漢銀三萬九千二百四十二兩八錢五分。晚招共散錢一十二萬七千九百元零一錢，合漢銀一萬二千七百九十兩另六分。以上三項，共合銀五萬八千七百五十兩另七錢四分，外設布共散四千四百九十九把，白布共散四千一百八十六疋，黃帽料共散一萬零五百二十一根，黃毛袋共散四千一百七十根，丁香共散一千九百五十六包，木盌共散五千五百四十八個。

　　二月初一日　<small>驚蟄。</small>辰刻大招萬歲牌前行禮。<small>換染貂帽，狐腿領洋灰鼠馬褂，金銀服袍。</small>回署，各廟神位前行禮。午後過洋務局，均在座，惠臣亦到，因監印，將覆鳳大臣文書信函均看妥，即照去歲桂大臣恩賞辦理。晚飯後過鶴孫處談，因及此地曾瘋過一象，比現在象大，且年分亦多，似老矣，有一小兒竟為其所劈，一小兒竟用鼻捲起，眾人皆大叫以為必死，不意輕輕放在平房上，毫無所損，小兒尚自喜笑，豈非命定有數在其中耶？陰，微晴，陣風。

　　初二日　辰刻春祭，恭赴文昌廟二跪，再跪讀祝，三跪九叩禮。武侯祠一跪，再跪請祝，二跪六叩禮。昭忠祠禮同上，龍神祠禮同上。回署，王永荊［一］拿來小虎皮一張，不過八兩三錢銀，不貴，刻下京內無此便宜也。將晚赴洋務局，均在座略談。半陰晴，晚起風。

　　初三日　辰刻恭赴蕭曹廟內文昌宮文昌帝君誕辰，率文武漢番各官行禮，禮節與昨日同。回署，僧俗二噶布倫請見，即傳見，因接有番信，已由達賴知照庫倫代伊邀恩，特來稟明。令其將知照鈔來一看，並提三瞻之事務，祈作主，等語。午後諸委員皆到糧署，李肖臣約，因與彭子周、范湘梅、周篤村錢行，作陪客而已。經書卿耀宗回洋務局，復找其進科房，特來叩謝，外有秦爾昌等三名亦叩謝，爾昌年甚少，問之已能寫稿，耀宗算盤好，甚能辦報銷。晴，風不大，昨夜大風。

　　初四日　午後，惠臣、化臣來商公事，並回署。後院牆及兩院擬修補破處並油飾，新蓋花廳滇從新拆卸，方可站得住，與李海山曾商之，番匠亦無可說也。范湘梅辭行到後藏，因串氣未得見，聞明日未刻準走。傍晚至洋務局，皆

在座，談許久，借竹君、魯公、三表石刻而回，顏字一貼一樣，行書更開無數法門，董文敏謂宋四家皆由《座位帖》出，洵不誣也。陰，偶微晴，晚起大風。

初五日　寫家信一封，初八日隨摺差走，信內寫初七日。略斂前信並年賞八十兩，想接收，紙扎差湏三月間可到，恩賞已到。此信即隨謝摺，唐大人由南路來，尚未見確音，身子好，惟喘，並腳長。大招已過，惟候小招，刻下已換中大毛，柳已發芽，展葉須待三月，與內地不同，等語。屋內覺涼，各處閒踏，化臣來，因謝禹績有信，開來唐少川隨員名單一紙，令其謄下備存，係正月十二日到印度，然至今松糧務未曾來信，亦怪事也。李海山送到菜點，分吃可也。諸委員送湘梅至磨盤山下過橋，鄭泉隨去，蔣瑞因亦願跟彭糧務回省，只好令其前往，在此惟有以酒度日，似非善法。交上沙狐皮、藏貂皮、獺皮並硝少半簍，暫存之。晚飯後閒踏，燈後過洋務局一談，均在座，二炮後回。晴。

初六日　葉汝舟回，詢其兄死於非命，究竟是仇是盜，伊亦說不出，幸其去。並未上刑人臺已萬幸矣，殊可笑。午後過洋務局一談，均在座。回時，周統領來，外簽押房見，擬初八日走，將拜發折已恭閱，給鳳大臣信亦看過。午後飄微雪，覺涼，四山頭均有雪，看甚清。晚至鶴孫處談。半陰晴，微雪。

初七日　送給周篤村食物，因未能約，不得不爾，親身來謝，未見。午後至後院一踏，水已乾，有小娃子在地下挖長壽果，大小多極，回時嘗之甚甜，據云清補，多食則頭悶，不可解。到洋務局，均在座，大談。晚間接鳳大臣文書來函，一片胡云，不值一笑。大約粗心浮氣，殊失大臣之意。鶴孫過談，因同看，只得以不理理之而已。半陰晴，微風。

初八日　辰刻春祭，恭謁觀音閣，三叩禮。詢之，看廟剌麻有四人在此當差，即由穆隆寺撥來，寺在間壁，噶勒丹池巴現在寓此。丹達廟二跪六叩禮，呂祖前二跪六叩禮，瓦合神三叩禮，以上均無祝文，回拜。周篤村統領並送行，於今日一兩句鐘動身赴靖西任，賽均噶布倫策丹汪曲來謝恩，二堂見，麵遞長壽佛、氆氌等九件，殊可笑，似九件未免欠通。午刻，拜發賞「福」字、荷包、銀錢錁、食物等謝摺。至洋務局，均在座，因鶴孫、竹君買洋泡玻璃燈，看甚好，亦買一枚，藏族十八文。田德拿一舊玉煙壺，乃扁形，雖不白，頗古氣，藏錢十八文。晚鶴孫過談，川省新黨舊黨之分，真令人所不忍問。半陰晴，午後大風。

初九日　化臣回公事，並遣娥珠、蓮芳過西院，因給娥珠作衣服。洋務局約李肖臣來商公事。至外院一踏，山上積雪已見消化，天似稍暖矣。晚到洋務

局一談，均在座。二炮後進內，月似在頭頂，如內地十月時，亦怪事也。晴。

初十日　早至鶴孫屋內，找來番銀匠，令其將酥燈瑪彌吽送來一看，打的亦甚精工，合七文半錢，作銀一兩，手工合三錢三分，如手工粗，尚可至一錢餘，比內地不為貴，且銀色強。午後外院一踏，同鶴孫至後院一踏，見數小娃挖長壽果，不過偏南一塊地內有，地上皆化凍矣。晚飯後過洋務局一談，借竹君劉又丹心原〔二〕篆字《出師表》貼片一看。二炮後進內，王永福送來小石如雀卵，前送石成小螺螄，皆後藏所出，亦怪事。天地生物，真不可思議，曾得石燕不為奇矣。晴。

十一日　化臣來送袷襖。午後到後院一看，又放水，數小兒仍挖長壽果，見余去，皆望之而笑，隨挖隨吃，泥土所不計。老左作驢打滾，送給鶴孫，食後始問名，不覺大笑，渠謂食而不知其名，蓋川省、浙省無此物也。燈後過洋務局，均在座，噶布倫應謝恩。噶勒丹池巴文書已到，蓋達佛非彼坐墊後不可，是以遲遲，俗竟以坐墊誤為坐殿，真可謂胡云矣。陰微晴，午後微雪風。

十二日　化臣來回公事，為馬元領款須至省，令該故弁家屬辦理方妥。午後踏至後院，見水又滿地，隨開後門一望，溝水已旺，各菜園俱開畦澆灌，久未一看，甚覺暢亮。回來蓮芳抱一小女孩，才六月，見余頗笑，極有趣。計泉又病，蓋善睡之過，此地午覺若睡，未有不口乾頭痛者，燥火之過也。晚飯後過洋務局，均在，痛談，二炮後進內。早微雪，半陰晴，午後晴雪。

十三日　辰刻，恭謁扎什城關帝廟配殿即官廳。坐贊鍾鼓，奏樂贊，盥洗，行三跪九叩禮，升殿行初獻禮，三叩就讀祝東廊下，祝畢三叩，復位升殿，行亞獻禮，復位，升殿行三獻禮，就福酒、福胙。西廊下三叩復位，行三跪九叩禮，禮成，至後殿觀音前行三叩禮，西殿風雲雷雨神行三叩，跪讀祝，又三叩禮，仍至官廳略坐。乘轎至城隍廟，與上禮同，回署。回時見布達拉山西北風從地起，似旋風非旋風，將西山遮住，風即至並飛微雪，去時微風，不似回時風大也。彭糧務來辭行，未見，聞於十六日啟程回省。晚至外院一踏。飯後至洋務局閒談，均在。少韓云，從先朱爾默特本係極好一人，受恩知感，事理明白，僧俗亦均悅服，一日忽謂侍從曰，某日謁大招，在門限上跌一跤，汝便抽刀殺我，不然藏內必有大禍，是日果然，傳從念其素日所為，不忍下手，不意至此心與貌俱變，以至安心謀逆，是以傅、拉二公因之死節。據云一跤之後，其真性已失，乃邪魔入其內，至今佛經內尚記此事，想彼時劫數應該也。陰多晴，少風微雪。

十四日　午後至洋務局，均在座。因竹君欲看子母綠，拿去一看，渠拿來舊玉鐲頭上刻「螭虎」二條、「人生一樂」四字，灰浸有朱點，似舊玉後作，不見好。又云翠搬指一枚，所謂指頭扛枷者，無謂之至。化臣來，由丁乾三處拿來左旋螺二枚，不過三寸上下，一大一小，小者竟索價漢銀一百兩，實不知其好處，在何處取貴。進內薙頭李糧務因與彭糧務送行，送到菜點收之。燈後，過鶴孫處閒談，渠得藏錢二枚相送，一為乾隆寶藏，一為嘉慶寶藏，本地呼為中堂錢，蓋從前始造此錢者為傅文忠公，乃一面漢字，一面番字，目下不易得也。問尚有五輩達賴所造者，錢極小，當時不過造二百枚，舊家有存者，不肯賣出，一文可值百文，沴水飲，可治病，恐神其說耳。半陰晴，風。

十五日　辰刻，恭謁磨盤山關帝廟行香。給彭子周糧務送行。回署，家廟神位前行香。王永福現署外委，伊乃此地生，本陝西人。云伊十二三歲時，尚見扎什城有外委五間房，千把五間房，兵丁兩間房，現已無存，守備署亦無存。游擊署僅存大門院牆。辦事大臣署本在小招以北，道光廿二年移於此地，係與番邊兌換，此為花園。幫辦大臣係在西邊菜園旁，從前尚有一區寫「小桃園」，比「忠信篤敬」區寫得有名，不知為何人書，後為某大臣帶走。現在西署與東署相連，亦後來改造，曾見鍾午亭先生所記與刻下署中規模不同，無怪其然也。布達拉山下見一車，乃是雪里拉扎者，布達山下地名。車軕不甚圓，前有兩轅，各拴一牛，其笨非常，並無駕轅者，聞獨吉嶺皆是此樣。化臣回事略談。晚過洋務局，均在，因談各處鬧賊，大可笑。將腰帶洗白，令王永福以藍染之，甚好。昨夜雪有三寸，今日晴，晚風。

十六日　起時已晚，天甚冷，寒暑表近日總在五十四度上下，今晨竟落五十一度，四山皆雪之過，午後稍暖，晚又冷。至外院一踏，到廚房看菊花芽盡出，且極高，俟須種時，似摘去，杏花均有花苞，然開時尚早。燈後過洋務局閒談，均到，聞竹君云，紙扎差有到拉里之信，因彼此爭差，納克書有撤站之說，未知確否。半陰晴，風冷。

十七日　早過鶴孫屋內談，化臣回公事。午後外院一踏，令王永福換一煙袋鍋，竟需三元錢，乃現打者，可謂無物不費事，無物不費錢矣，一笑。晚到洋務局，少韓、鶴孫、小瑾在座，回時番西南山下半為雲霧所遮，月色朦朧，遠露房頂，近數株柳樹頗得景。半陰晴，早涼，晚起風。

十八日　兩院各有菜園，因西院無大臣駐紮，僅東園送菜，山價亦歸其獨領，因菜太壞，改為各五天一送，山價均分。西園送菠菜頗佳，蓋其工夫大，

不似東園不講種植，地甚荒蕪也。昨夜雪，天甚涼，午後尤涼，屋內升炭盆，過洋務局閒談，均到。詢之，惟鶴孫未升炭盆，諸人皆升火。恩惠臣來，為春操，因已奏明，不便舉辦。晚飯後鶴孫過談，四山均雪，聞少韓云，對面山上雪極大，因有一海子在上，若夏日四圍起雲，海子無雲，藏中無雨，亦一考驗也。見公讀拉里山等處已大雪。半陰晴，甚涼。

十九日　早化臣回公事，並兵丁二名謝恩。午後將借來小瑾《彭剛直公奏稿》閱訖，是石印本，乃俞曲園先生排比，釐為八卷，一生事蹟於此可以證實，奏牘之謹慎，亦可略見，非後之誇誕者，可望其涯涘矣，敬佩之至。借竹君《魯公三表》，劉幼丹篆字，並送回《三表後識》一斷，臨顏帖湏於沉著處求虛婉。董文敏公云，宋四家皆出於魯公，與郭英又書三表，亦何獨不然，開後學無數法門。燈後過洋務局，面交小瑾書、竹君帖，均到，談方言，有極堪笑者。天晴，仍涼，微陰。

二十日　早起天涼，比昨日略好，昨日滴水結冰，似深冬時，今日乾冷而已。到東院一踏，見楊聚賢遣人來交款。遂到小瑾屋內一談，鶴孫亦到，進內。化臣將接到謝禹績信，拿來一看，內敘唐少川有欽差駐英大臣之說，藏內張觀察可來，未知確否。午後至鶴孫屋內一談，坐久覺涼，外院一踏，蓋屋內不升火，寫字手覺拘，升火耳目覺倦不適，是何天氣耶？節令已過春分矣。晚飯後到洋務局，均到一談，回時見北斗高懸正房東北角，此地記載中謂夏秋冬三時不見北斗，惟春時一見，果然。去歲事務紛拿來，未惶留意，今始見。晴。

二十一日　卯刻，恭赴磨盤山關帝廟前行二跪六叩禮，跪讀祝，又行三叩，禮畢，與各員略談。今日攢小招始，眾噶布倫未到，回署。因天涼至東院曬暖，蓋屋內升火則頭暈，不升火又冷，只有曝背之一法，殊可笑。遇鶴孫，同至小瑾屋內談。飯後同鶴孫步至後院，今日挖土填地平，化臣、海山均到，議種樹各處，並擬後牆頭門開工日期。將仙鶴放於後院，竟趨之不回，用一兵捉住，搦其脖子送回內院，可謂雅至極處矣。派茶房姜學病故於外院，化臣來回，令其搭出，明日即可掩埋，因其當差勤苦，賞其棺木一具，可惜方十九歲，因病將藥吃錯，真無可說也。晚至洋務局一談，均到。穆隆寺後住一剌麻，呼為格喜阿拉格喜，乃小招念經剌麻，通稱阿加名也，係乍丫人，年已百齡外，惟靜坐，將食物擺列左右，不出門已十數年矣。大耳闊，口鬍腹，滿面似笑，然最好罵人。姜學初病，湯約姿諸麻往問之，告曰必死，〔一〕問何為？眾未信之，病重時，又往回之，遂怒聲告曰，此人已死，問何為？滾出去罷！今果然。前洋人到，噶布倫往叩之，曰若等招來尚問我，痛申斥之，番人皆

呼為長壽佛。漢人則自為真羅漢云。晴。

二十二日　早化臣、鶴孫回公事。午至後院一看，仍填地，四山雪已化薄，天氣覺稍暖，進內。李肖臣糧務來回公事。至外院一踏，六點鐘尚見太陽，天已覺長。晚飯後又至東院閒踏，到洋務局皆到一談。晴。

二十三日　早到後院，北牆內有一大樹，先未住人時，每牆外人進內偷樹枝，皆藉以出入，只好伐去，番子不知使鋸，惟以刀砍之，笨極，樹已不小，然不成材，大半邊外楊柳均如此。午前鶴孫過談，旋飯訖。復至後院，擬欲種石決明，竟無地可栽，且天冷，交王永福俟天暖再說，至外院一遊。晚飯後過洋務局，均到痛談，因果真可補陽世之不足，皆有實徵也。微風，晴。

二十四日　午後至後院兩次，土內挖出有黃豆大形如慈菇，令振動種之，不知何物，小兒有食之者，稍甜，後有辣味，恐如半夏之流，似不宜食也。娥珠至化臣處，因吉祥到彼亦跟去，如小孩，可笑。晚飯後同小瑾踏至門外，見化臣買一小黑騾，尚未上口，頗精神，惟個子太小。回到洋務局，均到，閒談。今日卯刻遣夷情祭蕭曹廟，有祝文，糧務祭三光廟，即眼光。無祝文，夷情、糧務均惠臣署統領。祭財神廟，無祝文，統領化臣署。晴。

二十五日　三月二十二日接琴軒、仲路來電，四弟於寅時病故。早過鶴孫屋內談，有洋版《東亞將來大勢論》一本借來一閱，係日本法學士持地六三郎原著，中國武陵趙必振譯。意雖警惕彼國，然中土人觀之，亦可猛然醒矣。其論義和團，譯者曰：「義和團之暴舉，誠為野蠻，然出於愛國之愚，誠此國民萬不可缺之性質也。惜其學識不足，事敗身戮，世之君子不但憐之恕之，而且馨香而尸祝之。若夫袒匪之罪魁，則借義和團以行其私者，此罪不容誅者也。」論庚子之事者，必先辨夫此，而後可以論世，而後可言知人，此注所論頗持平。午後由東院過後院一看，今日又添人作工，刨土墊路，土下石子甚多，乃悟合藏均在山半，非平地也。晚過洋務局閒談，俱在座。晴，晚風。

二十六日　早化臣回公事，午後由東院轉後院，看作工人甚苦，竟有吃乾糌粑者，為作工耐饑，亦可憐矣。踏出後門到許家菜園一看，為後院緊西鄰，聞恭勤公所買菜園圈入後牆，尚是彼家舊產。回時噶必丹送來菜點，聲言皆係彼之太太所作，菜中有生莞豆，似冬菜所拌，炸排骨、酸奶子、酥油、洋芋並加以薑黃、辣子、點心，皆酥油所炸，均微嘗之，竟噁心半日。約鶴孫來嘗之，彼竟大嘔，頒予各丫頭，以為美味，雖易牙復生，諒亦難明此理也，賞而已。小瑾代買小碟一枚，係金五彩，不過龍戲珠文，只好作陳設。乃光緒官窯，因猴子所

捧印盒盒座，可以不賦閒矣。晚到洋務局閒談，均到。晴風，不甚大。

廿七日　早鶴孫過談，旋化臣來，前送洋人對象，應還省中款項，或南路，或東路，大約仍以南路為便，俟再商酌。午後，由東院轉後院看，昨日所挖之地，今日已出水，傳聞此地本係海子，邊外呼有水之地，統謂之海子。經某輩達賴用法術填之，小佛公住處水更淺，因漏此處，乃活佛某弟子補填之，至今未能如各處土厚，不知然否。渠房後即一片蘆草，時有水牛出來混入常牛之內，然見人急入水內，砍蘆柴者，須以扁擔橫於腰間，不然往往沉於污泥中不可救也。晚過洋務局閒談，均在座。晴風。

廿八日　早到鶴孫屋內。一文錢買《觀音》《陀羅番》經二部，借《韻秋女史》一看，並不錯。午後閒踏至後院，卯刻將後牆破土開工。復至後院，因化臣看作工人甚苦，買蘿蔔、牛肉，令其熬而食，並給糌粑分之，有無口袋者竟以帽盛之，此與葛巾滴酒何異，一笑。晚過洋務局閒談，均到，少韓言及四川省有罵藏內生人者，到省吃湯圓不知何物，一咬即落地，已覺可怪，用腳蹄之，將餡蹄出，遂驚訝以為一肚子屎，殊可笑。晴，晚四山如霧遂起風。

廿九日　早將樓房擬修理日期開交化臣、鶴孫，午後過談。因送魯公加布，娥珠等皆往東院房上觀看，余登房一望，其風大極，竟至難以久立，趕緊下來。先至後院一看，北牆已動工，下面砌石，比先較厚，上用板打，似比先亦覺結實，然人工所用不匪矣。晚到洋務局，均到。半陰，午大風，晚大風。

卅日　辰刻冠帶赴雪里，房間曲折整齊，今日係布達拉山晾寶。辰正餘，山上來請，俟看完，已子初餘矣。到時，糧務備賬房，路南面山，山上刺麻多多，亦別開生面。先懸釋迦佛大象，一金色，一銀色，係用綾堆，法身極大，到山上不過半身，山下所遇寶物，皆有不知名者，多傘幢，亦各色具備。刺麻捧寶者或本色或戴鬼臉，亦難備述，且先後難記次序，有跳鐵斧，小孩如元旦狀，賞之。忽來花臉套頭如山精狀，謂之放牛者，又來一綠臉似蛤蟆精，據云先來者為男，後來者為女。後有黃帽子拉一乳牛到面前，摘牛乳一盤來敬，不過指彈而已，不能飲也，賞之。男女皆為刺麻所扮，呈來珍珠褊衫一看，其中大者如龍眼核，不過一粒，如黃豆大，不如黃豆大者甚多，然圓者少，係紅緞地，復有古樂器，如瑟絃管笛均有，並有刺麻背大鼓，自擊自跳，甚費氣力，或天魔舞耶？又有扮天王像、骷髏像、眾禽獸像，大頭和尚隨小孩六，或即佛經六賊耶？亦逐隊舞之，手持銅鈴，或銅鈴加一小波浪鼓，然每隊向山舞時，其如山精者，謂之放牛的加於內，作種種可笑狀，如戲中之丑，眾人皆樂之。

又有護法兩撥，剌麻各四人，黃偏衫朝山行禮，其緩非常，殊為可笑。後隨護法到時，眾番官皆遞哈達，受江卡後隨真象一隻，朝山三鳴，又有假象二隻，人在內，朝山用海螺三鳴，末則八大金剛，皆有兩人高，蓋剌麻在內，用杆挑之，一切扮種種執事，多半彩衣，此舉比黃寺打鬼熱鬧多多矣。午後，接家信並昌格信，至後院一遊。晚飯後過洋務局閒談，均到。晴，風不甚大。

【校勘記】

[一] 即王永福。

[二] 稿本原作「心原」，應為「心源」。劉又丹，即劉心源（1848～1915），字亞甫，號幼丹，清末民初著名金石學家、文字學家、書法家。

　　三月初一日　清明。今日係散小招。此次攢招十日，合銀七千餘，連物萬金上下，散銀物者：倉奚壩、倉儲壩、十一輩達賴家、十輩達賴家、五輩達賴家、九輩達賴家。其中倉儲壩散的次數多，倉奚壩初冬兩次，悉數另單。廟內、街市甚亂，因劉統領回大招，委恩夷情在萬歲牌前行禮。家廟，委江委員在各神位前行禮。午後至後院一踏，並至牆外一看，奉到夾板，原係報匣，改為夾板，排單已經注明夾板。元旦賀摺兩份，安摺兩份，均奉朱批，想報匣已經損壞，亦未可知。化臣、海山等因小招攢訖來銷差。昨日紙扎差周天壽先回，王順等尚在拉里，雪大封山並有撤站之說，明日擬仍回原站，與營中番官說明，方可無虞阻滯。晚到洋務局閒談，早起甚涼，四山見雪，東北山尤重，早午院內飛雪，不大，鐵棒剌麻等銷差，[一] 均屬安靜。半陰晴，微雪。

　　初二日　早晚皆至後院一看，李都司亦到此監工。回時化臣、惠臣同來，因前次給靖西墊款，番商至爐廳，彼處不肯兌交，特給劉仁齋、松介眉致信，將信底拿來一看。並聞周天壽已走，迎紙扎差大約廿前後或可到藏。王永福打來瑪彌吽銀胎木把，並帶木座二架，送給鶴孫一架，工不粗也。晚到洋務局閒談，均到。四山雪未化，晴。

　　初三日　早鶴孫過談，午後化臣回公事，並聞娥珠之母及其姑母來望看他，因遣其過西院。晚飯後到外院門外一踏，到洋務局閒談，均到。陰微晴，午涼。

　　初四日　巳刻上房，樓上開工，已將頂上四圍高、中路塌下，不能不起土重打。至後院一看，土牆已打，不過番子四個，用腳踏之，其笨可觀，手且舞之，尤為可笑。復用木棍砸之，人則滿頭是汗，回屋內，因上面作工，難免落

土，且嘈雜非常。至少韓屋內一談。晚飯後過洋務局，均到，惠臣來，並大談，四山又雪，天較涼，微風。半陰晴。

初五日　早即來工房，上落土，至落日後方散。薙頭。至振勳屋內，實落土可怕，猛然不得不一驚。永福送到打小佛銀籠二個，乃番銀匠所為，雖不如內地，亦覺精工。午後至後院看工，牙右邊覺痛，總因風火。晚間將壞黃酒漫飲斤餘，似牙少好。化臣來。晚飯後接偉禮敦〔二〕來信，有付給馬元恤款盧比一包，即交化臣暫存，以再議，信存洋務局。即過局一談，均到。半陰晴，微風。

初六日　化臣來請示，閱漢營操，今日已由統領閱過，余定於月之十七日辰刻，商明可以趕得及。午後過後院一看，晚間又往一看，今日多添五十人，挖池塘一尺餘即見水。晚間又飲壞黃酒，強於無而已，過洋務局閒談，均到。松介眉送來洋瓷花盆一對，尚好，並別項食物。晴，風。

初七日　早起因作工來甚早，作工必群起而歌，萬難再睡，細聽作某工有某聲調，亦邊外之一奇也。過後院踏，房上未免落土太甚，則避之無如何也。從鶴孫借來洋石印《兒女英雄傳》，此書為世伯文鐵仙先生著，另作一種筆墨，不落各小說科臼，乃本評話無處不求新奇。有董韞卿夫子所批，作者、批者，皆為頭二品大員，閱歷之深，學問之博，非後之學者可望塵而及，粗讀一通還。晚飯後過洋務局閒談，均到。後院滿地多長壽果，令該兵等挖得，煮而食之，略著冰糖不難吃，似涼性。晴，晚陰。

初八日　赴後院看工數次，化臣亦在彼，石工似不慢，惟板打牆則不能爽利，不過兩付板，每付四人，用腳跺之，不知使夯，似再加人加板方妥，此不過一日，僅打六路牆而已。姿朱麻拿來攤子所賣月白色瓷茶壺一把，索價十三元半，留之。復拿洋帽花，三元半一枚，均係假物，雖看之甚好，不划算也，只好留其一枚。晚過洋務局談，均到。晴，半陰。

初九日　鶴孫送到乾隆五十八年藏內鼓鑄《乾隆寶藏銀錢章程》一卷，係大學士大將軍軍公部堂福康安，大學士兼禮部尚書孫士毅，四川總督部堂惠齡，總理西藏事務工部尚書都統和琳會辦，先以廓爾喀銀錢通使藏內，後奉旨在藏安爐鼓鑄，因擬重一錢、五分，在一錢者、五分者正面漢字「乾隆寶藏」四字，適五十七年，背面番字，亦如之。銅錢竟不能造，其所造銅佛，或由巴勒布販來銅器銷毀，或採買雲南之吉當，每銅四五千斤，需價銀三四千兩，腳價尚不在內，彼時已滇省即有礦苗，漸欠旺盛之語，其銀錢所鑄火耗，即出於

錢內，如一錢、五分者，準一兩作錢六枚，一錢者九枚，五分者十八枚，皆於一兩銀內，有一錢之餘，經部議准，刻下呼為中堂錢。後因舊錢每次梗阻，一錢、五分者當不能通使。鶴孫找來乾隆、嘉慶、道光三樣錢，大約咸豐即無此，乃重一錢者告示尚有七分五釐一說，然無根據，未審是否奏明。過後院，今日種樹，余令花廈西北長方，地上種四圍樹，中橫種三行，俟得時似橢圓形，大為可笑，東北令其散種不必成行矣。晚飯後洋務局閒談，竹君未到，病矣哉，想係停食大嘔吐。晴，風。

　　初十日　過後院看栽樹，午後又往閒踏，挖地子老少番人皆在水內，背泥土，殊覺可憐。擬明日賞給糌粑、牛肉熬蘿蔔，鍋由乃心巴已借得。化臣、海山來，噶倫琉璃橋謝恩佛匣明日或送到，攢招稟亦於明後日可同送。前議磨盤山關帝廟擬請御書匾，頗番人以神大不過佛，只得罷議。番兵看操之說，現在尚未派齊，請暫援。接鳳大臣四百里來文，因瞻對擬欲自行奏明，並黏有守備稟抄一紙，均不妥當，但求不鬧事萬幸矣。晚過洋務局閒談，俱到，竹君已好，不過吃多而已。晴，晚風，陰。

　　十一日　連日咳嗽，總因積熱所致，早起後院一踏。午後到外院至藥房與王佐談醫，該處專用熱藥，無論何病，多半附子、黃耆，荒謬萬分，令其速改之。遇恩惠臣，同至洋務局，皆到，痛談。諸人同至後院，因挖地番人甚苦，蘿蔔牛肉已熬得，並有糌粑，男女席地圍坐，其味難聞之至，詢之以為極好吃。進內，王順由省來，闔家好，即賞其五品藍翎，其沿途雪極大，實屬難行，加以夫馬不便，去歲九月起身，今始到。晚過鶴孫屋內閒談，二鼓回。王永福送來新打銀筆帽六枚。半陰晴。

　　十二日　咳嗽仍未愈，且多稀涎，熱濕所致。過後院所栽樹木，楊樹多，柳樹亦有俟長齊，另有別趣矣。挖池小兒女所歌第一、二句聽不出，第三句開首二平聲捲舌母幾雙句，再轉一句收之，音均亦可聽，惜辭無人知之，蓋山南曲，本地亦不通曉也。晚飯飲壞黃酒，到外院閒踏，與王永福談新到洋貨。過洋務局，均到。早過後院覺涼，池內冰尚有半指。晴。

　　十三日　覆榮伯衡信一封，寫就未封，作廿三日以便隨摺差走。到後院一踏，至鶴孫屋內閒談，因樓上築土，即在書桌上，實震得不可解，只得走出。化臣來，送到楊聚賢所贈洋盆一個，上作得紙菊花數枚，然京內萬無以此送人，殊可笑。晚至洋務局一談，均到，惠臣亦來。晴。

　　十四日　王永福由雪里刺麻拿來敬造護身銅佛像一百餘尊，留如來佛等

五尊，長壽佛十尊，觀音佛二十五尊，每尊合藏錢兩枚餘。化臣來，由楊聚賢處奉到皇太后照，聖容係夏景紗衣壽字邊圍扇，又有小張皇上照像，係同康有為等五逆，非是。至後院一踏，所種樹木，頗有規模，計泉買來黃玻璃碟二個，每個一元。藍瓷洋小碟三個，三個一元。此玻璃碟有用，價亦廉。到鶴孫屋內薙頭，上房仍落土。晚到洋務局，均在座。晴。

十五日　卯刻修頭門，雖禁土，然太歲遊中宮，實無法，只好偷修，然此地尚不論此，頭門開工，出入不便。磨盤山委惠臣，家廟委少韓代行香。早過後院看挖池，在樹林坐覺甚暖。計泉拿皂鞋一雙，說價，不過廿上下錢，竹布一疋四十餘文錢，可作四身餘。午又過後院，用牛肉熬蘿蔔，令作工人吃之，大樂。緣今日應歇工，因頭門開工不得去，故又賞其食糌粑、蘿蔔牛肉並茶葉，所謂重賞之下，必有勇夫，一笑。晚過洋務局，均到，晴。

十六日　總覺痰盛且嗽，乃乾燥所致。至頭門看兩次，拆下木料均糟朽。緣恭勤公修時，當事者不過委之於土木匠，未必作得實在，況又十數年乎？均將朽木拆卸換新，柱子一根亦須抽換，在東北角上其旁有大樹亦糟朽，番子以為有神，今須用柴火燒，問可否鋸之，余告以本應早砍之，以為有神，實難信也。今既用之，諒神必早遊跑矣，不妨用之無害己，一笑。同小瑾看馬，旋至洋務局談，均到。晴。

十七日　穀雨。辰初刻，換絨線帽、大尖領，去灰鼠回銀鼠馬褂，羊皮袍黑袖。恭謁扎什城關帝廟行香。每看漢操必行香。至教場，統領以次及達木八旗協佐領均跪接跪送，至演武廳下輿，委員、筆帖式及噶布倫等均站班，進內略用點心，即升座，文武番官參堂畢，先演陣式，至雜技至，遂看馬箭、步箭，到馬兵止。下座用飯，復升座，看洋操陣比漢陣有用多多矣。接看戰兵步箭，守兵打槍，演準頭，洋操打槍演準頭，看守兵二排，下座，委夷情代看，剩一排復入座，並接看洋操打槍，打訖，演抬槍二人，演抬炮三人，領賞耗。自統領協領噶布倫至守兵、應役、漢番各差止，所費別有帳，可謂不貲云。回時酉初二刻餘。早晴，在教場起風，回時風更大，有雨，山上見雪，晚涼。

十八日　昨晚因受風寒，飯既未吃，咳嗽又作，今晨睡起，口內如隔十重皮甲，早飯亦未能吃，火極盛牙痛，兩耳如潮聲，未免難過。午後至後院一踏，頭門兩牆已堅，作工踴躍非常。晚間略好，飯後過鶴孫屋內談，聞此次閱操賞耗，眾人皆以為自來未有，所得裁料，均去縫穿，不知此次賞耗，竟賠至八百餘金，官款不符也。晴，晚陰一陣風。

十九日　昨夜甚嗽咳，熱之至，起後仍牙痛耳鳴，滿口黏涎，詢之諸人，由教場回，均是如此，渾身寒冷，鼻中乾燥，且有血。四山雪仍未化。午前後似皮衣萬不能穿，然不敢脫。飯後至後院一看，過鶴孫屋內商公事，晚飯後外院一踏，頭門牆已砌齊，梁亦安好，明日暫停工，俟廿七日再作，蓋偷修也。由馬號一看，轉進至洋務局，諸人皆到，談鳳苹堂由省至巴塘，甚笑話，不可思議。半晴陰。

二十日　寫家信一封，歸入廿三日家信內走，係廿四日摺差。封入振勳信內。略敘無蓮子、大珠子，且換活佛，更不可說，此地乃是喪氣語，朱娃子不可令帶東西，伊是荒唐鬼，此皆恩太太所云，以後萬不可信，比不得朱、余太太乃書香人家，可親近。至格太胖，恐熱重，總宜布衣，非惜錢，為惜福。聞省內有種天花者，宜早種，想京川所存，可夠吃鄉下飯，於願足矣。等語。此蓋因其親筆信，來時封入振勳信內，故此亦另答之。又寫正家書一封，內敘省內因捐鬧事，承馬介堂軍門傳令，鍾文叔問候，俟致信謝，並代文叔說話。德國使臣租房後住，須嚴家人、朱娃子不准帶信，其亂說告恩太太管之。毛襪子、片金綢緞、皮甬、金絲緞，得便再帶。至格種天花以早為要，王順十一日到，見胖，紙紮須月底隨對象可到，等語。並覆榮伯衡信一件，並封入家信內，遣人送到東玉龍街。早至後院一踏，天又稍涼，可穿兩件小毛，聞番曆今年有閏五月之說。午後登房上一看，四山有薄雪，晚飯後過洋務局，均在座，商酌公事畢，痛談盛京及京內宗室，大約相同，盛京為尤甚，其生計實可憐，必須想善法安置方妥。回時滿路雨雪，道甚滑，計泉買來皂鞋一雙，十七藏錢，係皮底，腳甚舒展，惟底子不穩便。晴，晚微風，雨雪。

廿一日　仍咳嗽，吐痰甚盛。至後院一看，南山大雪，北山微雪，天時少涼。午後亦飛微雪，早起土潤，有小雨，地已青，柳樹已大吐穗，院內杏花已殘，一杏未結，桃花才吐蕊。程巡捕林拿來廓爾喀鋪一物，四川呼為一把速，又名什樣錦，有刀鋸、剪錯、小錐、小刀等件，附匙、又轉錐、銅哨兒、釣子等，約廿件，不過四寸長，索價卅三文，因留之，其物比內地精，比外國粗，然堅實似過之，亦可作一考據之物，其心性亦可知矣。聞有同英國結親之說。此物惟少筷子，擬配作一木匣，再刻數字定必有趣，呼之曰廓爾喀一把速。晚至洋務局閒談，均到。半陰晴。

廿二日　接琴軒、仲路來電，二月二十五日寅刻，四弟在京病故，嗚呼！同胞三人，僅剩衰朽之物，寄於萬里邊疆，不知日後家事究竟落至何地，能不

痛心哉！接余鶴孫隨封家信一件，均屬平安，即覆之。寫二十二日隨摺，於前信後日發。略敘至格到朱太太家，天氣甚好，殊可喜。並四弟凶耗，切不必念經驚動人。又敘甲木弟兄求親信函並覆信，其金子拿回甚好，其中不似人話處頗多。振動早曾回過，且此事余六太太亦知之。以後少出門，聞有羅通事說，恐有恩太太從中招搖，不可不防，等語。官文書內有巴塘番匪及僧眾大亂之語，勢甚危險，十一月初十日其奏摺件奉批回。至後院一遊，晚至洋務局，均到，劉化臣亦到，拿番邊初三日巴塘發信一封，情形更不可問矣。半陰晴，午後小雨。

廿三日　咳嗽仍未愈，胸間發滿，內熱之過也。前兩信已交鶴孫打總包。午後至後院遇李海山，立談多時，各處均有意思，池中已水滿矣。晚飯後外院一遊，由馬號轉至洋務局，均到，化臣亦到，送來靖西轉達電信一紙，交鶴孫譯出，乃清弼制軍發來。因鳳大臣巴塘調兵打番僧，初一日被殺，已電奏，請飛飭察臺嚴防，諭藏番勿聽謠言，收瞻未會衛，將余諮不能收瞻，亦奏請示，並望禁瞻助逆等語。猝出重案，且有教堂在彼，不知如何。半陰晴，午微雪。

廿四日　早至洋務局，因接省電，商酌鳳大人凶信，給省中由鶴孫趕加一信，巴塘離此有四千餘里，著聽謠傳，給各家皆送一信為是，午刻拜發。先補兩噶倫進佛匣謝恩一摺，攢招後雖有三萬餘剌麻，均屬安靜一片。未刻傳噶倫到，腮均策且汪曲剌麻、洛桑稱勒到，面諭緊防察臺，恐馬提臺追兵，恐其西奔，並此事與三瞻無涉，急札彼處番官，不准多事，令其先回噶勒丹池巴，明日亟有文書知照，即到洋務局商量行文，明日便可翻出記下。晚飯後同鶴孫至後院一遊，池子有三個，俱見水，樹木亦栽齊，已另有氣象，回到伊屋痛談。半陰晴，見微雨雪，四山白。

廿五日　早琉璃橋噶布倫彭錯汪墊，因已坐墊，特來謝恩。噶勒丹池巴因四弟故，特來望看，並送念經銀一包，因告以並不驚動人，一切禮物均不收，非渠禮物獨不收，莫要多心。過後院一看，見其胡挖胡培，因大嚷一頓，令其明日將自雇番子均著停工。午飯後會李肖臣糧務，亦來看，痛談鳳大臣死由自取，皆因高興，以致喪身辱國。晚飯後至頭門外一看，回至洋務局，均到，忽小瑾、化臣接到察木多糧務謝掞庭霸信云，因鳳大臣調往巴塘，至江卡，有蠻聰本云，二月卅日因開墾，番民鬧到欽署，將吳都司、趙怡堂砍死。鳳大臣遂搬至大營官寨，大營官即誆以番民要燒此寨，勸其或回川，或赴藏，此地萬不可住，鳳大臣信以為實，即奔回川之路，行至三里餘路，名熱水塘，番子圍上，身受廿多傷，死之。隨員兵勇無一得脫者，然慘不忍聞矣。並云此信是否屬實，

未敢信，俟再報。晴，四山皆白，早至後院，水內結薄冰。

廿六日　早至鶴孫屋內談，同至後院一看，安置兩個小橋欄杆，頗有趣，可點綴院內風景。今日所雇番子暫停工。午後，恩惠臣來看，談及所用朱生好造謠，言已去信申飭，此次鳳大臣遇害，凡屬夷情應管三十九族達木八旗，趕緊或信或文飭其嚴為防範，恐馬軍門帶兵剿辦若等各處竄擾。鶴孫、化臣、海山來商酌下月初八日與四弟念經一日，不過自己佛前行禮，諸位如欲佛前行禮不攔，一切禮物均不收領，諸位以為然。晚至馬號一踏，至洋務局均到，聞番官公所今日因奉到剳飭，已行知各處番官以剳飭，說得可佩服，且云鳳大臣無論如何不好，不該傷他，他總是大皇帝派來欽差，真正可惡之極等語。半陰晴。

廿七日　早至後院一遊，午後到東院一踏，晚到頭門，見椽已上齊，壁間亦抹泥將完，恐五日內未必能竣工，令其緩辦，以不草率為是。復同鶴孫於晚飯後至後院看工。到洋務局，均在，聞鳳大臣實死於熱水塘，係此處生意人所說，其起事回傳諭各剌麻還俗，練洋槍隊，此兩事皆為其所惡，始求委員說之不允，託番官說之不允，無法，但求其練洋槍隊免還俗，謂練兵原為其保護地方，眾不敢辭，雖屬僧家，情願訓練，惟還俗令其作丫頭，僧家太難堪，仍不允，以致眾人皆急，遂有半路之事。並聞諸委員與糧務巴總均闖入寺內，未知的確否？禍由自取，諒必不虛。晴。

廿八日　又接張游擊來稟，據塘兵稟稱，鳳大臣係死於鸚哥嘴，此又一說。然鸚哥嘴離巴塘有卅餘里，且敘有番子埋伏，恐未必似係十八日發，稟馬軍門尚無消息，恐在爐廳有躭延，或行軍不能速進之過，並敘金夷情到巴，在啞巴廟內暫避，離巴塘不過一二里，恐馬軍門兵到，番子設疑，萬非善地，未必避得住，奈何？旋由省內寄箱一隻，先發到，內有清單二，藍洋綢一匹，文具匣一個，竹筍一匣，靴掖一個，帽花兩個，刷牙袋、蚊刷各一個，蒲扇二把，豆蔻半斤，宿砂一斤，已碎，小枕頭三個，不在單內。銅錘、槳刀、長簽，銅勺、扁簽、小竹槳刀各一件，百合乾一匣，照相片四件，外振勳家相片一件。均收到。晚飯後到頭門一看，板子已釘半路，略有規模，轉到洋務局，皆在座。招差回，前路雪極大，過馬腹。晴，晚風。

二十九日　早至後院一看，午後化臣來，聞多吉扎胡圖土欲來拜謁。擬給其紅緞一匹，剛玉洋縐一匹，芽茶一包，哈達一根，均備齊。其未坐床之先，恭勤公曾見之，甚賞識，此次相見，不得不爾。過馬號望頭門，業將椽板安齊，現釘石片，並安石片，蓋此處無磚瓦，且兩砌房，只有布達拉山大招銅瓦殿，

並關帝廟瓦房，此外均平房。晚飯後復至後院，並出後門一看，板牆再有數日可齊，運到椽板甚多，擬重修小花廳，如板子夠使，抱廈安之，可免糊紙，亦妙事也。在東池西岸略坐，回至鶴孫屋內閒談，天較暖。晴。

【校勘記】

　[一] 吳注：二月二十二日起至三十日止，攢招剌麻花名。早內招十二萬九千一百八十七名，共散錢二萬三千八百二十八元卡加，外招六百二十六名，共散錢一百三十七元卡加。午內招十四萬二千八百七十五名，共散錢四萬六千一百二十四元一錢，外招一萬三千九百零三名，共散錢三千九百零五元一錢。晚招七萬四千五百三十一名，共散錢二千六百三十一元。以上早、午、晚招共三十六萬一千一百二十二名，總共散錢七萬六千六百二十七元半，合銀七千六百十二兩七錢五分，黃帽料共散三百七十八根，白布共散七百六十三疋，黃帶子共散三百二十二根。

　[二] 即「韋禮敦」。